99 Kinderpredigten

Zu diesem Buch

Was soll ich beim nächsten Kindergottesdienst predigen? Wie läßt sich die Predigt so gestalten, daß sie sowohl Kinder als auch anwesende Jugendliche und Erwachsene anspricht? Vor dieser Frage stehen die Seelsorger Sonntag für Sonntag und vor jedem Gottesdienst, an dem Kinder teilnehmen. Um der Gefahr einer Wortinflation und einem allzu „verkopften" Predigen aus dem Weg zu gehen, erfreut sich neben anderen stilistischen Mitteln in den letzten Jahren die Zeichenpredigt einer besonderen Beliebtheit. Die Vorteile einer solchen Predigt liegen klar auf der Hand: meist kein großer Aufwand, Einprägsamkeit und eine gelockerte Atmosphäre. Nach seinen 144 Zeichenpredigten und 133 Kinderpredigten hat Willi Hoffsümmer in praxisbewährter Weise 99 Kinderpredigten zusammengestellt, dazu in kurzer, prägnanter Form noch über 80 weitere Anregungen, die es dem Prediger ermöglichen, eine Vielzahl von Gottesdiensten zu gestalten.

Willi Hoffsümmer, geb. 1941, Pfarrer in Bergheim-Paffendorf.
Veröffentlichungen: Anschauliche Predigten für Kinder-, Jugend- und Familiengottesdienste (^{3}1986); Bußgeschichten. TOPOS 99 (^{4}1987); Firmgeschichten. Hinführung zur Firmung für Jugendliche und Gruppenleiter. TOPOS 126 (^{4}1987); Geschichten wie kostbare Perlen (^{2}1985); Geschichten wie Spiegel des Herzens (1986); Glaube trägt (^{5}1987); 111 Bausteine für Gottesdienste mit 3—7jährigen und religiöse Feiern im Kindergarten (^{2}1987); 133 Kinderpredigten. Mit Gegenständen aus dem Alltag (^{6}1987); 144 Zeichenpredigten durch das Kirchenjahr. Mit Gegenständen aus dem Alltag (^{3}1987); Kommuniongeschichten. Brot fürs Leben. TOPOS 79 (^{11}1987); Kurzgeschichten 1. 255 Kurzgeschichten für Gottesdienst, Schule und Gruppe (^{9}1987); Kurzgeschichten 2. 222 Kurzgeschichten für Gottesdienst, Schule und Gruppe (^{5}1987); Kurzgeschichten 3. 244 Kurzgeschichten für Gottesdienst, Schule und Gruppe (^{2}1987); Religiöse Spiele für Gottesdienst und Gruppen 1 (^{4}1987); Religiöse Spiele für Gottesdienst und Gruppen 2 (^{2}1986); Wir wagen den Glauben (^{3}1987); 2 × 11 Bußfeiern mit Gegenständen aus dem Alltag. Wortgottesdienste für Erwachsene, Jugendliche und Kinder (^{2}1985); Nikos Traum (zus. mit Eva Grabmüller) (1983); Gott ist mit David (zus. mit Alicia Sancha) (1986); 33 Gruppenstunden für Ministranten (^{2}1986); Geschichten zum Sakrament der Ehe. TOPOS 166 (1987).

Willi Hoffsümmer

99 Kinderpredigten

Mit Gegenständen aus dem Alltag

Matthias-Grünewald-Verlag · Mainz

Meinem geistigen Vater Lothar Zenetti, der mir mit seinem Buch »Kinderwelt und Gotteswort. Hundert Kinderansprachen« den Mut gab, anschauliche Wege in der Verkündigung zu gehen.

Zeichnungen von Karl Heinz Hamacher, Bergheim-Paffendorf

CIP-Titelaufnahme der Deutschen Bibliothek

Hoffsümmer, Willi:

[Neunundneunzig Kinderpredigten]
99 Kinderpredigten : mit Gegenständen aus d. Alltag / Willi Hoffsümmer. –
Mainz: Matthias-Grünewald-Verlag, 1988

ISBN 3-7867-1332-4

2. Auflage 1988

Satz: Roddert Fotosatz, Mainz
Druck und Bindung: Buch- und Offsetdruckerei Wagner GmbH, Nördlingen

ISBN 3-7867-1332-4

Inhalt

Sonntage im Jahreskreis

Vorwort

Zum Titel

Die Zahl »99« ist untertrieben, denn unter »Andere Ideen« finden Sie noch weitere 86 Predigten.
Die »Kinder«-Predigten erhalten oft den Zusatz »Mehr für Jugendliche und Erwachsene«. Wir dürfen heute nicht darüber hinwegsehen, daß in den Familienmessen in der Regel mehr Jugendliche und Erwachsene als Kinder anwesend sind. Da eine Predigt aber möglichst *alle* Zuhörer erreichen soll, kann ich an der Hauptgemeinde nicht vorbeigehen, darf allerdings auch nie die Kinder übergehen. Es spricht für Zeichenpredigten, daß sie für jedes Alter gültige Aussagen haben.

Mein Anliegen

Ausgangspunkt der Predigt. Auch ich habe in der Ausbildung gelernt, zunächst das Kerygma des betreffenden Evangeliums herauszufinden und dann die Predigt zu wagen. Meine eigenen Überlegungen, aber auch zahlreiche Buchveröffentlichungen der vergangenen Jahre haben mir auch einen anderen Weg gezeigt: Ich gehe von einem Gegenstand aus dem Alltag aus, der plötzlich zu mir »spricht« und schaue dann, was die Bibel dazu sagt. Meistens verdichtet sie die Aussage oder führt sie weiter. Jedenfalls bin ich meist überrascht, in welch anderem Licht manche Bibelstelle plötzlich erscheint. Entdecken Sie auch Ihre Phantasie: Sie kommen dem Zuhörer näher!
Überblick geben. Wer kann noch die Bücherflut übersehen? Wie viele gute Ideen aus Fachzeitschriften gehen verloren, weil sie auch aus Zeitgründen kaum katalogisiert werden. Wenn Sie also auf Ideen anderer Autoren stoßen, nicht böse sein: Dieses Buch gibt auch einen guten Überblick darüber, *was* in den letzten Jahren woanders erschienen ist, und *wo* Sie es finden können. Manchmal habe ich auch deshalb Vorschläge sehr kurz zusammengefaßt, weil viele Leser die Bücher oder Zeitschriften im Bücherschrank stehen haben.

In Bildern und Gleichnissen

Jesus Christus hatte meist einfache Leute vor sich. Er verstand es, große Dinge mit einfachen Worten zu sagen. Er sprach in verständlichen Gleichnissen und anschaulichen Bildern. Hätte es z.B. damals eine Brücke über den Jordan gegeben, ich bin sicher, er hätte ein Gleichnis mit diesem großartigen Symbol gefüllt. Ähnlich stehen wir heute vor der Aufgabe, die visuell verwöhnten Zuhörer nicht nur im Kopf anzusprechen, sondern mit Bildern, Zeichen und Gegenständen all ihre Sinne zu treffen. Es darf natürlich nicht zu einer Inflation von Zeichen kommen! Es gibt so viele Methoden, das Herz zu treffen: Kurzgeschichten, Spiel, Dias, Fotokarten, Overheadprojektor, Sprechspiele, Flanelltafel ... Bitte variieren!

Noch einige Hinweise

Es gibt in diesem Buch *keine Querverweise* zu »133 Kinderpredigten« und »144 Zeichenpredigten«, weil sie das Buch zu umfangreich machen würden. Nur bei direkten Berührungen ist diese Regel durchbrochen.
Unter mehreren Predigten steht der Hinweis auf einen »ausformulierten Gottesdienst«. Wurde dieser in den Zeitschriften »Gottesdienste mit Kindern und Jugendlichen«, »Kindermeßbörse« oder »Der Prediger und Katechet« veröffentlicht, können sie ihn gegen DM 2,50 in Briefmarken (für Porto und Fotokopien) zugeschickt bekommen.
Meine Anschrift:
Willi Hoffsümmer, Glescher Str. 54, 5010 Bergheim-Paffendorf.

Und nun wagen Sie die Vorschläge aus diesem Buch! Sie bringen Freude, Auflockerung, aber auch Betroffenheit in die Verkündigung.
Herzlichen Dank an die Mitbrüder, die einige Entwürfe beigesteuert haben. Vielleicht schicken mir auch einige Mitschwestern Vorschläge zu! Danken möchte ich allen, die auch dieses Manuskript durchgearbeitet haben wie Frau Renate Meis, Frau Margret Vogt und Pfarrer Gerhard Dane sowie Frau Hildegard Görke, die wieder die Schreibarbeit übernahm.

Willi Hoffsümmer

Einleitung

1. Die wichtigste Grundregel bei Zeichenpredigten ist immer zu beachten: Ein mitgebrachter Gegenstand sollte kein »Aufhänger« sein, der irgendwann hinter dem Ambo verschwinden kann; das Zeichen sollte vielmehr *die ganze Predigt durchhalten*. Der Gegenstand darf auch kein Negativ-Beispiel beinhalten, z.B. eine Glasglocke: Sie kann ja ein durchsichtiges Gefängnis sein, wenn wir anderen unsere festgelegte Meinung überstülpen. Dann zeige ich auf Jesus, den die Nazarener auch unter die Glasglocke ihres fertigen Urteils setzen wollten (Mk 6, 1 – 6: Ist das nicht des Zimmermanns Sohn?), der das aber nicht mitmacht und »auswandert«. Hier hält dann der Gegenstand im Vergleich zu dem, was ich eigentlich aufzeigen will, nicht durch. Drei andere Negativ-Beispiele finden Sie ausführlicher in »133 Kinderpredigten«, S. 12f.

2. Rückgrat für alle Texte des Gottesdienstes wie Bußakt, Fürbitten, Meditationstexte, Einschübe ins Kanongebet sollten die in diesem Buch angegebenen Gedanken und Schrifttexte sein, damit ein Bogen über den ganzen Gottesdienst gespannt wird. Um das hier angegebene »Knochengerüst« muß gewissermaßen noch das »Fleisch« gelegt werden. Einige unter diesen Gesichtspunkten modellhaft ausgearbeitete Gottesdienste finden Sie ebenfalls in »133 Kinderpredigten«, S. 14—20, und auch in »144 Zeichenpredigten«, S. 11—14. Manche Leser werden hin und wieder die Kürze der Formulierungen beklagen. Ich meine dagegen: Wer nach 22 Uhr todmüde nach Hause kommt und für den nächsten Morgen noch die Idee für einen Schulgottesdienst sucht, dem ist nicht mit seitenlangen Entwürfen gedient. Das haben mir schon viele Leser bestätigt.

3. Das Auswählen ist wichtig, nicht nur aus den vielen Punkten des einen oder anderen Predigtvorschlages — weniger bedeutet meistens mehr —, sondern auch aus den Vergleichspunkten des ins Auge gefaßten Gegenstandes: Ein Stein oder ein Netz zeigt negative und positive Aspekte auf. Je nach Akzentsetzung muß ich mir dann die Schneise schlagen.

4. Wie ein »totes Gerippe« können die Vorschläge wirken, wenn Sie ihnen nicht Ihren lebendigen Glauben einhauchen! — Eine Zeichenpredigt kann schon nach drei, vier Minuten beendet sein, dann bitte nicht anschließend fünf Minuten zum Zerreden anfügen. Lassen Sie die wenigen Worte und das Zeichen stehen! Wenn genügend Stille im Gottesdienst Platz hat, wirkt das Gesagte weiter, »kann Gott dazwischenkommen«!

Und nun: Möge der Geist Gottes Ihnen Mut machen!

Bücher des Autors, die in diesem Buch unter folgenden Kurztiteln zitiert werden:

»133« = 133 Kinderpredigten. Mit Gegenständen aus dem Alltag
»144« = 144 Zeichenpredigten durch das Kirchenjahr. Mit Gegenständen aus dem Alltag
»2 × 11 Bußfeiern« = 2× 11 Bußfeiern. Mit Gegenständen aus dem Alltag
»111 Bausteine« = 111 Bausteine für Gottesdienste mit 3–7jährigen und religiöse Feiern im Kindergarten
»Kurzgeschichten 1« = Kurzgeschichten 1. 255 Kurzgeschichten für Gottesdienst, Schule und Gruppe
»Kurzgeschichten 2« = Kurzgeschichten 2. 222 Kurzgeschichten für Gottesdienst, Schule und Gruppe.
Sämtliche Titel: Matthias-Grünewald-Verlag, Mainz.

Zeitschriften, die im Text zitiert werden:

»PuK« = Der Prediger und Katechet. Erich Wewel Verlag, München
»KiBö« = Kindermeßbörse. – Zu beziehen beim Verlag Kindermeßbörse, Hoher Turm 5, 3200 Hildesheim 5
»KiJu« = Gottesdienste mit Kindern und Jugendlichen. Verlag Bergmoser + Höller, 5100 Aachen.

FESTZEITEN IM JAHRESKREIS

Advent

1. Botschaft des Adventskranzes

(ein Adventskranz)

1. Der Adventskranz ist *rund* wie ein Kreis, ohne Anfang und Ende: Zeichen für die »Sonne«, für Gott, zu dem wir unterwegs sind. Sie ist uns in Jesus an Weihnachten erschienen.
2. Er ist *grün* zu einer Zeit, in der draußen der Winter eingezogen ist: Zeichen der Hoffnung, der Zukunft und des immer wieder neu erwachenden Lebens, das uns in der Geburt Christi in besonderer Weise vor Augen steht.
3. Die Kerzen werden *nach und nach,* Sonntag für Sonntag entzündet: Das Reich Gottes wächst langsam der vollen Herrlichkeit entgegen, die alle Völker umfassen soll. — Wir können dabei helfen, mit Jesus die Welt heller zu machen.
4. Er hat *vier Kerzen:* Das Licht soll in alle vier Himmelsrichtungen der Welt strahlen, die Gott erschaffen hat. Ähnlich haben die vier Evangelisten die gute Nachricht von Jesus Christus in alle Weltgegenden getragen. Und die Engel Gottes werden einmal aus allen vier Windrichtungen die Auserwählten zusammenführen (Mt 24,31; Mk 13,27).

Lesung: Jer 33,14 – 16 (Ich lasse ein großes Licht aufleuchten).
Evangelium: Mt 5,14 – 16 (Ihr seid das Licht der Welt).
(Verkürzt und verändert nach Josef Katzer, Feiern und freuen, Kindergottesdienste, Seelsorge Verlag Echter, Würzburg 1980, S. 12.)

2. Der Hahn auf dem Kirchturm

(ein Hahn: getöpfert, gehämmert ..., vielleicht ein ausgedienter Kirchturmhahn; eventuell für jeden einen ausgeschnittenen Hahn)

Lesung: Röm 13,11 (Steht vom Schlafe auf).
Evangelium: Mt 24,22 – 24; Mk 13,33.35 – 37; Lk 21,34 – 36; (alle: Seid wachsam!).

1. Der Hahn ist ein *hervorragender Wächter,* der beim geringsten Geräusch aufwacht und beim allerersten Tageslicht die ganze Umgebung aufweckt. Früher wurde die Zeit zwischen zwei und sechs Uhr, die dritte Nachtwache, »Hahnenschrei« genannt. Die Christen deuteten das Symbol des Hahnes noch weiter: So wie dieser Vogel den neuen Tag ankündigt, so erwarten wir mit wachsamem Herzen den neuen Tag, an dem Christus wiederkommen wird. Getreu dem Wort des Herrn: Seid wachsam!

Als Symbol der Wachsamkeit findet sich der Hahn auf kleinen, antiken christlichen Lampen bis hin zu Grabinschriften, Fresken und Mosaikarbeiten.

2. Der Hahn als *Symbol der Auferstehung:* Schließlich wird er zum Künder des neuen Lichtes, das im auferstandenen Christus alle Dunkelheit wie Tod und Sünde vertreibt.
3. Der Hahn als *Wetterhahn* auf den Kirchtürmen, der die Windrichtung anzeigt. Seit dem 9. Jahrhundert ist das üblich, und die Gestalt des Hahnes eignet sich dafür vorzüglich. So kann der Hahn auf dem Kirchturm uns fragen: Weißt du, woher der Wind weht, der Wind Gottes, der alles neu machen kann? Oder drehst du dich nach jeder modernen Windströmung?
4. Der Hahn erinnert an die *Verleugnung des Petrus.* Wir hören diese Stelle:

Evangelium: Mt 26, 34.74b–75 (Da krähte der Hahn).

Haben wir schon Jesus verleugnet ...?

(Sollte jeder einen Hahn bekommen, z.B. aus Anlaß eines Pfarrfestes, kann auf die Rückseite geschrieben werden: »Seid wachsam!« oder »Er kündet vom neuen Licht!« oder »Drehst du dich nach jeder Meinung?«)

(Vgl. Manfred Lurker, Wörterbuch biblischer Bilder und Symbole, Kösel Verlag, München ²1978. – Dorothea Forstner, Die Welt der Symbole. – Ausführlicher in »PuK« 1/86, S. 11–13.)

3. Was uns eine Tür sagen kann

(eine Tür in einem Türstock – bei einem Schreiner ausleihen)
(Bitte auswählen!)

Wir wollen diese Tür betrachten. Denn im Advent singen wir Lieder, in denen Türen geöffnet werden sollen: GL 105 »Reiß ab vom Himmel Tor und Tür, reiß ab, wo Schloß und Riegel für.« Und im GL 107 »Macht hoch (= auf) die Tür, die Tor macht weit« werden wir aufgefordert, unsere Herzenstür zu öffnen.

1. Eine Tür schützt. Wenn ich sie erreiche und mich hinter sie flüchten kann, bin ich in Sicherheit, und die Angst vergeht. Damit nicht die Falschen eintreten, stehen sym-

bolisch an asiatischen Tempeln und romanischen Kathedralen Löwenfiguren am Eingang. Sie gestatten nur dem Würdigen Eintritt.

2. Eine Tür kann verschlossen bleiben. Wir fühlen uns abgewiesen. In der Bibel hören wir von törichten jungen Frauen, die zur Hochzeit nicht hereingelassen werden, weil sie nicht gehorsam und wachsam waren und so die Möglichkeit zur Rettung versäumten (Mt 25,1 – 12).
3. Eine Tür bietet sich an, einzutreten. In den Märchen wird oft angedeutet, daß beim Durchschreiten einer Tür dem Mutigen auch die Kräfte zuwachsen, mit dem Unerwarteten fertig zu werden. In Kafkas Parabel »Vor dem Gesetz« versäumt ein Mensch ein Leben lang einzutreten: Er hat die Chance verpaßt, sich selbst zu verwandeln.
4. Es gibt Türen der Wahrheit. Sie kehren das Innerste nach außen: Sie überschütten mit Gold oder mit Pech und Schwefel (Märchen »Frau Holle«), oder sie lassen nichts Unreines eintreten — wie alle zwölf Tore der himmlischen Stadt Jerusalem (Offb 21,21.25.27).
5. Wir sprechen bildlich von der Himmelstür. Sie trennt die Erde vom Himmel und ist eine enge Pforte (Lk 13,23 – 24), kaum zum Durchkommen für Reiche mit ihrem ganzen Gepäck (Mk 10,25: Kamel – Nadelöhr)! Hier beginnt also die endgültige Gerechtigkeit. Dem Apostel Petrus sind die Doppelschlüssel in die Hand gegeben, um diese Pforte des Himmels zu öffnen, die die Mächte des Todes nicht überwältigen (Mt 16,18). Jesus sagt von sich: »Ich bin diese Tür. Wer durch mich eintritt, wird gerettet werden!« (Joh 10,9).
6. In seiner Auferstehung hat Jesus die Tür zur Unterwelt zerbrochen. Das ist auf vielen Ikonen dargestellt. Wie im Alten Testament der ungeheuer starke Simson die Stadttore der Philisterstadt Gaza im Triumph auf einen Berggipfel trägt (Ri 16,3), so überwindet Jesus die »Pforten der Hölle«. Schon im Buch der Psalmen wird Gott besungen, der eiserne Riegel aufsprengen kann (Ps 107,16).
7. (Einer öffnet die Tür.) Pfingsten ist das »Fest der offenen Tür«: Die Jünger hielten sie aus Angst verschlossen, doch der Heilige Geist schickt sie in alle Welt, um die frohe Botschaft weiterzutragen.
8. Wenn die Tür in den Religionen und vielen Märchen eine solche Rolle spielt, ist es nicht verwunderlich, daß es auch um eine einfache Haustür etliche Bräuche gibt: Einem eintretenden Brautpaar werden Brot und Salz überreicht, die Braut über die Schwelle getragen; Sternsinger schreiben oder kleben den Segen über die Haustür, und in vielen Häusern steht innen ein Segensspruch über der Tür, z.B. »Herr, segne dieses Haus und die da gehen ein und aus«.
9. In dem Buch »Die unendliche Geschichte« von Michael Ende findet sich auch ein Kapitel, das sich mit Türen befaßt; es heißt: Die drei magischen Tore (S. 89 – 101): Durch das erste Tor, das »Große Rätsel Tor« kann nur, wer die Furcht vor dem Unbegreiflichen und Übermächtigen demutsvoll aushält. Dahinter verliert er alle Furcht. Das zweite Tor ist das »Zauber Spiegel Tor«, in dem jeder sein wahres inneres Wesen sehen kann. Wer durch dieses Tor hindurch will, muß also zuerst ganz in sich selbst hineingehen. Wenn er dann dieses Tor durchschreitet, vergißt er all seine Ziele und Absichten

und kann unbeschwert und heiter und wie ein neugeborenes Kind seinen Weg gehen. Diese Haltung hilft ihm, das dritte Tor, das »Ohne Schlüssel Tor« zu durchschreiten, denn dessen unzerstörbares Material reagiert nur auf den Willen. Je mehr einer will, um so fester schließt die Tür. Wer gar nichts mehr beabsichtigt, dem öffnet sich die Tür ganz von selbst. Sollen wir es einmal auf unsere Kirchentür übertragen? Es darf eintreten, wer die Furcht vor dem allmächtigen Gott demutsvoll aushält und so alle Furcht verliert — wer in sich hineingeht — wer ohne jede Absicht kommt. — Und jetzt übertragen wir das auf die »Himmelstür« ...

Evangelium: Je nach Akzent, den ich setzen will (s. Text).

4. Zerbrich die Schalen!

(für jeden eine Wal- oder Haselnuß)
(Bitte unbedingt auswählen)

Über Schale, Kern und Keim dieser Nuß möchte ich sprechen:

1. *Die Schale* ist Schutz für den Kern. So schützt auch eine Hülle mit Fruchtwasser den Embryo im Bauch der Mutter, und er kann erschütterungsfrei wachsen. Selbst ein Wassertropfen wird von einer dünnen Schutzhaut gehalten.
   So ist die Geborgenheit, in der ich zu Hause aufwachse, ungeheuer wichtig: Ich spüre, meine Eltern halten zu mir, ich kann ihnen vertrauen. Wenn das nicht oder nur unzureichend erfahren wird, entstehen Schäden an Leib und Seele. Über diesen Schutz im Elternhaus hinaus soll ich auch erfahren: Hinter allem Sichtbaren ist noch einer, der mich halten kann, dem ich vertrauen darf, der mit mir geht: Gott, Jesus Christus, die Kirche. In der Taufe ist mir diese Schutzhülle zugesagt.
2. *Vom Kern* spreche ich eigentlich schon die ganze Zeit. Manche Nußschalen sind leer: Es sind »taube Nüsse« oder »der Wurm ist drin« — wie manche Menschen innerlich hohl und leer sind. Sie fühlen sich wie sinnlos ins Meer der Zeit geworfen und haben keine »Antenne« für die Geborgenheit in Gott, die mich überleben lassen kann, selbst wenn Vater und Mutter mich verlassen.
   Ein guter Kern ist also gefüllt mit Liebe, mit Hoffnung, mit Glauben.
3. *Der Keim* soll wachsen und alle Schalen und Hüllen aufbrechen, besonders die Schalen des Egoismus und des Selbstmitleids, die unsere neuen Aufbrüche immer wieder behindern können. Ja, es ist eine ständige Aufgabe, aufzubrechen und so Leben weiterzugeben. So brach Abraham mit 75 Jahren aus der schützenden Sicherheit seines Heimatortes Ur in Chaldäa auf (Gen 12,4), und die Israeliten mußten die Fleischtöpfe Ägyptens stehenlassen, um zu neuen Ufern aufzubrechen (Buch Exodus). Dieses Zerbrechen der Schalen bis hin zum Auszug aus dem Elternhaus bringt meistens auch Erschütterungen und Ärger. Manche überschätzen auch ihre Kräfte für den richtigen Zeitpunkt. Aber nur so sind entscheidende Veränderungen möglich, auch im Dienst am Menschen und im Dienst an Gott.

Evangelium: Joh 12,24 – 26 (Das Weizenkorn muß sterben).

Gebet: Herr, brich auf meine Schale, meinen Egoismus, triff den Kern, meine Herzmitte, und sende mich. (nach Christine Heuser)

(Zum Teil stark verkürzt nach einer Predigt im Dom zu Erfurt anläßlich einer Jugendwallfahrt am 15. 5. 77; vgl. auch »Anschauliche Predigten«, Matthias-Grünewald-Verlag, Mainz, S. 73f.)

Weitere Gedanken

(Auswählen, damit nach der Predigt nicht der Eindruck entsteht, da hat einer nach dem Motto gepredigt »Was mir alles zur Nuß einfiel«)

1. Sich nicht von manchen harten Schalen der anderen abhalten lassen, sondern ihren guten Kern entdecken, den Gott in *jeden* Menschen (= Abbild Gottes) hineingelegt hat.
2. Wie ein Nußknacker sein, der den Problemen nicht ausweicht. (Mehr in Theodor Glaser, Im Lauf der Welt, Rosenheimer Verlagshaus 1985, S. 118 – 121.)
3. Manchmal darf ich nicht wie ein Nußknacker sein, denn der knackt alles und zerstört auch oft den Kern: Vorsichtig die Schale des anderen öffnen.
   Evangelium: Mt 7,31 – 37 (Heilung des Taubstummen = wie zärtlich geht Jesus mit dem Mann um, damit er seine Schale ablegen und sich öffnen kann).
   Ähnlich Wilhelm Willms in: Der geerdete Himmel, Verlag Butzon & Bercker, Kevelaer [2]1976, 5.5: Jesus ging ganz nahe heran. (Dazu ein Gottesdienst in Kurt Bucher, Jugendgottesdienste, Rex-Verlag, Luzern 1985, S. 101 – 107.)
4. Durchbrich die Schale deiner Gleichgültigkeit und Oberflächlichkeit, deiner Maskerade und Heuchelei, deiner festgefahrenen Meinung ... Triff vielmehr den Kern deiner ehrlichen Überzeugung ... (Dazu ein Gottesdienst in: Gemeinsam das Leben feiern, Verlag Butzon & Bercker, Kevelaer 1980, S. 89 – 98; vgl. auch eine Bußfeier für Schüler in »KiBö« 84, S. 18f.)
5. Zum Friedensgruß sich *gegenseitig* helfen, die Nüsse zu knacken, als Einübung fürs Leben.

5. Von der Sonne leben

(ein Taschenrechner mit Solarzellen)

Mit diesem Taschenrechner kann ich arbeiten, wenn er Licht erhält. Die früher erforderlichen Knopfbatterien werden heute fast überall durch Solarzellen ersetzt, weil sie umweltfreundlicher sind, d.h. nicht ersetzt zu werden brauchen. Es gibt Armbanduhren, die laufen den ganzen Tag, wenn sie zuvor mehrere Minuten lang Lampenlicht erhalten haben! Ohne Licht kein Leben – das wissen wir. Letztlich ist sogar jedes Kilo Kohle und jeder Liter Öl gespeicherte Sonnenenergie. Das Bild der Sonne als Spenderin allen Lebens wird deshalb gerne auf Gott übertragen. Die Sonne, in die 333 000mal unsere Erde paßt, läßt uns die unvorstellbare Größe und Macht Gottes erahnen.

Das Wort »Sonne« wird auch im übertragenen Sinne gebraucht. Im Volksmund heißt es: Manche Leute brauchen für ihr Wohlbefinden einige Stunden den Schein der »Thekensonne«; andere finden sich nur richtig knusprig, wenn sie pro Woche ein paar Stunden auf der Sonnenbank gelegen haben. So dürfen wir Christen auch im übertragenen Sinne sagen: Wir halten unsere Seele beim Gebet oder im Gottesdienst in die Sonne Gottes, um daraus

neuen Mut für die nächsten Schritte zu schöpfen — so wie dieser Taschenrechner das Licht braucht, um einsatzfähig zu sein.
Alle christlichen Bräuche in und um den Advent künden von dieser Sonne. Die Kerzen am Adventskranz und Weihnachtsbaum deuten auf Christus, das Licht der Welt. Die Martinslaternen oder die Kerzen am Fest der hl. Lucia sagen: Gebt das Licht weiter! Macht auch ihr die Welt heller, wie wir es getan haben!
Ich träume von einer Gemeinde, die – wie Sonnenkollektoren – hier am Sonntag die Wärmeenergie der Sonne Gottes einfängt, um davon die Woche über auszustrahlen.
Evangelium: Joh 1,4.5.9 – 12 (Das Licht kam in die Welt); Joh 8,12 (Ich bin das Licht der Welt); Mt 5,14—16 (Ihr seid das Licht der Welt). (nach einer Idee von Renate John)

(Siehe auch »Die Sonne einfangen« unter Advent/Weihnachten, Andere Ideen.)

6. **Verwurzelt in Ihm?** (Bußfeier für alle Altersstufen)

(eine Wurzel für jeden, z.B. den Wurzelstock einer Chrysantheme. Im Chorraum kann zusätzlich eine Baumwurzel stehen, aus der ein grüner Zweig wächst – oder eine Rose)

1. Wir schauen auf unsere Wurzel: Sie gibt Halt und sorgt für Nahrung. Ist sie gesund, verankert sie das Bäumchen im Erdreich und zieht Wasser an. Ist sie aber krank, gefährdet sie, was gewachsen ist: Ein Sturm kann alles vernichten. – Wie sind meine Wurzeln? Fest verankert wie eine Pfahlwurzel, die bis ins Quellwasser, zur Quelle Jesu, reicht (Joh 4,14b; 7,37), oder versuche ich alles aus eigenen Kräften zu schaffen? Möchte ich am liebsten weglaufen von zu Hause, oder stehe ich in Treue an meinem Platz?
2. Ein Baum mit kranken Wurzeln bringt keine oder wenig Früchte. – Habe ich in meiner frühen Kindheit viel Zuneigung und Liebe erfahren, oder ist manches in mir verkümmert? Wie beurteile ich die Menschen, die auf kargem Boden gewachsen sind, wenig Sonne erfahren haben und deshalb oft nur wenig Früchte bringen?
3. »Die Wurzel aller Übel ist die Habsucht!« (1 Tim 6,10). Hänge ich zu sehr am Geld? Wurde ich deshalb zum Dieb? Bin ich neidisch, weil andere mehr Geld haben und deshalb vielleicht sogar mehr gelten? Kann ich teilen?
4. »Die Wurzel aller Weisheit ist die Gottesfurcht!« (Sir 1,20a). Fürchte und ehre ich Gott? Habe ich Zeit für das tägliche Hören auf ihn und Sprechen mit ihm? Lese ich in der Heiligen Schrift? Ehre ich Gott durch regelmäßigen Gottesdienstbesuch? Liebe ich die Stille, in der ich Gott begegnen kann und meine Wurzeln Heilung finden?

Im Chorraum sehen wir ein Reis. Es erinnert uns an das Reis aus der Wurzel Jesse, aus der siebenfacher Geist wächst (Jes 11,1b – 2). Um die Kraft dieses Geistes bitten wir jetzt im Schuldbekenntnis. Im Geist der Versöhnung werden wir dann von unserer Schuld losgesprochen, damit wir wieder radikaler (radix = Wurzel) in der Liebe Gottes wurzeln und daraus auch handeln.
Schuldbekenntnis – Vergebungsbitte

(Als ausformulierte Bußfeier in »KiJu« 11/1987.)

7. Das Kind in der Krippe finden

(Krippenfiguren gemäß Text und eine Christus-Ikone)
(Bitte auswählen und Liedrufe einfügen!)

Ein Kind kommt mit der leeren Krippe: Noch ...mal schlafen, dann feiern wir wieder die Heilige Nacht. Das Jesuskind liegt dann in der Krippe. Aber wer nicht aufpaßt, wird auch dann die Krippe leer finden. Andere sagen euch, warum!
Ein Mädchen mit der Krippenfigur »Maria«: Ich bin Maria, die Mutter von Jesus. Seit ich gesagt habe: »Ich bin die Magd des Herrn, mit mir geschehe, was du gesagt hast!« (Lk 1,38), denke ich über Jesus nach. Ich habe vieles nicht verstanden: Warum lag der König der Welt so arm in der Krippe? Warum hing mein guter Sohn später auf dem harten Holz des Kreuzes? Aber ich habe herausgefunden: Gott läßt immer alles irgendwie zu einem guten Ende kommen. – Ich glaube, alle Menschen, die oft über Jesus nachdenken, können ihn finden.
Ein Junge mit der Krippenfigur »Josef«: Ich bin Josef, der Pflegevater von Jesus. Von mir ist nie groß die Rede. Aber ich hatte alle Hände voll zu tun, das Kind und Maria zu versorgen. Wir waren doch arm! Ja, ich bin ein sehr stiller Mensch. – Ich glaube, alle Menschen, die ohne große Worte ihre Aufgabe tun, können das Kind in der Krippe finden.
Ein Kind mit der Krippenfigur »Esel«: Ich stehe als Esel nicht zufällig so nahe an der Krippe. Ich bin geduldig und fleißig und diene, wo ich kann. Ich möchte das in aller Bescheidenheit sagen. Und später, als Jesus auf einem Esel in Jerusalem einritt – und nicht als stolzer König auf einem Pferd –, da wußte ich: Dieser Jesus ist gekommen, um zu dienen. – Ich glaube, alle Menschen, die bereit sind zu dienen, werden Jesus finden.
Ein Kind mit einem »Ochsen«: Warum ich als Ochse (= Stier) an der Krippe stehen darf? Wir wurden damals zu Hunderten im Tempel von Jerusalem geopfert. Und dieser Jesus opfert sich später für die Menschen am Kreuz. Versteht ihr jetzt? Ich glaube: Alle, die bereit sind, sich für andere zu opfern, kommen Jesus ganz nahe.
Ein Kind mit einem »Hirten«: Ich bin einer von den Hirten. Ich war nicht sehr fromm und auch nicht immer ehrlich. Darum mochten mich die Leute auch nicht besonders. Ich war aber auch verbittert wegen all der Ungerechtigkeit in der Welt. Sollte es da einen guten Gott geben? Und als der Engel sagte: »Euch ist in Bethlehem der Retter geboren worden«, da war ich neugierig und habe mich auf den Weg gemacht. Und ich wurde nicht enttäuscht. – Hier unter euch sind sicher auch welche, die nicht so fromm und ehrlich sind. Ich kann euch nur sagen: Macht euch auf den Weg zur Krippe. Dann seid ihr am Ende nicht enttäuscht!
Ein Kind mit einem »Weisen« bzw. »König«: Ich war wochenlang unterwegs. Der Stern hatte mich wach gemacht. Ich erlebte schon so viel Streit und Krieg zwischen den Menschen und dachte: Einmal muß doch einer kommen, der *allen* Menschen den Frieden bringt! Und dann habe ich dem König in der Krippe das Kostbarste geschenkt, was ich besaß. – Ich glaube, alle, die suchen und bereit sind zu schenken, die finden den Friedensfürsten.

Ein kleines Kind mit einem »Schaf«: Ich möchte als Lämmchen ganz nahe an der Krippe stehen. Denn Jesus, der gute Hirt, hat ja später gesagt: »Ich gebe mein Leben für meine Schafe.« Wenn ich ganz nahe bei ihm bin, dann brauche ich keine Angst mehr vor dem Wolf zu haben (der manchmal in uns sitzt).

Ein Erwachsener mit einer Ikone, die den thronenden Christus zeigt: Schon vor fast 2000 Jahren ist Jesus Christus geboren worden. Jesus, du hast gelebt, bist gestorben und auferstanden. Du bist zum Vater zurückgekehrt. Du wirst uns einmal richten nach dem, was du gesagt hast. Noch sind wir alle unterwegs. Laß uns spüren, daß du in unserer Mitte bist. Und laß den Tag kommen, an dem du wiederkommst und uns alle zu dir holst.

(Zu dieser Predigt inspirierte mich Behnke/Bruns/Lorenz/Ludwig, »Kinder feiern mit«, Ergänzungsband, Bernward-Verlag, Hildesheim 1984, S. 18–25; zuerst veröffentlicht in »Puk« 1/85, S. 35–37.)

Andere Ideen

1. Damit die Wüste lebt

(eine Gießkanne; Zettel und Stifte zum Beschriften)

Evangelium: Mt 3,1–12 (Johannes predigt in der Wüste).

Würde ich mit dieser Gießkanne in der Wüste Sinai, in der Johannes predigte, jeden Tag ein kleines Feld mit Wasser begießen, dann wäre es in kürzester Zeit ein blühender Garten. Vielleicht hat einer von uns schon die ausgetrocknete Wüste nach der kurzen Regenzeit erlebt: Es ist wie ein Wunder; selbst Weizen wächst!

Im Innern des Menschen ist es ähnlich. Da wächst manchmal auch nichts mehr; da ist alles verdorrt, und die Samenkörner liegen herum und können nicht wachsen.

Johannes tauft die Menschen – auch wir wurden getauft. Taufe, das ist wie so ein Wasserguß auf den Samen, der heißt: »Du kannst Gott vertrauen«, »Jesus geht mit uns«, »Jesus ist dein Freund« ... Aber der eine Guß genügt nicht. Diese kleinen Gewächse verkümmern, wenn nicht an Eltern, Geschwistern und Freunden erlebt wird, wie sie an Gott und Jesus Christus und die Kirche glauben. Manchmal genügen auch Worte, die uns innerlich aufleben lassen, die das Gute in uns begießen und zum Blühen bringen. Sollen wir solche Worte einmal suchen, aufschreiben und auf unsere Gießkanne kleben? (Danke. – Das hast du gut gemacht. – Auf dich kann man sich verlassen. – Ein Herz haben für ... – Beten ...) Damit die Wüste lebt!

(Stark gekürzt und verändert nach Hannelore Mittrowann in »Puk« 1/85, S. 21f; dazu ein ausformulierter Gottesdienst von Stefanie Spendel mit weiterführenden Gedanken in »KiJu« 12/86, »Eine Wüste soll leben«.)

2. Eine Wüste soll leben

(viele Steine liegen auf den Altarstufen = Wüste; andere Symbolgegensätze lassen die Wüste später »blühen«)

Pr sagt »Salaam« nacheinander zur Gemeinde, zu den Kindern und zu den Steinen. Er bekommt keine Antwort: Manchmal sind Menschen wie Steine, die nicht hören, nicht reden, hart sind und wie Hindernisse im Wege liegen. Das erfuhr ein Afrikaner, der nach einer Reise durch Europa feststellte: »Seltsam, im Abendland öffnet dir keiner eine Tür. Niemand sagt zu dir: ›Wohin gehst du? Wer bist du?‹ Ihr lebt in einer Wüste voller Menschen. Wir hier leben in der Wüste, aber wenn wir jemanden treffen, sagen wir ›Salaam‹ (= Frieden) und reden miteinander.«

Jetzt im Advent soll die Wüste zum Blühen kommen, sollen Hindernisse beiseite geschafft werden:
Lesung: Jes 35,1–6a.10 (Die Wüste soll prächtig blühen).
Evangelium: Lk 3,2b–6 (Bereitet dem Herrn den Weg).
Jetzt bringen Kinder Symbolgegenstände, die unter Wegnahme je eines Steines in die »Wüste« gesetzt werden, z.B. eine brennende Kerze, ein geöffneter Käfig, eine Schale mit Brot, ein zerbrochener Stock, eine Blume, ein Herz ... Im Gespräch wird erarbeitet, was diese Symbole uns sagen wollen. Zum Schluß kann die leere Krippe in die Mitte gestellt werden.
(Dazu ein ähnlich ausformulierter Gottesdienst von Stefanie Spendel in »KiJu« 12/86.)

3. In der Wüste öffnen sich Quellen (mehr für Jugendliche und Erwachsene)
(eine durchsichtige Schale mit Wasser)

Manchmal ist unsere Seele trocken wie eine Wüstenlandschaft, die nach Wasser dürstet. Eine Erfahrung, die irgendwann jeder Mensch macht. Wir dürsten nach Anerkennung, Geborgenheit, Liebe ... nach Gott.
So steht es schon im Buch der Psalmen: »Wie der Hirsch lechzt nach frischem Wasser, so lechzt meine Seele, Gott, nach dir. Meine Seele dürstet nach Gott, nach dem lebendigen Gott« (Ps 42,2.3a). Wie komme ich aber dann an lebendiges Wasser? Wir kennen das Wort Jesu im Gespräch mit der Samariterin: »Das Wasser, das ich ihm gebe, wird in ihm zur Quelle werden, die Wasser für das ewige Leben ausströmt« (Joh 4,14b). Mit Wasser wurden wir getauft, damit das Bäumchen, das wir »Vertrauen auf die Freundschaft mit Gott« nennen können, wachsen kann. Aber selbst, wenn Eltern und Paten und Umwelt dieses Bäumchen gepflegt haben, ist uns manchmal zumute, als wenn wir verdursten müßten.

1. Wir können versuchen, »Tiefenbohrungen« in unserer Seele vorzunehmen in der Zeit, in der wir sie als Wüste empfinden, um zu den Quellwassern der Hoffnung, der Liebe und des Glaubens vorzudringen. Damit meine ich einen besinnlichen Spaziergang, geistige Gespräche mit gleichgesinnten Freunden, eine Aussprache mit dem Partner oder den Kindern, eine religiöse Freizeit, einen Krankenbesuch, die Gemeinschaft mit betenden Menschen ...
2. Es gibt auch »Bewässerungsanlagen«, die von weither Wasser auf die augenblicklichen Sanddünen der Seele holen. Dabei denke ich an feste Zeiten des Gebets, an religiöse Gewohnheiten und Feste, ja Vorschriften und Riten, die ich mit neuem Sinn erfüllen kann und die mir helfen wollen, nicht so schnell auf dem Trockenen zu sitzen.

Jetzt im Advent ist die Zeit, in der uns die Propheten des Alten Testaments auffordern, in Freude Wasser, das Gott schenken kann, aus den Quellen des Heiles zu schöpfen.
Lesung: Jes 12, 1–6 (Schöpft voll Freude das Wasser) oder Jes 35, 1–7a (In der Wüste öffnen sich Quellen) oder Jer 17, 5–8 (Segen oder Fluch).
(Nach einer Idee bei Gerhard Eberts, Sommerpredigten, Rex-Verlag, Luzern 1982, S. 110f.)

4. Die Leere füllen
(ein leerer Einkaufswagen oder Einkaufskorb)

Wenn dieser Einkaufswagen hier sprechen könnte, würde er uns vielleicht sagen: Wäre ich mit attraktiven Angeboten gefüllt, hättet ihr alle um mich herumgestanden. Weil ich aber leer und im Augenblick nutzlos bin, wurde ich vor der Kirche in eine Ecke geschoben.
Geschieht das manchmal auch mit Menschen, die »nichts mehr zu bieten haben« und dann unbeachtet da stehen oder abgeschoben werden?
Dieser Wagen erinnert mich an die Leere in uns, die wir manchmal fühlen. Wir dürfen uns so wie dieser leere Wagen vor Gott hinstellen: Er will uns nicht mit unnützen Dingen füllen, sondern mit dem, was uns erfüllen, innerlich sattmachen kann. Gott ruft gerade die Menschen, die nichts zu bieten

haben, aber nach oben hin offen sind! (Beispiele: Der »Korb« des Zachäus war leer; Jesus füllt die Krüge unseres Lebens = Hochzeit von Kana.)
Lesung: 1 Kor 1,27–29.31 (Das Schwache und Unwichtige in der Welt hat Gott gewählt).
Evangelium: Mt 5,3 (Wohl denen, die vor Gott arm sind); Lk 1,46–53 (Er erhöht die Niedrigen).
(Dazu ein ausformulierter Gottesdienst von Sr. Heriburg Laarmann in »KiJu« 9/83.)

5. Noch haben wir Zeit (mehr für Jugendliche und Erwachsene)
(ein kahler Ast mit Knospen; vielleicht ein Zweig für jeden)

Dieser Ast sieht ziemlich traurig aus ohne Blätter und Blüten. Er ähnelt einem Menschen, der frustriert ohne Fröhlichkeit nur noch funktioniert und über die Runden kommen will. Aber das ist kein Leben, wenn die Säfte auf Dauer in den Wurzeln zurückgezogen bleiben. Da drückt sich die Bibel nicht zimperlich aus: »Jeder Baum, der keine gute Frucht hervorbringt, wird umgehauen und ins Feuer geworfen« (Mt 3,10b und 7,19).
Im Advent dürfen wir uns daran erinnern, daß Gott anderes mit uns vorhat: Ein Mann, der sich Tag und Nacht mit Gottes Geboten und im Gebet auseinandersetzt, ist »wie ein Baum, der an Wasserbächen gepflanzt ist, der zur rechten Zeit seine Frucht bringt und dessen Blätter nicht welken« (Ps 1, 3).
Wer sich im Gebet für Gott öffnet, darf darauf vertrauen, daß Gottes Geist die Kraft hat, dürre Äste wieder zum Grünen und Blühen zu bringen. Die Knospen am Ast sprechen von unseren Fähigkeiten und Möglichkeiten. In den Sakramenten haben wir Anteil am Geiste Gottes, der uns den Mut zu einem neuen ehrlichen Gespräch miteinander gibt oder Verzweiflung nehmen kann. Wer um diese göttliche Kraft bittet, kann eine Krankheit besser tragen, Einsamkeit eher durchstehen, Alter bewältigen und das Sterben-Müssen leichter bejahen.
Wir alle sind viele Äste am Baum des Reiches Gottes, an dem wir nicht nur den rauhen Stamm der Institution Kirche sehen sollen, um uns daran zu reiben. Wir oft müden Christen in Europa sollen da ruhig auf die blühenden Zweige am Baum der Kirche in anderen Erdteilen schauen.
Noch gibt Gott uns Zeit. Er hat Geduld mit uns, bis wir das Blühen wagen und schließlich Frucht bringen.
Evangelium: Lk 13,6–9 (Laß ihn noch ein Jahr stehen).
(Verkürzt nach Gerhard Eberts, Sommerpredigten, Rex Verlag, Luzern 1982, S. 112–115.)

6. Die Sonne einfangen
(ein gebastelter Metallspiegel)

Im Zeitalter der wachsenden Energiekrise werden diese Metallspiegel immer bekannter. In Israel stehen sie schon seit Jahrzehnten auf vielen Häusern. Diese schräggestellten »Sonnenspiegel« nützen die Wärme der Sonne tagtäglich aus und schaffen warmes Wasser ohne Strom, Gas oder Öl. Ohne die Sonne, die große Energiequelle, die unserer Erde Licht und Wärme spendet, können wir nicht leben; die ganze Welt läge in kalter Dunkelheit.
Die Menschen haben immer die Sonne mit Gott verglichen, aus dessen »Energie« unser Leben gespeist wird, an dessen übersprühender Lebenskraft wir teilhaben.
Darum sieht das Volk im Dunkel ein helles Licht, das über allen aufgeht, die im Land der Finsternis wohnen (Jes 9, 1ff). In Jesus, dem hilflosen Kind in der Krippe, hat Gottes Sonne die Nacht unserer Verlorenheit überstrahlt, bis die Sonne des Jüngsten Tages alle Irrlichter und alle Dunkelheiten unserer Welt überstrahlt.
Es liegt an uns, ob wir wie dieser Metallspiegel die Strahlen dieser Sonne jetzt schon einfangen, um damit auch noch Wärme für andere zu speichern.
Lesung: Jes 9,1–3,5–6 (Das Volk schaut ein großes Licht).
(Stark verkürzt und geändert nach Erich Strick, Kirchenzeitung des Erzbistums Köln Nr. 52–53, 1977, S. 13.)
(Vgl. »Von der Sonne leben« in diesem Buch Nr. 5.)

7. Der richtige Schlüssel zum Menschen, zu Gott

(verschiedene Schlüssel, darunter ein Zündschlüssel)

Ohne Schlüssel wären wir aufgeschmissen. Wo brauche ich sie? –
Wir brauchen aber auch »Schlüssel«, um Zugang zu unseren Mitmenschen zu finden.
Falsche Schlüssel sind Stolz, Neid, Gewalt, Vorurteile, das dicke Konto, protzige Geschenke ...; richtige dagegen sind Offenheit, Toleranz, Zuwendung ... Jesus ist der Schlüssel, der uns sogar zu Gott führt:
Evangelium: Joh 14,4–7 (Niemand kommt zum Vater außer durch mich).
Jesus ist also der einzig passende Schlüssel, der zu Gott und den Menschen alle Türen aufschließt. Dieser Schlüssel ist kein Rezept, sondern ein Weg: wie Er zu heilen, zu vergeben, Gemeinschaft zu stiften, aufzurichten ...
Dieser kleine Zündschlüssel hier ist im Vergleich zum ganzen Auto verschwindend klein, aber er kann Großes bewirken. So haben viele Menschen, die Christus als Schlüssel entdeckt haben, Großartiges in Bewegung gesetzt. (Beispiele ...)
Was uns Christen draußen unterscheiden kann: Wir haben andere »Schlüssel« in der Tasche!
(Dazu ein ausformulierter Gottesdienst von Kurt Bucher in »KiJu« 6/1986. Vgl. auch »133« Nr. 80 und »144« Nr. 7.)

8. Das Reis aus der Wurzel Jesse (Zyklus)

Eine Baumwurzel liegt gut sichtbar im Chor. Von Sonntag zu Sonntag wird etwas mehr in sie hineingesteckt. Es eignet sich meist eine der Lesungen oder eines der Evangelien aller drei Jahreskreise. Vor allem gilt natürlich die Stelle: Jes 11,1, auch Vers 10.11 (Das Reis aus der Wurzel Jesse = Isai).
1. Advent: Ein »Barbarazweig« mit Knospen = die Möglichkeiten und Fähigkeiten, die in uns schlummern. (Siehe hierzu auch die Zeichenpredigt Nr. 7 (5) in diesem Buch »Noch haben wir Zeit«.)
2. Advent: Ein Tannenzweig = immergrün = wir haben die Hoffnung, daß Christus wiederkommen wird – nicht mehr in Armut, sondern in Macht und Herrlichkeit. Christen schauen »über den Horizont hinaus« (vgl. Kurzgeschichten 2, Nr. 4).
3. Advent: Eine Kerze wird in die alte Wurzel gesteckt = Licht gegen alle Dunkelheit. Auch das Fest und die Bräuche um die hl. Lucia können hier aufgegriffen werden, z.B. könnte bei jeder Fürbitte eine Kerze auf dem Kerzenkranz, den ein Mädchen auf dem Kopf trägt, angezündet werden.
4. Advent: Eine Rose = Es ist ein Ros entsprungen aus einer Wurzel zart (GL 132). In dieser Rose erahnen wir den Duft einer neuen Welt.
Andere Möglichkeiten: Ein Stück gesprengte Kette = Befreiung aus der Gefangenschaft in Egoismus, Not und Tod. –
Ein Stück Stacheldraht, aus dem die Rose wächst = Überwindung aller Gräben und Zäune.

9. Der Weg nach Bethlehem (Zyklus)

(Dieser Zyklus hat die Zeichen: Verschlossenes *Tor, Weg* mit Steinen zum Tor, *Stern* der Verheißung und *Menschen,* die uns zur Krippe begleiten. Leicht auf einer Flanelltafel darzustellen.)

1. Advent: Solange der selbstsüchtige Riese das *Tor* zu seinem Garten nicht wieder öffnet (Oscar Wilde, »Märchen und Erzählungen«, Winkler-Verlag, München), bleibt es dort kalt und ungemütlich. Erst ein Kind läßt das Eis seines Herzens schmelzen, und er reißt alle Mauern nieder.
Evangelium: Mk 13,33–37 (Wacht wie ein Türhüter):
Wir warten darauf, daß sich das Tor öffnet und Jesus kommt.

2. Advent: Die Steine (=Hindernisse) müssen wir auf dem *Weg* zum Tor beiseite räumen.
Evangelium: Mk 1,1–8 (Bereitet dem Herrn den Weg).

3. Advent: Ein *Stern* als Licht in der Dunkelheit erleuchtet unseren Weg.
Evangelium: Joh 1,6–8.19–28 (Das wahre Licht kam in die Welt).
Die Kinder schreiben auf Zettel, was den Menschen heute im Dunkeln Licht bringt, und heften sie auf den Stern.

4. Advent: Damals haben sich auch *Menschen* auf den Weg gemacht, um das Kind in der Krippe zu finden.
Evangelium: Lk 1,39–47 (Maria auf dem Weg zu Elisabeth).
Auch wir machen uns auf den Weg: Die Kinder zeichnen sich selbst und heften ihre Bilder ans Wandbild.

Christmette: Das Tor ist geöffnet, darin steht die Krippe. Mit den Hirten wollen auch wir uns über das göttliche Kind freuen und es anbeten.
Evangelium: Krippenspiel.

(Dazu z.T. ausformulierte Gottesdienste von Hestermann und Wirtz-Meinert in »KiJu« 11 u. 12/1985, »Mache dich auf und werde Licht«.)

10. **Eine Leiter vom Himmel** (Zyklus)

(eine Strickleiter hängt von der Decke, die jeden Sonntag um sieben Sprossen verlängert wird. Da, wo sie den Boden berührt, steht die Krippe – eventuell von Stacheldraht umgeben. – Auch als Hängebrücke von Ufer zu Ufer möglich.)

1. Advent (je nach Lesejahr jeweils ein Satz aus Lesung oder Evangelium, der auf einem Plakat an der Strickleiter sichtbar ist): »Zeige mir, Herr, deine Wege!« oder »Seid wachsam!« oder »Haltet euch bereit!« (Die Kinder schreiben jeden Sonntag auf gelbe und weiße Sterne, wie das Thema des Sonntags umgesetzt werden kann, damit Himmel und Erde einander näherkommen. Diese Sterne können dann an die Strickleiter oder in den Stacheldraht gehängt werden.)
2. Advent: »Erbarmen und Gerechtigkeit kommen von ihm« oder »Bringt gute Früchte!«
3. Advent: »Er bringt die Rettung!«
4. Advent: »Er wird der Friede sein!«
Christmette: »Wo Gott auf die Erde kommt, da fängt sie an zu blühen.« Bei jeder Fürbitte wird eine blühende Topfpflanze an die Krippe gestellt.
(Verkürzt nach Team St. Michael, 4150 Krefeld-Lindenthal; ausführlicher in »KiBö« Nr. 84, S. 5–8.)

11. Was wir nicht kaufen können

Unter dem Adventskranz steht ein riesiges *Paket,* auf dessen vier Seiten steht: »Was wünschst Du Dir am meisten?« An jedem Sonntag geht es dann darum, nicht Sachen, sondern Werte zu wünschen, die wir nicht kaufen können, aber die wir durch das Kind Jesus geschenkt bekommen, das Geburtstag hat, z.B. 1. Advent: Mut, 2. Advent: Hoffnung, 3. Advent: Geborgenheit (Phil 4,5: Der Herr ist nahe!), 4. Advent: Freude, Leben ... (Gerhard Dane)

12. Bereitet den Weg!

(eine Autokarte mit gut sichtbarem Autobahnnetz)

Evangelium: Lk 3,1–6 (Bereitet dem Herrn den Weg).
Ihr seht auf dieser Karte, wie die Autobahnen oft schnurgerade oder im großen Bogen durch die Landschaft gebaut sind. Wie viele Hindernisse mußten dafür aus dem Wege geräumt werden: Bagger und Lastwagen mußten manchmal Hügel wegschaffen, Mulden auffüllen; Täler mußten mit Brücken überspannt werden. Nicht zu vergessen die Verhandlungen mit den Eigentümern der Landstriche etc.

Und dann sausen die Autos über meist ebene, elegant geschwungene Fahrbahnen und überbrücken Entfernungen in Windeseile.
Manchmal trennen uns von Gott und dem Nächsten auch Hügel und Täler, die erst abgetragen werden müssen (= Neid, Streit ...). Da werden manchmal Brücken abgebrochen (= Schuld und Sünde; einem Menschen oder Gott den Rücken zukehren). Im Advent ruft uns Gott auf, Hindernisse wegzuschaffen, Barrieren abzubauen und Steine wegzuräumen ...
(Nach Norbert Weidinger, Startbereit, Pustet, Regensburg 1980, S. 15f.)

13. Der geduldige Gärtner
(mehrere Topfpflanzen, die fast eingehen; dazu leere Blumentöpfe, neue Erde, Dünger, eine Gießkanne mit Wasser.)

Ein Gärtner kommt mit einem Mülleimer: »Seid ihr damit einverstanden, daß ich jetzt diese Pflanzen wegwerfe?« (Es wird die Reaktion der Kinder erwartet: Vielleicht sind noch einige zu retten durch Umpflanzen, Düngen, Begießen.) Einige Kinder können nach vorne kommen, um einige Pflanzen zu retten ...
Jetzt versteht ihr folgendes
Evangelium besser: Lk 13,1 – 9 (Der unfruchtbare Feigenbaum).
Diese gute Nachricht ist ein Gleichnis, das mit dem unfruchtbaren Feigenbaum Menschen meint, die keine guten Früchte bringen. Jesus, der gute Gärtner, zeigt Erbarmen und Geduld.
(Verkürzt nach Arbeitskreis St. Elisabeth, Neuss-Reuschenberg, 9. 3. 1980.)

14. Ihr seid Licht für diese Welt
(zwei Taschenlampen)

Evangelium: Mt 5,14 – 16 (Ihr seid das Licht der Welt).
Die eine Taschenlampe brennt, die andere – nicht. Woran kann es liegen? – Die Batterie fehlt: die Quelle des Lichts = Christus für die Christen. Kehren wir das Bild etwas um: Batterie = wir als Licht für die Welt, müssen von Zeit zu Zeit »aufgeladen« werden, d.h. durch Gebet, Gottesdienst, Bibel lesen, Kommunion ... Das Auto steht still, wenn die Batterien erschöpft sind. Ähnlich werden wir wirkungslos als Christen, wenn wir uns nicht immer wieder der Sonne Christus aussetzen.
(Kurt J. Bucher, Modelle für Schulgottesdienste, Rex Verlag, Luzern 1978, in einem ausformulierten Gottesdienst, S. 53 – 64, der noch einige Anregungen bringt. Ähnlich W. Hoffsümmer, Wir freuen uns auf die Predigt, S. 46, »Bin ich noch Licht für die Welt?«)

15. Propheten machen wach
(eine Klingel)

Der Prophet Johannes war wie so eine Klingel: Er machte wach, rüttelte auf, ließ aufhorchen ... Sprecher kommen und lesen Eigenschaften von falschen und richtigen Propheten vor. Die Kinder lernen, diese zu unterscheiden.
(Ausführlicher: Matthias Schnegg, Damit es Freude macht, Herder, Freiburg 1980, S. 33f.)

Weihnachten

8. Im Schweif des »Jesus-Sterns«

(Jeder bringt einen selbstgebastelten Stern mit. Ein großer beleuchteter Stern mit einem riesigen Schweif = der »Jesus-Stern« ist vorbereitet. Kleine Sterne bereithalten für alle, die keinen mitgebracht haben.)

Es gibt einen Stern, der heller strahlt am Himmel unserer Welt als alle Sterne, Stars und »Sternchen«: Hier der leuchtende »Jesus-Stern«. Er ist eine ganz neue Bahn gezogen; nicht die Bahn der Lüge, der Ungerechtigkeit und der Gewalt. Er hat die Güte und Menschenfreundlichkeit Gottes widergespiegelt. Er will uns auch »heimleuchten« zum Vater.
In seinem Schweif ist noch viel Platz. Wenn ihr genau hinschaut, erkennt ihr, daß schon einige kleine Sterne hier glitzern und funkeln: Dieser hier ist zum Beispiel der »Nikolaus-Stern«, und der hier ist der »Elisabeth-Stern« ... Hier funkelt eine Mutter, die nächtelang am Bett ihres kranken Kindes gesessen hat, und hier glitzert ein Vater, der Überstunden macht, damit er die Nachhilfestunden für sein Kind bezahlen kann. Hier leuchtet ein Mädchen, das ab und zu einen kranken Freund im Rollstuhl spazieren fährt ... Hier ist noch viel Platz! Hier könntest *du* im Schweif des »Jesus-Sterns« die Welt etwas heller machen ...
Nun kommen alle Kinder mit ihren Sternen nach vorne, um sie auf den Schweif des »Jesus-Sterns« zu heften.
Dann werden die *Fürbitten* gesprochen:
Der Stern soll leuchten für alle, – die nicht mehr an das Gute im Menschen glauben können; – die meinen, Gott nicht nötig zu haben; – die sich verlassen vorkommen ...
Lesung: Tit 3,3 – 8 (Die Güte und Menschenfreundlichkeit Gottes ist erschienen).
Evangelium: von Weihnachten.
(Nach Wilhelm Willms, Aus der Luft gegriffen, Verlag Butzon & Bercker, Kevelaer 1976, S. 156f.)

9. Was uns Stroh sagen kann

(für jeden zwei Strohhalme)

1. Ein Strohhalm erinnert uns in der Weihnachtszeit an das Stroh in der Krippe. Darin lag ausgedroschenes Stroh, zu nichts mehr nutze. Wenn jemand dummes Zeug spricht, sagen wir zum Beispiel: »Der drischt aber leeres Stroh!« Dieses wertlose Stroh wählte Jesus, der König der Welt; ein Stroh, das nur noch gut genug war, von Tieren zertreten zu werden.
2. Der Strohhalm erinnert uns auch an den Ausdruck vom »rettenden Strohhalm«, nach dem ein Ertrinkender greift. Jesus ist der rettende Strohhalm für uns Menschen im Strom der Zeit.
   Evangelium: Joh 1,10 – 12 (Allen aber, die ihn aufnahmen, gab er Macht ...).

3. Wir legen aus unseren beiden Strohhalmen ein Kreuz. Das Kind in der Krippe wird am Kreuz enden. (Der hl. Stephanus bekam es als erster zu spüren, was es heißt, diesem Kind zu folgen.) Auf die Haltung des Kindes in der Krippe, das die Arme einladend ausstreckt, wird Jesus am Kreuz festgenagelt: Er will uns alle an sich ziehen.
4. Zu Hause schneiden wir die beiden Strohhalme durch und kleben oder binden sie zu einem Stern, den wir in den Weihnachtsbaum hängen. Und fällt unser Blick darauf, können wir uns daran erinnern:
   Jesus war sich nicht zu schade, sich auf gedroschenes Stroh zu betten: Er kam für die Armen und Außenseiter. – Er ist der rettende Strohhalm für uns alle. – Wer ihm nachfolgt, muß damit rechnen, »gekreuzigt« zu werden (= zu leiden).

Wir danken für diesen »Stern Jesus«, der allen Menschen leuchtet.

(Nach Gedanken von W. Willms, H. Laarmann und L. Kufner. Eine ähnliche Zeichenpredigt mit einem Strohhalm ist auch möglich nach der Kurzgeschichte »Nur ein Strohhalm« in Kurzgeschichten 3, Nr. 9.)

Familiensonntag

10. Die Spannkraft von Glaube, Hoffnung und Liebe

(eine sehr große Notizzettel- oder Wäscheklammer; eventuell eine Wäscheklammer für jeden)

Ihr seht hier zwei Holz-(Plastik-)teile, die von einer Stahlfeder zusammengehalten werden. Wenn diese Feder ausleiert und ihre Spannkraft verliert, kann sie immer weniger festhalten. Sollte die Klammer rosten und zerbrechen, fallen die beiden Holz-(Plastik-)teile auseinander.

Mit diesem Zeichen kann ich Entscheidendes und für dich sehr Wichtiges über deine Eltern zeigen:

Die erste Spannkraft, die deine Eltern zusammenführte, war die Liebe. Frage zu Hause einmal: Ob beim Tanz oder schon in der Schule ...? Denn irgendwann hat es zwischen deinem Vater und deiner Mutter »gefunkt«, und sie haben sich gestanden: »Wir lieben uns.« In Wochen und Monaten wuchs dieses Gefühl, bis sich beide sicher waren: »Mit dem Menschen möchte ich ein Leben lang zusammenbleiben. Wir vertrauen einander. Wir trauen uns, alles miteinander zu tun.« Von daher kommt der schöne Name »Trauung« oder an den »Traualtar« treten. Zu der Liebe, die die beiden verband, kam also noch die Hoffnung dazu, daß diese Liebe ein Leben lang halten wird – in guten und in bösen Tagen.

Die Spannkraft dieser Feder in der Mitte heißt also bis jetzt »Liebe und Hoffnung«. Aber es kommt noch etwas hinzu. Deine Eltern hatten sich umgesehen und festgestellt, wie viele Ehen wieder auseinanderfallen. Sie sind in einer Kirche feierlich vor Gott hingetreten,

damit Jesus gleichsam seine Hände um die ineinandergelegten Hände des Brautpaares legt: Gott möge helfen, sie zusammenzuhalten, wenn Liebe und Hoffnung in manchen Tagen schwach werden sollten.
Vielleicht hast du bei einer Hochzeit in der Kirche einmal beobachtet, wie der Priester als äußeres Erkennungszeichen für das, was ich eben schilderte, seine Stola um die Hände der Eheleute bindet; die Stola, die geschmückt ist mit dem Zeichen Jesu. Zu der Spannkraft der Feder »Liebe und Hoffnung« kommt also noch der »Glaube« an die Hilfe und Gnade Gottes im Sakrament der Ehe.
Jetzt waren die beiden Teile dieser Klammer besonders fest verbunden, und Vater und Mutter haben irgendwann an dich gedacht: »Jetzt können wir einem Kind Geborgenheit schenken.«
Oft kann die Spannkraft einer Klammer zwei, drei und noch mehr Kinder halten und auch noch Kraft genug für Nachbarn, Verwandtschaft und Gäste haben. Doch manchmal läßt die Spannkraft der Feder in der Mitte nach: Liebe, Hoffnung und Glaube leiern aus, verrosten. Wenn es ganz schlimm kommt, fallen die beiden Teile auseinander: Die Eltern trennen sich, die Kinder verlieren ein Stück Geborgenheit, obwohl sie doch noch soviel Halt nötig haben! Hunderttausend Kinder sind es jedes Jahr in der Bundesrepublik!
Wir wollen beten, daß deine Eltern weiter in Glaube, Hoffnung und Liebe zusammenhalten. Paulus hat uns gesagt: am wichtigsten ist die Liebe! Wir hören einmal, was er von dieser Liebe sagt:
Lesung: 1 Kor 13,4 – 7.13 (Was Liebe vermag).
Wir wollen aber auch beten für alle Eheleute, die nichts mehr von der Klammer spüren, und für alle Kinder, die sich nicht mehr gehalten fühlen. – Stille –
Meistens kannst du das merken, wenn Kinder von ihren Eltern nicht mehr gehalten werden ... Können *wir* da auch ein bißchen halten und helfen ...?

11. Das Herz im Kopf haben
(ein Kopfsalat – durchgeschnitten)

(Pr zeigt zunächst den ganzen Salatkopf, dann das gelbe Herz im durchgeschnittenen Salat, das von grünen Schutzblättern umgeben ist.)
Wir können vom Kopfsalat lernen: Er hat das Herz im Kopf. In unserer Welt, in unseren Familien ist es deshalb oft so kalt, weil Verstand (= Kopf) und Gefühle (= Herz) meistens so weit getrennt werden (depressive Welle, Gewalt, Terror). Wie häufig gehen deshalb Gesprächsebenen aneinander vorbei: Der eine argumentiert nur vom Herzen her, der andere nur vom Kopf.
In manchen Ehen müßte es nicht so viele Tränen geben, wenn der eine Partner nicht zu sehr vom Verstand, der andere vom Herzen her argumentieren würde. Und manche Kinder hätten es später im Leben nicht so schwer, wenn ihre Erzieher im Herzen mehr Verstand walten ließen.

Gott will, daß Kopf und Herz zusammengehören. In seinem Sohn hat er es uns gezeigt: Jesus Christus hat nie Kopf und Herz getrennt. Bei ihm gab es keinen Unterschied oder Gegensatz zwischen Himmel und Erde, Politik und Religion (= ist eine gute Politik menschlich, dann wirkt auch die Menschlichkeit politisch), Seele und Geist. Christus erzählt uns von dieser Einheit:

Evangelium: Mt 5,43–45 (Gott läßt seine Sonne über alle Menschen aufgehen); Mt 18,23–25 (Gleichnis vom unbarmherzigen Knecht: Gott zeigt sich mütterlich gütig, aber auch hart und unerbittlich); Lk 15,11–24 (Der barmherzige Vater kann den Sohn loslassen = ziehen lassen, aber er läuft ihm auch entgegen und küßt ihn, *bevor* dieser seine Schuld bekannte).

Jesus lebt diese Einheit auch in seiner Güte allen Kranken und Außenseitern, in seiner Härte allen Heuchlern (Mt 23!) gegenüber.

Auch heute wird die Welt nicht so sehr durch Umweltprogramme geändert, sondern durch die Umkehr der Herzen.

Wenn die Sonne lange genug scheint, wächst Same aus dem Herzen dieses Kopfsalates; Same, der die Umgebung überschütten kann. So wünschen wir uns, wenn wir beim Putzen oder Essen eines Salates wieder an diese Predigt denken:

Herr, schenke unserer Welt mehr Herz, aber auch mehr denkende Köpfe. Und vor allem: Laß mehr Herz in den Köpfen sein!

(Nach der Idee von Pfr. Ernst Sieber, CH-8048 Zürich, »Wort zum Freitag«, Radio Bremen, vom 1. 3. 1984.)

Andere Ideen

1. Was ein Kind braucht

(Glaskrug, mit Milch gefüllt; leere Babyflasche, Schnapsflasche)

Pr zeigt die Schnaps- und die Babyflasche und sammelt Reaktionen (... paßt nicht zusammen; etwas »Scharfes« verträgt ein Baby nicht; ist tödlich ...). Ich behaupte, daß dies aber immer wieder geschieht, wenn »Erwachsenes« und »Kindliches« eng zusammenkommen:

Was geht in Ihrem Kind vor,

- wenn es Krimis aller Art am TV-Schirm konsumiert?
- wenn Sie Ihren Partner im Beisein des Kindes (laufend) beschimpfen?
- wenn Sie stundenlang Ihre Wohnung mit »hard rock« berieseln?
- wenn dauernd über Nachbarn, Lehrer, Pastor etc. schlecht geredet wird?
- wenn Sie sagen: »Es macht nichts, ob du heute zur Kirche gehst oder nicht; dem Herrgott ist es egal, ob einer weniger kommt«?

Evangelium: Mt 18,6–7 (Warnung vor der Verführung: Diese Textstelle geht also noch tiefer, weil Geist und Seele irregeführt werden!)

Gut, wir nehmen also die Schnapsflasche weg. Das Kind soll nur erhalten, was es vertragen kann. Was fördert denn ein Kind? (Pr deutet das Füllen der Babyflasche mit Milch an.) Das Kind braucht die »Milch« des freundlichen Zuhörens und der ehrlichen Antworten; es braucht die »Milch« netter, spannender Geschichten und den Körperkontakt beim Vorlesen; die »Milch« einfacher und ehrlicher

Gebete; die »Milch« des gemeinsamen Singens, Spielens, Bastelns, des gemeinsamen Wanderns und Betrachtens in der Natur ...
(Das alles vermittelt nicht »Ein Colt für alle Fälle« oder »Die Schwarzwaldklinik« oder »J.R. in Dallas« – hier bitte aktualisieren.)
(Franz Melcher, Sundern; zuerst in »KiBö« Nr. 84, S. 31 veröffentlicht.)

2. Für andere da sein (für Jugendliche und Erwachsene)
(ein Stützpfahl)

So ein Stützpfahl ist wichtig. Er dient dem neuen Leben und dessen Freiheit. Die Freiheit hat zunächst Bindung nötig, sonst entstehen leicht Verkrüppelungen, Wildwuchs, schiefe Ebenen. Der Pfahl hält aus, wenn an ihm gezerrt wird. Er weiß um die Wichtigkeit der Lebenshilfe, der Begleitung und des Rates, ja der Vorschriften und Gebote.
Aber einmal kommt der Augenblick des Loslassens, des Freigebens. Für den richtigen Augenblick fehlt oft das Fingerspitzengefühl. Der junge Baum braucht den Pfahl nicht mehr und wird es ihm nicht danken. Nun, nach erfüllter Aufgabe lächelnd und selbstlos wegzutreten, fällt schwer. Aber einmal trifft es alle, die Mutter, den Vater ..., alle, die für andere da sind.
Liebe Jugendliche: Muß es ohne Dank sein?
Liebe Erwachsene: Das Abtreten gehört zum Dienst am Leben, wie auch das Sterben zum Leben gehört. Aber wo eine Aufgabe wirklich erfüllt ist, klingt innere Zufriedenheit nach.
Evangelium: Joh 13,1–15 (Fußwaschung: Ein Beispiel habe ich euch gegeben).
(Nach einer Idee von Theresia Zehnder-Hostrup in »Frau und Beruf«, 5/84, S. 12, Klens-Verlag Düsseldorf.)
(Eine Stützstab-Predigt, mehr vom Bäumchen/Baum her gesehen, in »133«, Nr. 11.)

Erscheinung des Herrn

12. Dem Stern folgen

(sechs oder acht Wegweiser, die zu einem Stern zusammengefügt werden)

Evangelium: Mt 2,1–12 (die Suche der Magier).
Möglichkeiten:

1. Jeweils ein Kind hält einen Wegweiser gut sichtbar hoch. Nach dem durch Pr gesprochenen Text stellt sich das Kind jeweils so, daß langsam ein Stern entsteht, oder es heftet den Wegweiser entsprechend auf eine große Tafel.
2. Zunächst stellen sich alle Kinder mit dem Wegweiser im Chor, Mittelgang etc. auf, um erst nach der Erklärung des letzten Wegweisers nach vorne zu kommen, um den Stern zu bilden. Auf den Wegweisern können auch Begriffe stehen, wobei die im folgenden kursiv gedruckten Worte eine Hilfe sein können.

Die Weisen aus dem Morgenland fanden das Kind in der Krippe, weil sie dem Stern folgten. Um diesen Stern überhaupt zu entdecken und nicht wieder aus den Augen zu verlieren, mußten sie auf Verschiedenes achten, was auch für uns wichtig ist, wenn wir den König der Welt finden wollen. Wir zeigen euch dazu einige Wegweiser:

(Der Predigttext kann auch von Kindern gesprochen werden.)

1. Zunächst muß ich *wachwerden,* um feststellen zu können, daß mir etwas fehlt. Darum wird zu Beginn des Advents so oft in den Texten der Liturgie gesagt: Seid wachsam! Alles langweilig zu finden, ist auch eine Form von Schlaf!
2. Der nächste Wegweiser: Wenn ich aufgewacht bin, muß ich *suchen,* Ausschau halten, um den Stern in der Dunkelheit zu erkennen, den Stern, der mich weiterführen kann.
3. Wenn ich den Stern entdeckt habe, muß ich *mich selbst aufmachen.* Keiner kann geheilt werden oder zum Ziel kommen, der nicht selbst mitmachen will.
4. Die Reise, auf die ich mich einlasse, muß geplant werden. Ich darf z.B. den *Proviant nicht vergessen.* Das kann die tägliche Besinnung sein, warum ich dem Stern folge, oder die Wegzehrung: Das Brot der hl. Kommunion, das mich auf der Reise stärken will.
5. Ein anderer Wegweiser: Es ist leichter, *in Gemeinschaft* dem Ziel entgegenzugehen. Auch die Weisen gingen gemeinsam. Auch Jesus schickt seine Jünger in Gruppen aus.
6. Wer mit anderen Menschen dem Stern folgt, muß den Wegweiser »Demut« mitnehmen, d.h. *Mut zum Dienen* mitbringen. Ihn darf nicht stören, ob der andere jung oder alt ist, ob er eine schwarze, weiße oder gelbe Hautfarbe hat. (Ein schönes Lesespiel über die Weisen aus dem Morgenland hat den bezeichnenden Titel »Hochmut hat keinen Stern«.)
7. Zu allen Zeiten galt es auch, *vorsichtig* den Weg zu gehen und auf der Hut zu sein vor falschen Freunden. Damals wollte sich der falsche Freund Herodes anbiedern. Heute bieten sich Sekten an, die neue Sterne an den Himmel hängen. Und viele vertauschen ihre Sehnsucht mit Süchten.
8. Der letzte Wegweiser: Ich muß *teilen können.* Es gibt eine Legende, die von einem vierten König erzählt: Er kommt zu spät zum vereinbarten Treffpunkt und steht traurig da mit seinen drei wertvollen Edelsteinen als Geschenk. Er macht sich allein auf den Weg. Weil er unterwegs dreimal auf unvorstellbare Not trifft, verschenkt er jedesmal einen Edelstein. Erst nach vielen Jahren trifft er in Jerusalem auf den Weltenkönig, der am Kreuz stirbt. Er hat ihn finden können, weil er ihn unbewußt immer wieder in den Armen und Notleidenden gesucht hat.

Schenken und Abgeben können sind mit die wichtigsten Wegweiser auf dem Weg zur Krippe. Diesem Wegweiser folgt ihr heute als Sternsinger, wenn ihr von Haus zu Haus geht, singt und Geld sammelt, um es weiterzugeben.

(Jetzt halten die acht Kinder oder Sternsinger die Wegweiser als Stern.)
Seht ihr: Die Wegweiser sind zum Stern geworden, der über der Krippe des Weltenkönigs stehen blieb.
(Meditationsmusik)

13. **Auf dem Weg** (mehr für Jugendliche und Erwachsene)
(ein heller, großer Stern – ein ebenso großes Stück dunkle Pappe)

Evangelium: Mt 2,1 – 12 (die Suche der Magier).

1. Ein Stern (Pr zeigt den hellen Stern) zeigt den Magiern den Weg und holt sie aus ihrer gewohnten Umgebung. Er führt sie den Weg zu Jesus bis nach Jerusalem.
2. Weil sie sich nicht mehr auf Gottes Führung verlassen, geraten sie in die finsteren Absichten des Königs Herodes (Pr hält die Pappe vor den Stern). Sie folgten der Tradition, daß ein König nur in der Hauptstadt Jerusalem geboren werden kann oder der amtierende König die richtige Auskunft gibt.
3. Sie finden den Weg zu Gott, den Stern, neu beim Nachsehen in der Hl. Schrift: »In Bethlehem« wird dort gesagt. Wieder zeigt ihnen jetzt der Stern den Weg. (Pappe wegnehmen)
4. So finden sie Jesus.
5. Dann gehen sie auf neuen Wegen.

Folgerungen für uns (die Zeichenhaftigkeit von Stern und Pappe wird wiederholt):

1. Ob uns im Leben eine »Erleuchtung« zukommt oder ob es mehrere sind, entscheidend ist unser Aufbruch.
2. Dunkel und Nebel gibt es auch nach einem Aufbruch; das kann Bequemlichkeit sein, das Festhalten an überholten Traditionen, Zweifel, ein falscher Freund, eine nicht vom Glauben verarbeitete Leiderfahrung ...
3. Wir kommen immer wieder zurück auf den Weg, wenn wir uns an Gott und an der Hl. Schrift orientieren, die Stille und die Gemeinschaft überzeugender Christen suchen ...
4. Dann können wir immer wieder neu Jesus Christus und seine Kirche finden.
5. Dann gehen wir – verändert – neue Wege.

(Udo Casel, Bergheim-Büsdorf.)

Darstellung des Herrn

14. Das Licht für alle Völker

(verschiedene Kerzen gemäß Text; Kerze für jeden)

Evangelium: Lk 2,25–32 (Meine Augen haben das Heil gesehen).

Pr: Das Licht einer Kerze ist eins der wichtigsten Symbole für Christus. Es will mit dem greisen Simeon sagen: »Christus ist das Licht für alle Völker.« (Früher hieß das Fest »Mariä Lichtmeß« = Lichtmesse. An diesem Tag standen in den ersten Jahrhunderten die Christen mit brennenden Kerzen um den Altar, um an den zu denken, der Licht für die Welt wurde.) Deshalb begegnet uns Christus, das Licht, bei den wichtigsten Anlässen unseres Lebens von der Geburt bis zum Tod.

1. Jugendlicher mit brennender Osterkerze:
Am wichtigsten ist diese Osterkerze. Sie erinnert uns an den auferstandenen Christus. Hier entzünden wir in der Osternacht unsere Hoffnung auf ein Leben nach dem Tode. Wäre Christus nicht auferstanden, bliebe alle Zukunft für uns Christen dunkel.
2. Kind mit einer Taufkerze (an der Osterkerze entzünden):
Diese Taufkerze wurde den Eltern eines Kindes anvertraut. Sie sollen darauf achten, daß dieses Licht Christi nie im Herzen des Täuflings erlischt.
3. Kind mit einer Kommunionkerze (an der Osterkerze entzünden):
Auch die Kommunionkerze lebt vom Licht des auferstandenen Christus. In der heiligen Kommunion kommt er mir ganz nahe. Er will mich entflammen, daß ich Licht für die Welt werde.
4. Kind mit Brautkerze (an der Osterkerze entzünden):
Meine Eltern haben bei ihrer Hochzeit in der Kirche Gott die Treue versprochen. Diese Brautkerze erinnert sie daran, mit dem Licht Jesus immer wieder die Dunkelheit in der Ehe und der Familie zu vertreiben.
5. Priester mit der Kerze der Priesterweihe (an der Osterkerze entzünden):
Am Tag meiner Priesterweihe ... habe ich dem Bischof diese Kerze überreicht. Sie ist ein Zeichen meiner Bereitschaft, ganz für Gott und die Menschen dazusein.
6. Kind mit einer Adventskerze (an der Osterkerze entzünden):
Diese Kerze vom Adventskranz oder auch die Altarkerzen sagen: Christus ist hier gegenwärtig. Er steht vor unserer Tür und klopft an. Er möchte unser Leben hell machen.
7. Kind mit einer Sterbekerze (an der Osterkerze entzünden):
Die Kerze am Sterbebett will sagen: Jesus wird uns hinüberleuchten in sein ewiges Reich. – Hier schließt sich der Kreis von der Osterkerze bis zur Sterbekerze: Jesus will uns ewiges Licht sein.

Pr.: Wir sehen in die Flamme unserer Kerze und machen uns noch einmal klar: Jesus Christus ist *das* Licht für diese Welt. Seit unserer Taufe sollen auch wir die Welt heller machen.

(Bei einer Gruppe kann Pr mit den Kerzen, die zuerst an der Osterkerze entzündet werden, durch die Kirche gehen. Stationen: Taufbrunnen – Erklärung der Taufkerze; tragende Säulen der Kirche =

Apostelkerzen; Tabernakel = ewiges Licht; Altar – Altarkerzen; etc. Dazu ein ausformulierter Gottesdienst von Heriburg Laarmann in »PuK« 2/79, S. 272–276.)

Fastnacht

15. Ein buntes Fastnachtskostüm

(je ein [besser zwei] Kreppapierband in den Farben Weiß, Rot, Grün, Schwarz, Violett, Blau, Rosa und Gelb)

Evangelium: Lk 6,17.20–26 (Seligpreisungen und Weherufe).
Pr: Habt Ihr schon ein Kind in einem lustigen Fastnachtskostüm gesehen, und doch hat es geweint? Habt ihr schon Jungen und Mädchen erlebt, denen zum Heulen zumute war und die doch ein buntes Kostüm angezogen haben? Es ist so ähnlich wie mit einem Mann, der seine Not einem Seelendoktor klagt. Der gibt ihm unter anderem den Rat: »In unserer Stadt gastiert gerade ein Zirkus mit einem tollen Clown. Gehen Sie ruhig mal hin; der bringt Sie zum Lachen, der heitert Sie auf.« Daraufhin packt der Mann den Arm des Arztes und sagt: »Herr Doktor, dieser Clown – bin ich!«

Lachen und Weinen liegen im Leben so nahe zusammen wie das »Wohl euch« und »Wehe euch« im heutigen Evangelium. Das bunte Auf und Ab des Lebens wollen wir jetzt einmal einfangen: Einer von euch, der kein Kostüm anhat, soll jetzt hier mit den bunten Farben des Lebens verkleidet werden.

(Beim Suchen der Deutungen können die Zuhörer mit einbezogen werden. Das Schema ist bei jeder Farbe gleich: Das Kind zählt die entsprechenden Farben aus dem Leben auf, der Jugendliche/Erwachsene die aus dem Bereich der Liturgie, der Prediger nimmt Bezug auf Jesus. – Einer steckt dem Kind, das kostümiert wird, beim entsprechenden Text jeweils das farbige Kreppapierband mit Sicherheitsnadeln an.)

Kind: Wir verkleiden dich mit den Farben des Lebens. Zuerst in Weiß. Ich denke dabei an das Taufkleid, an das Kommunionkleid und an das Brautkleid; an eine Prinzessin; an eine weiße Flagge, die anzeigt: Ich ergebe mich, ich will Frieden.
Jugendlicher: Ja, Weiß ist die Farbe der Feste und der Freude, auch in der Kirche: Weihnachten und Ostern trägt der Priester ein weißes Meßgewand. Wir freuen uns darüber, daß Jesus geboren wurde und von den Toten auferstand.
Prediger: Ich denke bei Weiß an Jesus Christus, der auf dem Berge Tabor verklärt wurde. Da heißt es: »Seine Kleider wurden weiß wie Schnee.« Und im letzten Buch der Bibel steht geschrieben: »Um den Thron Gottes stand in weißen Gewändern eine große Schar, die niemand zählen konnte.« Weiß als Freude über den Sieg und die Hoch-Zeit des Gotteslammes.

Kind: Wir verkleiden dich mit den Farben des Lebens: Rot ist das Blut, das Feuer, das Warnlicht. Rot ist die Farbe eines Königs; sie ist auch sehr beliebt im Karneval (»Rote Funken«).

Jgdl.: Rot ist die Farbe der Liebe. Der Priester trägt ein rotes Meßgewand am Fest eines Heiligen, der aus Liebe zu Christus sein Blut gab. Rot ist die Farbe am Karfreitag. Rot auch die Farbe an Pfingsten, am Tag des Heiligen Geistes, der oft mit flammenden Feuerzungen dargestellt wird.
Pr.: Ich denke an den roten Spottmantel der Soldaten für den König Jesus, dem das Blut aus der Dornenkrone tropft. Rot gefärbt ist auch das Holz des Kreuzes, an dem Jesus hängt.

Kind: Wir verkleiden dich mit den Farben des Lebens: Grün tut den Augen gut. Der Wald, die Wiesen, der Frühling ... alles spricht von neuem Leben und von Jugend.
Jgdl.: Grün ist die Farbe der Hoffnung. Wir hoffen auf das, was noch kommt. Darum trägt der Priester an den Sonntagen nach dem Fest der Erscheinung des Herrn und nach Pfingsten ein grünes Meßgewand. Auch heute. Das Grün will sagen: Wir hoffen auf den Tag, an dem Jesus wiederkommt.
Pr.: Jesus hat uns viele hoffnungsvolle Worte mit auf den Weg gegeben, z.B.: »Seht, ich bin bei euch alle Tage bis zum Ende der Welt.« Oder die Worte aus dem heutigen Evangelium: »Freut euch, ihr Armen, denn euch gehört das Reich Gottes! Freut euch, die ihr jetzt weint, denn ihr werdet lachen! Freut euch, wenn euch die Menschen auslachen und hänseln, weil ihr zu mir haltet! Freut euch und tanzt, wenn das geschieht, denn euer Lohn im Himmel wird groß sein.«

Kind: Wir verkleiden dich mit den Farben des Lebens: Bei Schwarz denke ich an die Nacht, an Dunkelheit; an das Tuch, das nach schlimmen Unfällen über die Verunglückten gedeckt wird.
Jgdl.: Trauer und Tod sind mit der schwarzen Farbe verbunden. Darum trug der Priester früher bei Beerdigungen immer ein schwarzes Meßgewand.
Pr.: Ich denke an Jesus, von dem zweimal berichtet wird, daß er weinte: Einmal als er vor dem Grab seines Freundes Lazarus stand, und das andere Mal, als er voraussah, wie furchtbar die Stadt Jerusalem zerstört werden wird. – Ich denke an Jesus, der tot auf dem Schoß seiner Mutter und drei Tage im Grab lag.

Kind: Wir verkleiden dich mit den Farben des Lebens: Bei Violett denke ich an Veilchen oder an die Farbe im Regenbogen. Auch die Bischöfe tragen Violett.
Jgdl.: Violett ist die Farbe der Umkehr und der Buße. Der Priester trägt sie in der Vorbereitungszeit auf Weihnachten (= Advent) und Ostern (= Fastenzeit).
Pr.: Ich denke an Jesus, der 40 Tage in der Wüste Hunger und Durst ertrug. Ich denke an Jesus, der uns im Sakrament der Buße unter dem Zeichen der violetten Stola die Schuld vergibt.

Kind: Wir verkleiden dich mit den Farben des Lebens: Blau ist der Himmel, das klare Wasser. – Blau ist auch eine beliebte Farbe des Karnevals. (Und manche tragen nicht nur blau, die sind auch ›blau‹.)
Jgdl.: Blau ist die Farbe des Glaubens und der Treue. Blau ist auch die Farbe der Jungfrau Maria, die in guten und bösen Tagen an Gott und Jesus glaubte.
Pr.: Auf älteren Jesus-Darstellungen ist die Farbe seines Gewandes oft blau: Weil er dem Willen des Vaters gehorchte; weil er seiner Kirche treu bleibt.

(Jetzt nimmt der Prediger noch das rosa und goldgelbe Band.) Diese beiden Bänder darf *ich* dir noch anstecken: Rosa ist die Farbe der Vorfreude. Früher trug der Priester am dritten Adventssonntag und am vierten Fastensonntag in der Kirche ein rosa Meßgewand (»Gaudete« und »Laetare«): Mitten in der Besinnungs- und Bußzeit sollten wir in stiller Vorfreude auf Weihnachten und Ostern Ausschau halten. Die Vorfreude ist oft die schönste Freude. Und dieses goldgelbe Band erinnert mich an die Sonne, das Licht, an reifes Getreide. Bei einer Beerdigung habe ich einen Priester gesehen, dessen dunkles Gewand war ganz mit Gold durchwirkt: Fingerzeig auf das ewige Licht, auf die Macht und Herrlichkeit Gottes. Hier wartet die tiefste Freude auf uns.
So – jetzt hast du ein buntes Kostüm. Das ganze Leben spiegelt sich darin. Gleich darfst du neben dem Priester am Altar stehen. Und wenn unser Blick auf dich fällt, dürfen wir uns an Freude und Leid, an Hoffnung und das große Fest erinnern.

(Zuerst veröffentlicht in »PuK« 2/1983, S. 152/54.)
Einen anderen Ansatz, die Farben des Lebens bzw. die liturgischen Farben ins Bewußtsein zu rücken, fand der Arbeitskreis St. Elisabeth in 4040 Neuss-Reuschenberg: Jedes Kind erhält einen Stock, an dem Bänder aus Stoff oder Kreppapier in Weiß, Schwarz, Rot, Gelb, Grün und Blau befestigt sind. Nacheinander halten die Kinder eine Farbe hoch und zählen auf, was ihnen dazu einfällt. Pr zeigt dann die liturgische Deutung auf. Ausführlich in der Kindermeßbörse Nr. 85, S. 2–3.

16. Eine ver-rückte Lehre
(Kreuz und Narrenkappe)

Bevor jemand sagt: »Das geht zu weit«, wartet bitte ab! Heute möchte ich einmal beim Verlesen des Evangeliums zwei Gegenstände hinzunehmen: Ich setze mir eine Narrenkappe auf (oder halte sie in der linken Hand) und nehme ein Kreuz in meine rechte Hand. Bei jedem Satz aus der Hl. Schrift schaut immer zuerst auf meine Narrenkappe und überlegt, ob uns wegen des gehörten Satzes nicht viele draußen für verrückt erklären und für Narren halten. Dann schaut jeweils auf das Kreuz – und ihr versteht!
(Der Verkündiger hält nach jedem Schriftwort meditative Stille ein.)
Jesus sagt:
- Wenn dich einer auf die rechte Wange schlägt, dann halte ihm auch die andere hin! (Mt 5,39b). –
- Wenn dich einer zwingen will, eine Meile mit ihm zu gehen, dann geh zwei mit ihm! (Mt 5,41; auch Vers 40). –
- Liebet eure Feinde und betet für die, die euch verfolgen! (Mt 5,44). –
- Wer das Leben gewinnen will, wird es verlieren. Wer aber das Leben um meinetwillen verliert, wird es gewinnen (Mt 10,39; ähnlich 16,25). –
- Wer so klein wie ein Kind sein kann, der ist im Himmelreich der Größte (Mt 18,4). –
- Wenn du vollkommen sein willst, geh, verkaufe deinen Besitz und gib das Geld den Armen! (Mt 19,21). –

– Viele, die jetzt die Ersten sind, werden die Letzten sein, und die Letzten die Ersten (Mt 19,30). –
– Wer unter euch groß sein will, sei eurer Diener! (Mt 20,26) –
– Wer mein Fleisch ißt und mein Blut trinkt, der hat das ewige Leben (Joh 6,54).

Ein wirklich alternatives Programm!! Eine ver-rückte Lehre! Wundern wir uns da, wenn Paulus schreibt: Wir sind Toren um Christi willen!
(Andere Stellen: Mt 5,5; 6,34; 18,21.22; 19,24, Röm 12,20; 1 Kor 1,27; 3,19, 4,10; 2 Kor 12,9)
(Auf der alten Kanzel in »meiner« Kirche ist übrigens der hl. Franziskus zu sehen, der »Narr Gottes«, der in seiner ausgestreckten Hand ein Kreuz hält.)

Andere Ideen

1. Jesus – der Narr
(eine Narrenkappe – die Pr aufsetzt?)

1. Es ist die Frage, wann der richtige Zeitpunkt für diese Predigt ist: Fastnacht mit der Betonung der Freude, Aschermittwoch mit der Betonung des Mannes im Clownkostüm, der vom Brennen des Zirkus überzeugen will, aber nicht ernst genommen wird, bis alles in *Asche* liegt, oder die Passionszeit, in der wir von der Verspottung Christi vor Pilatus und Herodes hören.
2. Diese Predigt ist umstritten. Prüfen Sie selbst, was so viele Künstler angeregt hat: Ist das Bild des Clowns und des Narren nicht zu vieldeutig und verwirrend, um daraus eine eindeutige und klare Botschaft zu machen?
   Lesung: 1 Kor 4,9 – 13 (Wir stehen als Toren da um Christi willen)
   Evangelium: Lk 6,21 (Selig, dir ihr jetzt weint, ihr werdet lachen)
      Auszüge aus Nr. 16: Eine ver-rückte Lehre
      Passionszeit: Mt 27,27 – 31 a (ähnlich Joh 19,2 ff: Jesus als Narr verspottet); Lk 23,11 (Jesus im Narrengewand vor Herodes verspottet).
   Unübersehbar ist mittlerweile, was an Vorschlägen zu Christus als Clown, als Narr oder als Harlekin in Predigtbüchern und bei Künstlern auftaucht. (Z.B. Rouault nagelt Christus im Clownsgewand ans Kreuz; das Clowngemälde von Buffet; Litzenburgers »Christus, der Narr«; Literatur: Dostojewski »Der Idiot«, W. Nigg »Der christliche Narr«, H. Cox »Das Fest der Narren«, Henri J. M. Nouwen »Gottes Clown sein«; Heinrich Böll »Ansichten eines Clowns«; Musical »Godspell«: Jesus als Clown unter Clowns, der eine ganz andere Gerechtigkeit verkündet; Film »Parabel«: Jesus als Zirkusclown, der tragisch endet.) Darum bitte auswählen:

1. Wir warten auf das »Fest der Narren«, das Fest in der Stadt, in der alle Ungerechtigkeiten beseitigt sind, in der es kein Weinen mehr gibt: Die Stadt des fröhlichen Hochzeitsfestes, angefüllt mit Lachen; wo der Tanz beginnt und die besten Weine erst noch aufgetischt werden (Offb 21,1 ff: Der neue Himmel und die neue Erde).
   Es ist wie beim scheinbar tolpatschigen Clown, dem zunächst vieles daneben geht, der oft der Dumme ist und übers Ohr gehauen wird, aber zuletzt ist er der Klügere: Wer zuletzt lacht, lacht am besten. Zuletzt riefen die ängstlichen und traurigen Jünger: Der Herr lebt!
   Der Clown will Freude bringen, zum Lachen reizen. Über 240mal enthält die Bibel die Worte »froh«, »fröhlich«, »Freude«. Wir glauben an die frohe Botschaft.

Wir Christen kommen vielen als komische Figuren vor, als die letzten paar Prozent, die noch in die Kirche gehen und noch nicht gemerkt haben, wo's lang geht. Aber wir dürfen frohe Menschen sein, weil wir durch Jesus hinter die Torheit dieser Welt schauen dürfen: Das letzte Lachen liegt bei uns.

2. Ein mittelalterlicher Hofnarr durfte jede Sitte und gekrönte Häupter verspotten. Er durfte vor den Kopf stoßen, wenn seine Worte einen ernsten, ehrlichen Hintergrund aufzeigten. Gleich einem Hofnarren verachtete Jesus die Gesetze seiner Zeit, sofern sie nicht auf das Herz zielten. Er verspottete die damaligen Autoritäten (vgl. Mt 23: Worte gegen die Schriftgelehrten und Pharisäer). Gleich einem wandernden Troubadour hatte er keinen Ort, sein Haupt hinzulegen. Und schließlich wird er von seinen Gegnern in die Spottkarikatur königlicher Gewänder gesteckt und unter Gekicher und Gespött gekreuzigt. (Nach Harvey Cox)
   Als Narren um Christi willen (Paulus in 1 Kor 4,10) zeigen sich auch viele Heilige (z. B. Franziskus), deren Zeitgenossen die Köpfe über sie schütteln, die aber von ihrer unerschütterlichen Hoffnung durch Gelächter nicht abzubringen sind. – Fühltest du dich auch schon von Klassenkameraden um deines Glaubens willen ausgelacht?
3. Die tragische Figur des Harlekins: Die Menge glaubte an ausgefallene Werbung, als der fertig geschminkte Clown im Dorf auftauchte, um Hilfe für den brennenden Zirkus zu holen und die Bewohner selbst zu warnen. Und als er verzweifelt die Arme in die Luft warf, erkannten die Dorfbewohner darin nur einen neuen Trick, mit dem sie in den Zirkus gelockt werden sollten. Sie glaubten nicht an eine tödliche Gefahr, bis das Feuer über die Stoppelfelder lief und das Dorf in Schutt und Asche legte. (Nach Sören Kierkegaard; s. Kurzgeschichten 1, Nr. 187) – Auch bei Jesus endete das Leben tragisch, weil die Menschen nicht glauben konnten, daß er der von Gott gesandte Erlöser war.
   Jesus Christus ist für uns kein Ärgernis und keine Torheit, sondern »Gottes Kraft und Gottes Weisheit«! (1 Kor 1,24). (Zu diesem Thema gibt es viele Gottesdienste, deren Quellenangaben den Raum hier sprengen würden.)
4. In einer Jugendmesse haben wir nach einer Idee von Franz Melcher/Sundern (vgl. »KiJu« 2/87, »Kreuz und Narrenkappe«) das alte ☧Zeichen als Hintergrund für folgende Worte genommen. Bogen des P: Ich kann alles; Längsachse: raffe, herrsche, bekriege, zerstöre, ignoriere, verspotte: Mir geht es gut.
   Dann auf das X: Jesus durchkreuzt, was ist. Du bist wichtig: geben, dienen, verzeihen, helfen, beachten, loben ...

Zum Ganzen: Bei der gemeinsamen Synode der Bistümer in der BRD 1975 steht unter dem Beschluß »Unsere Hoffnung. Ein Bekenntnis zum Glauben in dieser Zeit«: Jesus war weder ein Narr noch ein Rebell; aber offensichtlich beiden zum Verwechseln ähnlich. Schließlich wurde er von Herodes als Narr verspottet, von seinen Landsleuten als Rebell ans Kreuz ausgeliefert. Wer ihm nachfolgt, wer die Armut seines Gehorsams nicht scheut, wer den Kelch nicht von sich weist, muß damit rechnen, dieser Verwechslung zum Opfer zu fallen und zwischen alle Fronten zu geraten – immer neu, immer mehr.

Aschermittwoch

17. »Asche« ist nicht das Letzte

(eine Schale mit Asche)

So ein Häuflein Asche berührt uns *negativ:* Wir denken an große Feuersbrünste und die schäbigen Aschenhaufen, die von der Herrlichkeit eines Hauses, Flugzeuges oder Busses übrigbleiben. Wir sagen dann: »Alles liegt in Schutt und Asche.« Wir wissen aus den dunklen Kapiteln der Geschichte, daß z. B. im sogenannten Dritten Reich Menschen vergast und dann verbrannt wurden, so daß nicht mehr als durcheinandergeschaufelte Asche von ihnen übrigblieb.

Heute verfügen Menschen in ihrem Testament, daß ihre Leiche im Krematorium verbrannt und die Asche in einer kleinen Urne bestattet wird. Ähnlich werden in Indien seit Jahrhunderten Tote auf großen Holzstößen verbrannt und ihre Asche in den heiligen Fluß Ganges gestreut. Auch in unserem Land gibt es Beerdigungsinstitute, die eine sog. »Seebestattung« durchführen, d.h. die Asche des Verstorbenen auf hoher See dem Meer übergeben. Und wer schon an einer evangelischen Beerdigung teilgenommen hat, war beeindruckt von der Symbolhandlung bei den Worten: »Asche zu Asche«. Im katholischen Ritus heißt es, während der Priester eine kleine Schaufel Erde auf den Sarg schüttet: »Staub bist du, und zum Staube kehrst du zurück. Der Herr aber wird dich auferwecken am Jüngsten Tag.« Asche erinnert also daran, daß alles vergeht; sie erinnert uns an den Tod. Darum erhalten wir heute auch das Aschenkreuz auf die Stirn und hören die Worte: »Bedenke Mensch, daß du Staub bist und wieder zum Staub zurückkehren wirst.«

Allerdings sollten wir uns an einem Tage wie heute auch daran erinnern, daß Asche auch *positive* Seiten hat: Die Asche verbrannter Bäume wird als Dünger benutzt. Die fruchtbare Asche der Vulkane segnet bis heute ganze Landstriche. – In heißer Asche lassen sich gut Kartoffeln garen. Und unsere Eltern und Großeltern: Sie streuten auf vereiste Wege Asche, um das Stürzen zu verhindern. Mit Asche scheuerten sie ihre Tische, damit das Fett herunterging und sie matt glänzten. Und aus dem Märchen »Aschenputtel« spricht die Volksweisheit, daß Arbeiten und Schlafen in Asche keine Schande sein muß, denn das Mädchen wird die Frau des Königssohnes.

Asche – auch diese hier – ist also nicht das Letzte und Endgültige: Aus Asche kann Neues entstehen. Aus Totem kann Lebendiges werden. Wenn wir heute an Asche denken, dürfen wir auch sechs Wochen weiter sehen: An Ostern hat Jesus über Asche und Tod gesiegt, er ist wie ein »Phönix aus der Asche« auferstanden. An Ostern feiern wir das Fest gegen den Tod.

Darum soll diese Asche hier kein Zeichen der Hoffnungslosigkeit sein. Sie soll zum Zeichen der Umkehr werden, die unseren Blick auf Ostern lenkt. Als Zeichen der Umkehr haben die Menschen die Asche auch immer verstanden. Wir hören das aus der Hl. Schrift:

Lesung: Jona 3,1 – 10 (... und setzte sich in den Staub)
So haben sich immer wieder Bußwillige in einem sackähnlichen Gewand mit Asche unansehnlich gemacht, sie sich auf den Kopf gestreut oder darin herumgewälzt. Von daher kommt die Redewendung »in Sack und Asche Buße tun«.
Die Asche hier soll auch uns heute sagen: Es soll sich etwas ändern. Das Falsche, die Sünde in uns soll zu Asche werden, und das Vertrauen auf unsere große Zukunft soll in uns erstarken. Und wer sich darauf einlassen will, der trete jetzt nach vorne, um sich das Zeichen der Umkehr mit Blick auf Ostern geben zu lassen.

(Nach einer Idee von Werinhard Einhorn in »PuK« 2/87, S. 181 – 183. Eine Kurzgeschichte zum »Phönix aus der Asche« steht in Kurzgeschichten 1, Nr. 58.)

Fastenzeit

18. Scherben sind nicht das Letzte (mehr für Jugendliche und Erwachsene)
(eine Scherbe für jeden)

1. Mit Blick auf die Scherbe in unserer Hand wollen wir überlegen, was in uns und um uns alles zerbrochen ist: Ging eine Freundschaft in die Brüche? Ist es zu Hause zum Davonlaufen? Warum? War ich von meinen Zeugnisnoten enttäuscht? Zerbricht langsam mein Kontakt mit Gott? ...
   Mancher sitzt vor dem Scherbenhaufen seines Lebens und könnte beten: Ich bin geworden wie ein zerbrochenes Gefäß (Ps 31,13b).
   Gott möchte, daß manches in uns zerbricht: Meine Bequemlichkeit, das Lügenhafte, die Geltungssucht, die Sünde ... (evtl. Lesung: Jer 19,1 – 11: Schlage den Krug in Scherben, spricht Gott).
2. Scherben bringen Glück. Das ist nicht nur Aberglaube: Tränen beim Gesprächspartner signalisieren Wichtiges. – Scherben beim Polterabend können auch bedeuten: Fangt jetzt mit »neuem Porzellan« an, in einem neuen Miteinander, das den »alten Menschen« hinter sich läßt. – Aus den Trümmern und Scherben der ausgebombten Städte wurden nach dem Kriege Trümmerberge errichtet, heute eine Wohltat für Erholungssuchende. – Manches, das mir aus der Hand geschlagen wird, nötigt mich zu einem Neuanfang, den ich später nicht missen möchte. (Eventuell das Märchen »König Drosselbart« erzählen: Manchmal muß etwas zerbrechen, bevor uns die Augen aufgehen. Das Märchen sagt: Scherben sind im Leben nicht das Letzte.)
3. Jesus kittet Scherben zusammen. Er kümmerte sich um zerschlagene und »kaputte« Menschen und richtete sie wieder auf (z. B. Zöllner, Sünder, Kranke ...).
   Lesung: Jes 42,3 (Das geknickte Rohr zerbricht er nicht, den glimmenden Docht löscht er nicht aus). Ähnlich Mt 12,20. Ps 147,3 (Er heilt die gebrochenen Herzen ...). Gott führt durch Leid zum Heil: Die Josef-Geschichte in Gen 37,1 – 50,26.
   Evangelium: Joh 3,16 – 17 (Er richtet nicht, sondern rettet die Welt) u. a.

4. Wir ziehen nach vorne und legen aus unseren Scherben ein Kreuz (oder kleben unsere Scherben in ein Kreuz).
   Bedeutung: Wir können Jesus unsere Scherben überlassen. Er heilt, die gebrochenen Herzens sind.
   Lieder: GL 620 Das Weizenkorn muß sterben ... oder: Weizenkörner, Trauben ... (Willms/Edelkötter)

(Dazu ein ausformulierter Gottesdienst von Heriburg Laarmann in »KiJu« 2/83 »Scherben bringen Glück«; eine ausformulierte Bußfeier für Jugendliche und Erwachsene in »2 × 11 Bußfeiern«, S. 15 – 20.)

19. Was uns trennt ... (Bußfeier für alle Altersstufen)

(ein Stück Stacheldraht für jeden; im Chorraum eine Dornenkrone aus Stacheldraht, aus der eine rote Rose »wächst«. – Mit der Postkarte Nr. 5280 »Weihnachten hinter Stacheldraht« aus dem Kunstverlag Maria Laach ist diese Bußfeier auch vor Weihnachten möglich.)

Wir erfühlen den Stacheldraht in unseren Händen: Er ist kalt, hart, spitz. Er sticht. Stacheldraht ist Zeichen für alles, was wir hassen und bekriegen; für alles Unangenehme, von dem wir uns abgrenzen wollen.

1. Mit Stacheldraht (Wachhund und Alarmanlage) wird Eigentum abgegrenzt. – Haben wir unsichtbare Zäune angelegt – durch Angeben, Neid, Vorurteile, Tratschen? Schaue ich noch über den Zaun meines kleinen Reiches hinaus?
2. Mit unsichtbarem Stacheldraht grenzen wir uns oft von Menschen ab, die anders sind als wir. Wie stehe ich zu kinderreichen und sozial schwachen Familien, verhaltensgestörten Kindern, Ausländern, Strafgefangenen, »Dorftrotteln«, Behinderten?
3. Millionen Menschen sind wie Vieh hinter Stacheldraht eingesperrt: Gefangene, Flüchtlinge, Vertriebene, um ihres Glaubens oder ihrer politischen Überzeugung willen Gefolterte. Unterstütze ich Organisationen, die sich für politisch oder religiös Verfolgte einsetzen? Habe ich schon einmal spürbar geteilt mit Menschen, denen der Krieg, eine Katastrophe oder die Vertreibung Wunden schlugen? Denke ich im Gebet an sie?

4. Leider hat auch unsere Kirche in ihrer Vergangenheit oft Stacheldrahtzäune errichtet: Sie hat »Heiden« und Juden blutig verfolgt, Frauen diffamiert, Sexualität verteufelt, neue Erkenntnisse der Wissenschaft bekämpft ... Wo verlaufen heute die Stacheldrahtzäune der Kirche? Stehe ich zu unserer Kirche mit ihren Flecken und Makeln? Bin ich ein *kritisches* Mitglied, das auf Irrwege aufmerksam macht und falsche Zäune einreißt?

Im Norden Israels, an der Grenze zum Libanon bei Metulla, zerschnitt ein israelischer Wachtposten um einer alten, todkranken libanesischen Frau willen den Stacheldrahtzaun: Der Frau wird im Feindesland geholfen. An dieser Stelle behielt der Zaun ein Loch, durch das oft Hungernde, Kranke und Verwundete hereinkamen. – An einer Stelle blühte eine Blume, wo nur Haß gesät ist (hier Hinweis auf die Rose im Stacheldraht).

Wo können wir einen Zaun aufschneiden und Blumen der Versöhnung und der Liebe pflanzen?

Lesung: Röm 12,9–10.13–18 (Seid untereinander *eines* Sinnes).

Evangelium: Mt 5,45; 5,23–25 (Versöhnung)

oder: Jesus grenzte sich nicht ab von Aussätzigen, Tauben, Stummen ...

Schuldbekenntnis – Vergebungsbitte – Danklied.

Auch GL 29,6 möglich: Herr, mach mich zum Werkzeug deines Friedens.

(Sie können diese Bußfeier ähnlich gestalten mit dem Aufkleber »Macht Frieden möglich«, der für ca. 50 Pf bei der Pax-Christi-Bewegung, Windmühlenstr. 2, 6000 Frankfurt 1, bestellt werden kann. Er zeigt inmitten der Aufschrift eine Rose, die aus einem Stacheldraht wächst. Dazu auch eine Bußfeier für Kinder »2 × 11 Bußfeiern«, S. 144–148.)

20. Glaube oder Aberglaube?

(ein goldenes Kalb und eine Christus-Ikone)

Das goldene Kalb (ein in der Brustpartie verstärkter Esel von der Krippe mit Hörnern in Goldpapier) steht auf dem Altar (!) oder auf einer Säule neben dem Altar und ist mit sogenannten Glücksbringern und Gegenständen des Aberglaubens behängt: Kleeblatt, Schornsteinfeger, Horoskop, Bundesligamaskottchen, schwarze Katze, Glücksschwein, Kettenbrief, Zahl 13, Sternzeichen, ein Sex-, Fernseh-, Auto- und Fußballsymbol (diese »Götter« werden ja von vielen »angebetet«), Pendel (= spiritistische Sitzungen) etc.

Die Kinder erzählen, was sie von diesen Symbolen und »Göttern« wissen oder fügen noch welche hinzu.

Lesung: Das goldene Kalb = Symbol der Versuchung der Israeliten (nach Ex 32).

Evangelium: Lk 4,1–13: Die Versuchung Jesu, das Vertrauen auf seinen Vater gegen Dinge wie Brot oder Macht einzutauschen.

Pr: Nicht Gegenstände und Glücksbringer, sondern nur das Vertrauen auf Gott und seinen menschgewordenen Sohn können uns retten. Auch bei Katholiken kann der Aberglaube wuchern, wenn nur der Gegenstand, wie Christophorus-Plakette, Sternsinger-Aufkleber,

Lourdeswasser, goldenes Anhängerkeuz, als Glücksbringer angesehen wird und nicht als Erinnerungszeichen an den persönlichen Schutz Gottes.

Nun wird das goldene Kalb neben und eine Christus-Ikone als Symbol unseres Glaubens auf den Altar gestellt: Der wiederkommende Christus ist der wirkliche Herr der Welt. An ihn hängen wir unser Herz, denn er führt uns zum Vater.

(Dazu ein ausformulierter Gottesdienst in »KiJu« 1/86.)

21. Was uns Ginster sagen kann ...

(ein Ginsterzweig für jeden)

Der Ginsterstrauch ist eine interessante Pflanze. Er kann sogar in der Wüste existieren, weil seine Pfahlwurzel bis zu 5 m tief in die Erde reicht (um dort noch Feuchtigkeit aufzusaugen) und weil er seine Nadelblätter in Zeiten großer Trockenheit bis zu 95% verlieren kann, ohne abzusterben! Zunächst hören wir eine Stelle aus der Bibel, in der ein Ginsterstrauch eine Rolle spielt:

Lesung: 1 Kön 19,3 – 8 (Der Prophet Elija will unter einem Ginsterstrauch sterben, wird aber mit Brot und Wasser wunderbar gestärkt).

Was uns in dürren Zeiten – in der Wüste unseres Lebens – stärken kann:

1. Die Stille – wie in einer Wüste: Nicht nur Hetze, sondern Besinnen, Betrachten, Gebet.

2. Wasser – für meine »Pfahlwurzel«:

Evangelium: Joh 4,13 – 15a und 7,37.38 (Wasser für das ewige Leben – Wer durstig ist, komme zu mir!).

3. Brot: Das tägliche Brot auf dem Tisch, das Brot der Zuneigung und Barmherzigkeit, das Brot des Lebens in der Eucharistie.

4. Das Fasten: Ginster kann bis zu 95% der Nadelblätter verlieren! Bescheidener leben – kann ich verzichten? Fasten öffnet die Augen (Mt 4,1 – 11: Jesus ging gestärkt aus der Versuchung in sein öffentliches Leben). Stellvertretendes Fasten für andere – wie es uns Heilige vorgelebt haben: Franziskus, Pfarrer von Ars (Gandhi!).

Den Ginsterzweig stecken wir für einige Zeit zum Palmzweig hinter das Kreuz, um uns zu erinnern an die Kraft der Stille, des Wassers, des Brotes, des Verzichtes, des Fastens.

(Dazu eine ausformulierte Bußfeier für Jugendliche und Erwachsene in »2 × 11 Bußfeiern«, S. 30 – 34.)

22. Von der Schlange zum Kreuz

(eine Spielzeugschlange oder ein Dia mit der Schlange am Paradiesbaum)

Mit solch einer Schlange habt ihr sicher schon viele erschreckt. Sie kommt uns unheimlich, ja gefährlich vor. Ein Biß genügt ja auch, um einen Menschen zu töten. Deshalb wird die Schlange auch in der Bibel zum Unheils-Tier, das Tod und Feindschaft bringt: Gen 3,4 ff (Ps 140,4).

Kennt ihr sonst noch Begriffe, die mit einer Schlange zu tun haben? (Autoschlange, Schlange stehen = warten müssen. Eine Schlange, die sich in den Schwanz beißt = eine Sache, die immer wieder von vorn anfängt. Einer Schlange das Gift nehmen = ungefährlich machen. Sich wie eine Schlange winden = verlegen sein.) »Klug wie eine Schlange« geht auch auf die Bibel zurück! (Gen 3,4ff; Mt10,16: Die Raffinesse, mit der die Schlange vorgeht.)
Aber es gibt auch die positive Darstellung der Schlange: Viele Völker verehren sie als machtvolle Göttin. Weil die Schlange sich jährlich häutet = verjüngt, wird sie zum Sinnbild des Lebens. Das übernahmen die Römer und machten die Schlange zum Symbol der Heilkunst (die gewundene Schlange am Äskulapstab). Daher seht ihr dieses Zeichen in Apotheken und am Arztauto.
In der Bibel erfahren wir auch von einer Schlange, die retten kann:
Lesung: Num 21,4–9 (Die eherne Schlange). (Siehe auch ihre Vernichtung: 2 Kön 18,4.)
Im Neuen Testament erfährt diese Stelle eine Erweiterung: Wer auf Christus am Kreuz schaut, kann gerettet werden! Darüber gibt es zahlreiche Darstellungen, z.B. ein Fenster des Kölner Doms.
(Bei Einsatz eines Dias mit dem Paradiesbaum: »Von einem Baum kam der Tod, von einem Baum sollte das Leben erstehen.«)
Evangelium: Joh 19,32–36 (Sie werden auf den Gekreuzigten schauen).

23. Symbole aus der Bibel

(ein großer gezeichneter Berg, auf den – hinter einer Wolke hervor – Lichtstrahlen fallen)

Wir kennen heute eine Menge Symbole = Zeichen, die wir sofort verstehen: Herz = Liebe; Kleeblatt = Glück; Taube mit Zweig im Schnabel = Frieden ... So kennt auch die Bibel Symbole. Drei greife ich heraus: Berg, Licht, Wolke.
Hört die Frohe Botschaft vom Tage (Lesejahr A, 2. Fastensonntag)
Evangelium: Mt 17,1–9 (Verklärung Christi).
Der *Berg* bedeutet: die Gegenwart Gottes (Mose bestieg den Berg Sinai; der Tempel in Jerusalem steht auf dem Berg Zion; der Berg der Himmelfahrt ...). Das *Licht* bedeutet: die Nähe Gottes (brennender Dornbusch; das Licht am Grab, das die Wächter blendet; Feuerflammen am Pfingsttag ...). Die *Wolke* bedeutet: die Anwesenheit Gottes (Jahwe zog dem Volk Israel in einer Wolken- und Feuersäule voraus; bei der Tempelweihe auf dem Zug der Israeliten durch die Wüste senkte sich eine Wolke auf die Bundeslade; bei der Himmelfahrt wird Jesus von einer Wolke verhüllt ...).
Wenn im Evangelium heute die biblische Erzählung auf einem Berg spielt, Jesu Gesicht wie die Sonne leuchtet und eine helle Wolke ihn überschattet, wird dreimal, also überdeutlich, gesagt: Gott ist da! Gott ist mit Jesus! Gott ist sogar in Jesus! So wie die Jünger sich darüber freuten, sollen auch wir es.
(Vgl. Reiner Schmidt in Puk 2/75, S. 236/8.)

Zusätzliche Gedanken zur »Wolke«: Ex 16,10; 1 Kön 8,10f; Mt 24,30; Mk 9,7; 1 Thess 4,17; Offb 1,7: Wolke als Zeichen der Verhüllung der Herrlichkeit Gottes und seiner Verborgenheit. Zeichen der Verherrlichung = Himmel; Zeichen des Segens = in südlichen Ländern bringt Regen große Hilfe.

(Stark verkürzt nach Alois Stiefvater, Einstiege in die Predigt, Herder Verlag, Freiburg 1976, S. 52f.)

Andere Ideen

1. Mut haben

(ein Krokus)

Wenn ich etwas Schweres vor mir habe, schiebe ich es gern vor mir her. Wenn kein Termin droht, an dem etwas unbedingt erledigt sein muß, dann schiebe ich es gern auf die Wartebank für Wochen, Monate, Jahre. Vielleicht stelle ich mich dem Problem nie.

Wo hätte ich ein Wort der Entschuldigung sagen müssen? Wo hätte mein Reden den Frieden bringen können? Wo stoßen sich andere an meinen Fehlern und Unzulänglichkeiten?

Dieser Krokus hier hat Mut. Er wartet nicht, bis Frost und Winter vorbei sind: Er sprengt den hart gefrorenen Boden, die verhärteten Fronten. Er wagt sich hervor, weil er den Frühling verkündigen will.

»Herr, ich glaube doch an dich und weiß so viel von dir, was ich mutig verkündigen müßte.« Ob ich vom Krokus lernen kann?

Evangelium: Mt 5,13 – 16 (Ihr seid Salz und Licht für die Welt); Mt 5,43 – 48 (Liebe sogar zu den Feinden); Mt 10,34 – 39 (Kein falscher Friede); Mt 21,12 – 13 (Jesus treibt die Händler aus dem Tempel).

(Nach einer Idee bei Jo Carr u. Imogene Sorley, Herr, segne dieses Chaos, Stoßgebete einer Hausfrau, Christliches Verlagshaus, Stuttgart 1979, S. 11.)

2. Die Welt zum Guten verändern

(ein hohes Glas Wasser und ein Skriptolglas; dazu ein Kreuz)

Der Prediger zeigt ein Glas Wasser, in das er ein paar Tropfen Skriptol fallen läßt, die schwarze Schwaden aufsteigen lassen und das Wasser schließlich undurchsichtig machen. – Was ihr seht, ist ein Gleichnis für unser Leben. Wer kann es deuten? (In unser Leben ist das Böse eingedrungen.) Zählt auf, was das Leben verdüstern und vergiften kann! (Krankheit, Streit, Scheidung, Faulheit, Armut ...)

Evangelium: Mk 1,14.15 (Bekehrt auch ...).

Jesus kam, um sein Volk, um uns zu erlösen, um alles Dunkle (Ungerechtigkeit, Lüge, Gleichgültigkeit ...) aus der Welt zu holen. (Der Prediger steckt jetzt das Kreuz hinter oder in das Glas.) Jesus hat uns zuerst ein Beispiel gegeben, wie einer sich nicht anstecken läßt von Lüge, Haß und Hochmut. Dann hat er unsere Schuld auf sich genommen im Kreuz. Schließlich schickt er die entscheidende Kraft dazu, den Heiligen Geist (= die Liebe Gottes, die seit der Taufe besonders in uns ist), in die Welt, damit wir alle an der großen Aufgabe mitwirken können. Sollen wir uns für die Fastenzeit dazu einen kleinen Trainingsplan zurechtlegen? (Siehe hier das Arbeitsmaterial aus dem Hoheneck-Verlag.)

(Vgl. P. Peck, in »PuK« 2/79, S. 240/2.)

Passionszeit

24. Vom Palmzweig zur Rute
(ein Palmzweig)

Evangelium: Mt. 21,1 – 11; Mk 11,1 – 10; Joh 12,12 – 16 (alle: Einzug Jesu in Jerusalem und die Leidensgeschichte:) Mt 26,14 – 27,66; Mk 14,1 – 15,47; Lk 22,14 – 23,56; Joh 18,1 – 19, 42.

Seht ihr diesen Palmzweig, mit dem ich eben »Hosanna« gerufen habe, als der König in Jerusalem einzog? Paßt auf, was daraus wird! (Bei den folgenden Darlegungen wird der Palmzweig langsam zur Rute gezupft.) Am Palmsonntag haben damals viele Menschen Jesus zugejubelt, nur wenige Tage später forderte die Masse seinen Tod. Etwas Ähnliches können wir immer wieder in unserem Leben erfahren:

– Du freust dich morgens schon, daß es am Nachmittag mit den Kameraden ins Hallenbad geht; das wird eine fröhliche Toberei geben! Aber dann bekommst du in der letzten Schulstunde eine Mathearbeit zurück: Fünf! Und die ganze Freude ist verflogen.
– Da erhält ein junger Ehemann die Nachricht, seine Frau hat ein gesundes Kind zur Welt gebracht. Er ist glücklich und stolz. Und am nächsten Tag bekommen er und die ganze Belegschaft seiner Arbeitsstelle mitgeteilt, daß die Firma in sechs Wochen schließen muß.
– Da zieht ein junges Paar endlich ins neue Haus ein, und wieviel Mühen und Sorgen hat alles gekostet! Und dann liegt nach vier Wochen ein Brief auf dem Tisch: Ich lasse mich von dir scheiden! (Oder: Herzinfarkt des Mannes).
– Du bist gesund und beliebt. Du kannst dich vor Einladungen kaum retten. Morgen kannst du krank sein und – bist schnell vergessen. Die wirklichen Freunde kannst du an einer Hand abzählen.
– Oder ein Beispiel aus der Bundesliga: Heute sind Stars umjubelt, Millionenverträge werden für sie gemacht, und morgen sitzen sie ausgepfiffen im Abseits auf der Reservebank, von anonymen, häßlichen Anrufen »gekreuzigt«.
– Wie war es Weihnachten? Am ersten Tag hatten wir das liebliche Kind in der Krippe vor Augen. Am zweiten Weihnachtstag verblutet schon ein Mann unter den Steinen der haßerfüllten Gegner: der hl. Stephanus gibt als erster Blutzeuge sein Leben für Christus.
– Auch im Gleichnis vom barmherzigen Vater können wir den plötzlichen Wechsel vom Palmsonntag zum Karfreitag herauslesen: Solange der verlorene Sohn genug Geld in den Taschen hat, kann er sich vor sogenannten Freunden gar nicht retten. Aber als er alles durchgebracht hat, der Wirt ihn vor die Türe setzt und er hungernd und arbeitslos von Haus zu Haus geht, da steht er allein – mitten in seinem Karfreitag.

(Jetzt hält der Prediger die Rute hoch, die nunmehr vom Palmzweig übriggeblieben ist:) Seht ihr, was aus dem schönen Palmzweig geworden ist? Ja, eine Rute zum Schlagen und Verletzen. So nahe liegen Palmsonntag und Karfreitag zusammen. Aber das Wichtigste

sage ich euch jetzt: Wer nach guten Tagen schwere erlebt und dabei die Augen für Jesus offenhält, der erkennt: Eigentlich komme ich jetzt Jesus ganz nahe. Und immer, wenn wir ihm ganz nahe kommen, gibt er uns auch die Kraft, das Schwere auszuhalten. Das haben schon viele Menschen erfahren, die sich in den Höhen und Tiefen des Lebens für Jesus öffneten.
(Die Idee in »144«, Nr. 52, ist hier ausgeführt; zuerst veröffentlicht in »PuK« 2/85, 207f.)

25. Was uns eine Passionsblume sagen kann

(eine Passionsblume; wir gaben jedem die Postkarte Nr. 7669 aus dem Buch-Kunstverlag, D-8107 Ettal, in die Hand)

Evangelium: Joh 11,1ff (Erweckung des Lazarus); Mt 9,18–26 (Tochter des Jairus); Lk 7,11–17 (der junge Mann von Nain).

Wir schauen auf ein Wunder der Schöpfung. Der Volksmund hat dieser Blüte den Namen »Passionsblume« gegeben, weil so vieles an ihr auf das Leiden (= Passion) Jesu hinweist. Ganz oben auf der Blüte sehen wir die drei roten »Narben«. Die Leute sagten: Das erinnert uns an die drei Nägel (= zwei durch die Hände und einer durch beide Füße), mit denen Jesus festgenagelt wurde. Direkt darunter erkennen wir den gestielten Fruchtknoten, der die Form eines Kelches hat (an der oberen Blüte auf der Abbildung besonders gut zu sehen).

Im Kelch wird in jeder hl. Messe das Blut Christi aufbewahrt. Darunter erkennen wir auf dem Bild die fünf Staubbeutel. Dabei dachten die Leute an die fünf Wunden Jesu. Und darunter wird auf dem Boden der Blüte der rotgesprengte Strahlenkranz sichtbar. Die Leute meinten: Er erinnert uns an die Dornenkrone Jesu. Soweit der Volksmund.
Aber ich meine, es wäre noch mehr an der Passionsblume abzulesen. Da folgen auf den roten ein weißer und ein blauer Strahlenkranz und schließlich noch die zehn Blütenblätter. Ich möchte das folgendermaßen deuten:
Nägel, Wunden und Dornenkrone weisen auf das Leiden Jesu hin. Aber dabei bleibt es ja nicht. Durch Leid zum Heil: Jesus ist auferstanden. Wir haben ja heute im Evangelium gehört: Wenn das Weizenkorn stirbt, bringt es reiche Frucht ... Darum feiern wir Ostern, das Fest der Feste, und die Farbe dieses Festes ist weiß. Der weiße Farbenkranz erinnert uns daran.
Bei Umfragen bin ich immer erschrocken, daß ein hoher Prozentsatz aller Christen (manchmal 50%) nicht an ein Weiterleben nach dem Tode glaubt, selbst viele der Kirchgänger nicht! Das ist sicherlich *eine* Antwort auf die Frage, warum bei uns die Kirche große Lähmungserscheinungen zeigt. Wenn ich glaube, daß wir eine große Zukunft nach dem Tode haben, dann kann ich doch daraus Mut und Kraft schöpfen für meinen jetzigen Weg. Nicht, daß wir auf das Jenseits starren und sagen: Wieso sollen wir uns jetzt anstrengen, das Paradies ist uns ja sowieso sicher! Das hat uns Christen den Vorwurf eingebracht, unsere Religion sei wie ein Beruhigungsmittel, sei »Opium fürs Volk«. Vielmehr sollen wir aus dem Glauben an den auferstandenen Christus jetzt schon für mehr Gerechtigkeit sorgen: Am neuen Himmel und der neuen Erde sollen wir bauen. Daran erinnert mich der blaue Strahlenkranz: an die Farbe des Himmels. (Blau ist natürlich auch die Farbe des Glaubens und der Treue.)
Und was könnten die zehn Blütenblätter bedeuten? Ich denke an die Zehn Gebote. Um richtig frei zu werden für große Aufgaben, brauche ich erst einen festen Standpunkt und eine genaue Orientierung. Zunächst sieht die Willkür »Ich darf alles« wie die große Freiheit aus. Aber die Erfahrung zeigt, wie sehr ich dabei in Irrwege abgleiten kann und meine Sehnsüchte sich in Süchte verwandeln können.
Die zehn Blütenblätter erinnern mich auch an die zehn Finger und die zehn Zehen der Füße: Mit Händen und Füßen sollen wir die neue Erde in Angriff nehmen. (Darum sind auf dem Misereor-Hungertuch aus Peru so viele Hände und Füße zu sehen!)
Nur einen Tag blüht dieses Wunder der Natur. Das sagt mir: Es kommt nicht darauf an, wie lange ich lebe, sondern daß ich jeden Tag, den Gott mir schenkt, ganz ausschöpfe, indem ich inmitten mancherlei Leides nicht den Auferstandenen aus dem Auge verliere und mit allen Kräften an der neuen Welt baue. Wir wollen das jetzt als unser Glaubensbekenntnis singen: Wir erwarten einen neuen Himmel,
wir erwarten eine neue Erde,
in denen Gerechtigkeit wohnt.

(Text: 2 Petr 3,13; Melodie: Michael Corth; Mein Kanonbuch, Nr. 454, tvd-Verlag, Parkstraße 20, 4000 Düsseldorf 30)

Fürbitten: Wir schauen noch einmal auf die Blüte und begleiten die Bitten still mit unserem Gebet:

1. Rot – Nägel und Dornenkrone. Wir denken an alle, die sich wie angenagelt fühlen durch unsere Vorurteile und das Leid wie eine schmerzhafte Krone spüren. Herr, schenke ihnen Kraft in aller Bedrängnis. – Stille –
2. Weiß – Auferstehung. Wir beten für alle, die nicht an die Auferstehung glauben können und daraus keine Kraft schöpfen. – Stille –
3. Blau – Der neue Himmel, die neue Erde. Laßt uns beten, daß besonders die Christen Hände und Füße einsetzen, Gerechtigkeit hier schon spürbarer werden zu lassen. – Stille –

26. Jesus verändert alles

(ein Stück von einer eisernen Kette, eine große Scherbe, ein Stein)

Lesung: Leid kann stärker machen (Kurzgeschichten 1, Nr. 42).
Evangelium: Leidensgeschichte (Mt 26,14–27; 66; Mk 14,1–15,47; Lk 22,14–23,56; Joh 18,1–19,42).
Dieses *Stück Kette* soll uns an alle Menschen erinnern, die an eine Krankheit gefesselt sind, die sich wie Gefangene angekettet fühlen an ein großes Problem und keinen Ausweg wissen.
Diese *Scherbe* hier ist das, was von unseren großen Träumen übriggeblieben ist: vom Traum der heilen Ehe, der gelungenen Erziehung, der gesicherten Existenz, der großen Laufbahn ...
Und dieser *Stein* hier ist der Stein, den wir manchmal in unsere Krone gelegt bekommen. Dann entscheidet sich, ob wir innerlich verkrüppeln oder ob wir Wurzeln haben, die sich bis zu den Wassern Christi ausstrecken, damit wir uns aufbäumen und mit neuer Kraft den Stein tragen können (vgl. Kurzgeschichten 1, Nr. 42).
Heute denken wir an das Leiden unseres Herrn Jesus Christus, das uns Heil und Segen gebracht hat.
Es gibt viele Osterdarstellungen, auf denen der siegreiche Jesus die Ketten der Gefangenschaft von Tod und Teufel sprengt und die Verstorbenen durch die aufgebrochene Tür heraus zum Vater führt.
Genau das ist der Gedanke, der auch die *Fesseln* einer Krankheit *sprengen* kann: Wenn ich weiß, daß es da einen gibt, der diesen Weg gegangen ist, der mit mir gehen kann, der mir tragen helfen will, der mir Zugang zu einem ganz anderen Leben schenken kann, dann kann ich über diesen Glauben zu einer inneren Freiheit gelangen, die alle Ketten abwirft, auch wenn ich rein äußerlich noch an eine Krankheit gefesselt bin.
Als Jesus starb, blieb für seine Freunde auch nur ein großer Trümmerhaufen übrig. Was war denn aus seinem Reich geworden, als er einsam am Kreuz hing? Und doch ist *aus diesen Scherben das wunderbare Gefäß* der Kirche entstanden. Es ist ein irdenes Gefäß, aus dem manchmal wieder eine Scherbe herausbricht, weil das »Bodenpersonal« des öfteren nicht

stimmt und weil wir alle zu wenig aus Jesu Wort leben. Aber es bleibt ein wunderbares Gefäß, aus dem jeder trinken kann, weil seine innere Mitte Jesus selbst ist.
Und der Stein? *Der Stein* vom Grab *ist weggewälzt,* die Macht des Todes gebrochen. Wir können jetzt schon täglich ein wenig auferstehen, wenn wir an diese große Zukunft denken. Vielleicht können wir einmal vom Stein in unserer Krone, vom Problem, das uns erdrücken kann, sagen: »Deine Last hat mich stark gemacht.«
Wenn wir also heute auf das Leid und die Not unseres Herrn am Kreuz schauen, dann dürfen wir auch weiterblicken, auf die Strahlen der Auferstehungssonne, die alle Dunkelheit und Zweifel vertreiben wird.

(Verändert nach Franz Melcher, Sundern; zuerst veröffentlicht in »KiBö« Nr. 85, S. 19 – 20. Dazu ein ausformulierter Gottesdienst in »KiJu« 3/87: »Einer geht mit«.)

27. Schlagen oder heilen?

(eine Weidenrute und ein Bindfaden. Die frische Weidenrute sollte ca. 40 – 50 cm lang sein, der Bindfaden halb so lang.)

Wir betrachten die Rute. Damit kann ich schlagen. Manche werden (und wurden) um ihres Glaubens willen geschlagen. Wir hören, was der hl. Paulus alles für Jesus ertragen hat:
Lesung: 2 Kor 11,24 – 27 (fünfmal gegeißelt ...), oder das Martyrium eines Heiligen erzählen. Auch Jesus wurde geschlagen:
Evangelium: Mt 27,26 – 31a (die Geißelung) oder Mt 26,27; Joh 19,17.18.
Auch wir wurden schon geschlagen. Warum? – Habe ich auch schon geschlagen – mit Fäusten, mit Worten, mit Mißachtung? Warum? –
Hat dieses Schlagen etwas erreicht? (Evtl. Kurzgeschichte Nr. 168: Kriege haben nur Verlierer, aus Kurzgeschichten 1). Jesus hat uns Gewaltlosigkeit gelehrt und ist dabei geblieben, obwohl er am Ende so mißhandelt wurde:
Evangelium: Mt 5,5.39b.40 – 41.44 (Liebe sogar deine Feinde).
Aktion: Wir wollen zu Jesus gehören, der die Welt ohne zu schlagen geändert hat, und brechen jetzt unsere Rute mitten durch. (Dabei können Schwierigkeiten auftreten, die aber deutbar sind: Es ist schwer, diesen Weg zu gehen; helft euch gegenseitig!) Mit dem Faden binden wir aus beiden Teilen ein Kreuz = aus Zerbrochenem, aus Bruchstücken etwas ganz Neues entstehen lassen.
Wir hören eine Geschichte zum Weg der Gewaltlosigkeit, den wir jetzt – wie Jesus und aus der Kraft des Kreuzes – gehen wollen:
Aus Kurzgeschichten 2, Nr. 135: Die Brücke (= Zwei verfeindete Kinder bauen durch eine große Regenpfütze einen Steg aufeinander zu) oder aus Kurzgeschichten 1, Nr. 159 (= Wie ein Priester auf Anspucken reagierte).
Wir überlegen: Wo kann ich Zerschlagenes wieder heil machen?

(Dazu eine ausformulierte Bußfeier in »2 × 11 Bußfeiern«, S. 140 – 143. Nach einer Idee von W. Willms, Aus der Luft gegriffen, S. 46 ff.)

28. Das Zeichen des Siegers

(ein Olivenzweig, wie ihn manche Gemeinden für Palmsonntag aus Italien zugestellt bekommen)

In der klassischen Pflanzenwelt nimmt nach dem Weizen und dem Weinstock (= eucharistische Gestalten) der Olivenbaum den höchsten Rang ein. Von ihm haben wir in diesem Jahr unsere »Palm«-zweige. Der Olivenbaum ist außerordentlich lebenskräftig (die im Ölberggarten werden auf 2000 Jahre geschätzt), Stürme und Sonnenglut können ihm nichts anhaben. Alle zwei Jahre trägt er reiche Ernte: die Oliven; aus ihnen wird durch Zerstoßen oder Pressen Öl gewonnen, das der Zubereitung von Speisen dient und in der Antike als Brennstoff für Lampen benötigt wurde; auch lindert es Schmerzen und heilt Wunden (mehr dazu in »144« Nr. 106: Die drei Öle).

Der Ölzweig galt früher als Symbol des Friedens, des Erbarmens und der Versöhnung. Ein Friedensbote oder jemand, der um Schutz flehte, trug einen Olivenzweig in Händen. Auch die Taube nach der Sintflut (Gen 8,11) hatte einen Olivenzweig im Schnabel (= Gott zürnt nicht mehr; er will wieder den Friedensbaum wachsen lassen.) Mit den Zweigen vom wilden Ölbaum (dessen Blätter und Früchte kleiner sind: Oleaster) wurden die Sieger der Olympischen Spiele bekränzt. Ölbäume und Tauben mit dem Ölzweig könnt ihr auf Grabsteinen in Katakomben und auf Sarkophagen oft sehen; auch Jesus als der »gute Hirt« wird oft mit einem Olivenbaum dargestellt.

Ein Mensch, der gut und gerecht lebt, wird in der Bibel mit einem fruchtbaren Ölbaum verglichen (Sir 50,11; Ps 51,10; 127,3).

Wenn wir also diesen Olivenzweig in seiner immergrünen Lebensfrische zu Hause hinter ein Kreuz heften, dann will er uns ein ganzes Jahr an den Sieger Jesus Christus erinnern; an den Frieden, den Gott uns schenken will. Der Zweig will uns Schutz, Segen und Erinnerung sein.

Evangelium: Vom Palmsonntag.

(Vgl. Dorothea Forstner, Die Welt der Symbole, S. 230–234.)

29. Späne müssen fallen

(eine geschnitzte Figur, z.B. eine Christusdarstellung)

Evangelium: Leidensgeschichte (Mt 26,14–27,66; Mk 14,1–15,47; Lk 22,14–23,56; Joh 18,1–19,42).

Der Holzschnitzer hatte schon eine genaue Vorstellung von dem, was er schaffen wollte, als er das Holz in die Hand nahm, aus dem diese Figur geschnitzt wurde.

Jeder von uns ist wie so ein Holzstück, aus dem der große Schnitzmeister »Gott« ein kunstvolles Werk machen will: Ich muß bereit sein, mich formen zu lassen; mein Holz darf auch nicht allzu spröde sein; ich darf mich nicht sträuben gegen eine Veränderung. Gott möchte herausholen und durch andere Menschen herausholen lassen, was in mir steckt. Manchmal

tut es weh, wenn die Späne fallen; es ist gut, ihnen nicht nachzutrauern. Der Prozeß dauert lange, bis ein Kunstwerk entstanden ist. Die ganz persönliche Maserung stört nicht; sie macht mich zur einmaligen Figur, die es kein zweites Mal mehr gibt. Wenn ich Gott und die Menschen an mir arbeiten lasse, kann ich zum Kunstwerk werden, das andere erfreut.
Was mußte Jesus alles durchstehen, bis er und sein Werk vollendet waren? Verrat, Verleugnung, Einsamkeit, Angst, Folter, Gottverlassenheit, Tod. Dann erst begann seine Herrlichkeit, die uns alle anziehen möchte.
(Nach einer Idee bei H. J. Coenen, Schattenbilder, Patmos Verlag, Düsseldorf 1982, S. 87.)

Andere Ideen

1. **Gebrochen werden** (mehr für Jugendliche und Erwachsene)
(ein Prisma)

Wenn ein weißer Lichtstrahl durch ein (dieses) Prisma fällt, wird er gebrochen. Er wird zerlegt in die sieben Farben des Regenbogens.
Die Kirchenväter, die sehr bildhaft sprachen, deuteten diesen Vorgang und sagten: »Christus, das Licht der Welt, ist wie ein weißer Lichtstrahl von Gott, dem Vater, dem Urgrund allen Lichtes, ausgegangen und in das Prisma der Welt gefallen. Ja, im Prisma des Kreuzes wurde er gebrochen, zerlegt, entfaltet über die ganze Erde hin, und für uns erfahrbar in der Siebenfarbigkeit der sieben Sakramente.« Die Kirchenväter haben phantasiereich den Tod und die Auferstehung Christi verkündet, da sie sagten: »In der Brechung des Lichtes, in Tod und Auferstehung, findet Jesus seine Erfüllung.«
Wenn wir Christus ähnlich werden wollen, müssen wir auch »gebrochen« werden. Wir wünschen uns natürlich immer das Problemlose und Leichte. Aber ein »ungebrochener« Mensch, dem kein Leid widerfuhr und der immer glatt durchkam, kann es zwar herrlich weit bringen, bleibt in der Regel jedoch kalt und farblos. Gebrochenes ist durchlässig für Gnade, Barmherzigkeit, Reife und Lebenssinn. Ein Mensch dagegen, der wie ein ungebrochener Strahl nie auf Widerstand gestoßen ist, bleibt leicht in sich gefangen oder wie ein oberflächlicher Schatten, selbst wenn die Welt ihm zu Füßen liegen würde.
Auch Jesus, das Licht für die Welt, hätte nur ungeheuren Schatten in dieser Welt zurückgelassen, wenn er nicht an all den Widerständen gebrochen worden wäre. So aber ist Farbe in die Welt gekommen: Christusfarbe, Gottesfarbe.
Evangelium: (Lk 24,13–27 (bes. Vers 26: Mußte nicht der Messias all das erleiden und so in seine Herrlichkeit eintreten?).
Wenn Jesus gebrochen werden mußte, um in diese Herrlichkeit einzugehen, müssen wir dann nicht auch zuerst gebrochen werden, um zu solcher Herrlichkeit zu gelangen?
(Nach einem Meditationstext zur Leuchtboxfolie F 3/3 von MISSIO, Aachen.)

2. **Da ich gestorben, singe ich!**
(eine Violine)

Evangelium: Leidensgeschichte (Mt 26,14–27,66; Mk 14,1–15, 47; Lk 22,14–23, 56; 18,1–19,42).
In jede Violine könnte man den Spruch kleben: »Als ich noch in den Wäldern lebte, habe ich geschwiegen. Jetzt, da ich gestorben bin, singe ich.«

Jetzt wird der Werdegang einer Violine erarbeitet: Der Baum brachte das Holz hervor; er wurde gefällt, transportiert, zersägt ... Wie viele Hände waren beschäftigt, und was mag dem Holz alles »Schmerzen« bereitet haben! Schließlich lag es auf dem Arbeitstisch eines Violinbauers. Wie viele Werkzeuge und Arbeitsgänge waren nötig, um diese schlanke, leicht gebogene Violine zu schaffen! Dann hat sie ein Spieler in die Hand genommen. Und jetzt sagt uns die Violine: »Da ich gestorben bin, singe ich!« Jesus Christus hat sich dem Tod unterworfen, um ganz neues Leben möglich zu machen.
(Jetzt wird ein Lied auf der Violine gespielt.)
(Nach Hermann Verbeek, gefunden in H. J. Coenen, Schattenbilder, Patmos Verlag, Düsseldorf 1982, S. 87.)

3. Er nahm das Leid auf sich
(vier sehr große Nägel)

Vier Nägel halte ich in der Hand. So ein Nagel kann die Holzbalken eines Daches oder einer Brücke zusammenhalten. Er kann aber auch mit seiner Spitze verletzen, aufritzen, töten. Nägel können zu Marterwerkzeugen werden – wir haben es eben in der Leidensgeschichte gehört.
Ich lege diese vier Nägel in Form eines Kreuzes auf den Altar. Der erste Nagel soll stehen für das persönliche Leid, das wir in diesem Jahr erfahren haben.
Der zweite Nagel steht für Hunger, Krankheit und Folter sowie andere Geißeln der heutigen Menschheit.
Der dritte Nagel steht für den Krieg an so vielen Orten unserer Erde (einige nennen!).
Der vierte Nagel steht für Zweifel, Verzweiflung, Unglaube.
Der nackte Altar hier ist Symbol für Christus. Und die Kreuzesform der Nägel ist Sinnbild für das, was am ersten Karfreitag geschehen ist und sich in jeder Eucharistiefeier unblutig wiederholt: Christus nimmt unser Leid auf sich. Er trägt mit und gibt uns auf diese Weise Kraft, an solchen Kreuzen mitzutragen.
Bei der Kreuzverehrung, die jetzt folgt, wollen wir für diese Liebe und dieses Angebot Jesu danken.
(Verkürzt und leicht verändert nach Josef Schulte in »PuK« 3/84, S. 292f.)

4. Bußfeier mit einem Dornenzweig
(ein handlanger Dornenzweig von einem heruntergeschnittenen Rosenstock, evtl. für jeden)
Mit diesem Motiv gibt es auch eine Postkarte: Nr. 273613 bei Fotokunst Groh, 8031 Wörthsee.

1. *Lesung:* Hebr 6,7: Bin ich wie ein Boden, der nützliches Gewächs hervorbringt, oder trage ich mehr Dornen und Disteln? Was sagen meine Freunde: Bringe ich Lustlosigkeit und Streit in unsere Gemeinschaft, oder bin ich einsatzbereit, tröste und heile ich?
2. *Lesung:* Mt 27,19: Drücke ich anderen auch Kronen aus Dornen auf den Kopf? Haben meine spitzen Worte verletzt? Zeigten meine Taten Rücksichtslosigkeit und Gewalt?
3. Nach einer alten keltischen Legende wird der Dornenvogel vom größten und schärfsten Dorn während seines Gesangs tödlich durchbohrt. Während er Todesqualen erleidet, erhebt sich seine Stimme aber zu ihrem herrlichsten Lied. – Glaube ich, daß im Leben Großes nur durch Opfer und Verzicht zu erreichen ist? Kann ich Wünsche zurückstellen? Wie war das mit Jesus ...?
(Verkürzt nach Albert Hopmann in »KiBö« Nr. 85, S. 15f.)

5. Betrachtung der Leidenswerkzeuge (Bußfeier)
(Geldbeutel, Strick, Geißel, Dornenkrone, Hammer, Nägel)

Anhand der einzelnen Werkzeuge werden Gewissensfragen gestellt, z.B.: Was habe ich für den *Geldbeutel* schon verraten? Welche *Stricke* fesseln mir die Hände, mehr zu helfen und zu heilen? Mit welchen *Geißeln* schlage ich auf andere los? Welche *Dornen* des Spotts ... habe ich anderen in den Kopf gedrückt? Auf was *nagele* ich andere fest?

Nachdem die Kinder ihr persönliches Kreuz oder ihre Schuld auf einen Zettel geschrieben haben, heften sie ihn bei der Kreuzverehrung an ein zusammengebundenes Holzkreuz. (Wenn es nicht zu gefährlich ist, können diese Zettel auch nach der Lossprechung am Kreuz verbrannt werden.)
Evangelium: Entsprechend dem Leidenswerkzeug aus der Leidensgeschichte.
(Stark verkürzt nach dem »Pastoralamt-Behelfsdienst« der Diözese A-4020 Linz, in »KiBö« Nr. 85, S. 20–22.)

6. Mich dürstet nach Gerechtigkeit
(für jeden ein Stück Schwamm. Wir erhielten genügend künstliche Schwämme nach freundlicher Anfrage bei einer entsprechenden Firma.)

Evangelium: Joh 19,29–30a (Jesus bekommt einen Schwamm mit Essig gereicht). Jeder Mensch dürstet wie ein echter Schwamm nach dem Wasser der Anerkennung und Zuwendung ...; aber oft bekommen wir nur Schwämme mit Essig = mit Bitterkeit, Leid, Kälte und Gleichgültigkeit gefüllt.
(Vgl. »133« Nr. 31; dazu eine ausformulierte Bußfeier mehr für Jugendliche und Erwachsene in »KiJu« 2/1986.)

7. Fürchtet euch nicht!
(Kreuz aus beschrifteten Steinen, auf denen das Thema steht)

Im Chorraum steht aus Ziegeln eine »Mauer der Ängste«, die auch von einigen Sprechern, die einen Ziegel in die Hand nehmen, umschrieben werden:
Angst, Versager zu sein in einer Leistungsgesellschaft: Angst, einen Beruf lernen zu müssen, den man eigentlich nicht ergreifen möchte; Angst, daß die Umwelt noch mehr zerstört wird usw. – Während des Liedes »All eure Sorgen, heute und morgen, bringt vor ihn, bringt vor das Kreuz« (Eckart Bücken/O. G. Blarr, tvd-Verlag, Düsseldorf) wird die Mauer zum Kreuz umgebaut (vorher üben! Steine von hinten numerieren!).

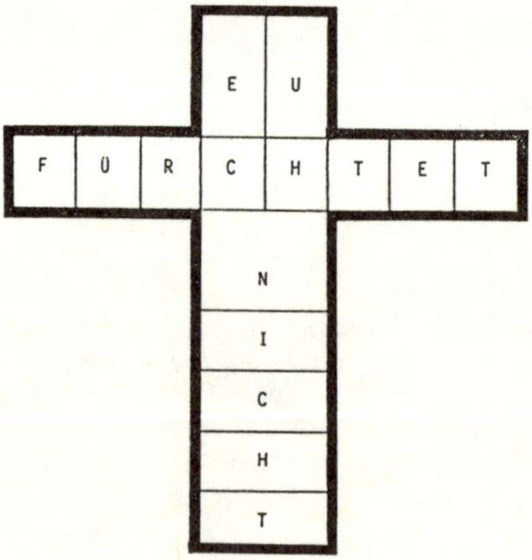

Evangelium: Mt 14,22–33 (Petrus geht über das Meer).
(Ausformuliert für einen ökumenischen Abiturgottesdienst in »KiJu« 4/1984.)

8. Kreuz ist Trumpf!
(eine »Kreuz«-Spielkarte)

Lesung: 1 Kor 1,18. Anhand der Symbole des Kartenspiels wird in das Geheimnis eingeweiht, daß Verlieren und Leid auch Heil bringen kann.
(Ein ausformulierter Gottesdienst dazu von Dr. Peter Frowein in »KiJu« 8/1983.)

9. Wir wollen seine Hände sein
(ein großes Kreuz aus roh gezimmerten Balken oder Brettern; ausgeschnittene Hände)

Jeder Teilnehmer bringt »sich selbst« mit zum Gottesdienst, d.h. er hat zu Hause oder im Vorraum seine Hände auf Papier gelegt, sie mit einem Stift umfahren und ausgeschnitten und seinen Namen darauf geschrieben. Diese Hände werden in Form einer Lebensspirale auf einen großen Bogen geklebt (man muß sie wieder abnehmen können), um sie Ostern (in verschiedene Grüntöne eingefärbt) wie lebendige Blätter auf das Kreuz zu kleben. Vor diesem grünenden Baum des Lebens, dem Baum des guten Willens der Teilnehmer, kann die Osterkerze brennen.
Überlegungen zu den Händen im Gottesdienst: Was kann meine Hand an Bösem wirken (zerstören, drohen, verhindern ...)? Es gibt eine Kreuzesdarstellung mit Jesus ohne Arme und Hände: Wie kann ich Jesus meine Hände zur Verfügung stellen (versöhnen, schützen, tragen, schenken, pflanzen ...)?
Evangelium: Mk 8,22–26 (Er legte ihm die Hände auf).
(Siehe auch die Meditation von W. Willms, der geerdete Himmel, 5.5, in Auswahl: Jesus blieb nicht auf Distanz.)
Evangelium zu Ostern: Mk 16,1–7 (Den ihr gekreuzigt habt, er ist auferstanden). Unsere Hände erheben wir im Gebet zu Gott (= Längsbalken) und strecken sie den Menschen entgegen, die uns brauchen und die wir brauchen (= Querbalken). Besondere Betonung des Friedensgrußes!
(Siehe Christoph Höttges in zwei ausformulierten Gottesdiensten in »KiJu« 3 u. 4/1979. – Siehe auch »144«, Nr. 116: Was uns Hände sagen können, und »144«, Nr. 117: Was uns die Hände in der Kirche sagen können.)

10. »Neu mache ich alles!«
(eine Mauer aus dunkelbeschrifteten Kartonsteinen, Osterkerze)

Die Kartons sind beschriftet mit Begriffen wie Wut, Krieg, Leid, Flucht, Ohnmacht, Krankheit, Gewalt, Ungerechtigkeit ... Die Kinder bauen sie zu einer »Klagemauer« auf.
Unsere Mauer ist eine richtige Klagemauer. Manche sagen: Im Leben sind wir von solchen Klagemauern eingeschlossen.
(Ein Kind stellt sich vor die Mauer, die jetzt zu einem Käfig um das Kind gebogen wird, so daß es im Hohlraum wie in einem Gefängnis eingeschlossen ist.)
Manche sagen: Unser Leben ist kurz – und so sind wir zwischen Geburt und Tod eingeschlossen. Der Tod ist dann wie ein Deckel obendrauf.
(Plakatkarton mit der Aufschrift »Tod« wird darübergelegt.)
Wir hören, was die Bibel sagt:
Lesung: Offb 21,1–5a (Der neue Himmel und die neue Erde). Unser Kartenhaus ist also nicht das einzige Leben.
(Plakat »Tod« wird weggenommen und zerrissen.)
Das wissen wir seit Ostern, seit der Auferstehung Jesu. Gott macht alles neu. Unser Leben wird wieder offen, weil Gott es möglich macht!
Der Hohlraum aus Kartons wird geöffnet, das Kind kann heraustreten; die brennende Osterkerze wird in die Öffnung gestellt.

Die Osterkerze leuchtet über unserer Klagemauer. Sie hat unser Grab geöffnet. Sie gibt uns auch jetzt schon neue Hoffnung, auch wenn wir uns ins »Grab« unserer Enttäuschung und Resignation zurückgezogen haben.
Evangelium: Von Ostern.
Jetzt können einige Kinder mit bunten Farben Worte der Hoffnung und Freude auf die Kartonsteine schreiben.
(Nach Karl Heinz Sülzenfuß, Düsseldorf-Garath.)

Ostern

30. Nach dem Tod beginnt erst das eigentliche Leben
(ein normales weißes Hühnerei)

Evangelium: von Ostern.
Dieses Hühnerei hier kann uns das Wichtigste über Ostern sagen. (Aber zunächst überlegt einmal: Was war zuerst da, das Ei oder die Henne? – Keiner kann es mit Sicherheit sagen.) So ein rohes Hühnerei hat eine ungeheuer starke Schale. Selbst für einen ausgewachsenen Mann ist es fast unmöglich, es zu zerdrücken, wenn er es waagerecht in die Handflächen legt. (Ihr könnt es ja zu Hause ausprobieren!)
Über solch ein Ei haben die Menschen immer wieder gestaunt. Aus diesem toten Gegenstand – so könnte man ja meinen – springt plötzlich ein lebendiges, niedliches Küken. »So ist es doch auch mit dem Grab Jesu«, haben die Menschen gesagt. Aus dem Grab – wer hat noch etwas vom toten Jesus erwartet? – ersteht Jesus plötzlich zu neuem Leben. – Um daran zu erinnern, legen wir also zu Ostern Eier in die Nester.
Die Wissenschaftler untersuchen ja alles, auch solch ein Küken im Ei. Und sie haben herausgefunden: Wenn ein Küken so weit entwickelt und herangewachsen ist, daß es den Innenraum des Eies ganz ausfüllt, bekommt es Atemnot, und der Blutdruck steigt. Es ist voller Angst, denn im Ei ist nur ein kleines Beutelchen voller Luft. Aber all diese Angst würde dem Küken nichts nützen und es könnte sich aus der starken Eierschale nicht befreien, wenn ihm der Schöpfer nicht ein kleines, rettendes Werkzeug mitgegeben hätte: Er hat dem Küken eine kleine Säge, den sogenannten Eizahn, geschenkt; er sitzt genau über dem Schnäbelchen. Diese kleine Säge hat das Küken vorher nie benutzt und wird es später nie benutzen. Mit diesem winzigen Werkzeug stößt es durch die Eierschale und pickt sich dann mit dem Schnabel in die Freiheit. Es zerbricht die Eischale nach rund acht Stunden Schwerstarbeit und springt erleichtert in das neue Leben.
Ich finde, das ist ein treffendes Bild für uns Menschen: Wer sagt uns denn, daß wir nicht auch wie in einem großen Ei leben? Es gibt zwar genug Menschen, die behaupten, diese unsere Welt sei die einzige, und sonst gäbe es nichts mehr. Aber selbst große Naturwissenschaftler, die viel tiefer in die Geheimnisse der Schöpfung eingedrungen sind als wir alle hier, sind (wieder) sehr bescheiden und still geworden und sagen: »Wir wissen immer noch wenig. Und je weiter und tiefer wir vordringen, um so mehr Fragen und Grenzen tauchen auf.«

Ich glaube, es gibt außer der Welt, die wir mit unseren Augen wahrnehmen, noch eine andere Welt. Wir sagen doch: »Jesus ist mitten unter uns«, und doch sehen wir ihn nicht. Vielleicht sind auch die Verstorbenen mir jetzt näher als ihr, die ihr mir zuhört. – Es gibt so viele Geheimnisse um uns herum, die unseren Augen verborgen sind. Im Sterben setzt – wie beim Küken – unsere »Atemnot« ein und die große Angst. Um aus unserer sichtbaren, kleinen Welt herauszukommen, hat uns der Schöpfer auch ein Werkzeug mitgegeben: eine »kleine Säge«, mit der wir das Ei unserer Welt aufbrechen können: den Glauben an die Auferstehung, an das neue Leben. Und wer den Mut hat, dieses Werkzeug einzusetzen, der kann die Schale aufbrechen! Dann erst weitet sich unser Blick; es beginnt das eigentliche Leben in einer Freiheit, die wir uns nicht vorstellen können. Dann werden wir staunend erkennen, wie eng und begrenzt die Eierschalen unserer bisherigen Welt waren. Wir werden Jesus sehen und unsere Verstorbenen. Wir dürfen uns jetzt schon darauf freuen! *Wie* das alles sein wird, wissen wir nicht. Aber wir wissen: Wir brauchen diese Sonne nicht mehr, weil die Ostersonne Jesus Christus uns eine Gemeinschaft und einen inneren Frieden schenken wird, in denen uns »Hören und Sehen« vergeht; wo keine Träne, kein Leid und keine Not mehr vorkommen. Das ist die Sicht zweier Welten, von denen die Kirche schon immer sagt: Es gibt keine Toten, es gibt nur Lebende. Lebende hier und im Jenseits. Haben wir daher nicht allen Grund, zu Ostern ein solches Ei mit den Farben der Freude anzumalen?

(Inspiriert wurde ich zu dieser Predigt von einem Artikel von Dr. med. Gudrun Wagner. Zuerst veröffentlicht in »PuK« 2/86, S. 216f.)

31. Wir werden verwandelt

(ein Schmetterling für jeden – getöpfert, gemalt, als Abziehbild oder Postkarte, z.B. Nr. 7285 »Zitronenfalter« im Buch-Kunstverlag Ettal)

Ob eine Raupe schon träumen kann, wenn sie sich mühsam über staubige Wege bewegt oder an harter Rinde hochkriecht? Die Vorstellung von saftigen Blättern treibt sie vorwärts. Wenn sie dann allen Bedrohungen durch Vögel, durch Zertreten ... entgangen ist und sich sattgefressen hat, dann fährt sie im Sterben aus der Haut: Zunächst ist da die unansehnliche Puppe wie ein Sarg, von der keiner mehr etwas erwartet.
Aber dann geschieht das Wunder: Wenn die Sonne diesen »Sarg« lange genug beschienen hat, dann erhebt sich ein wunderbarer Schmetterling:

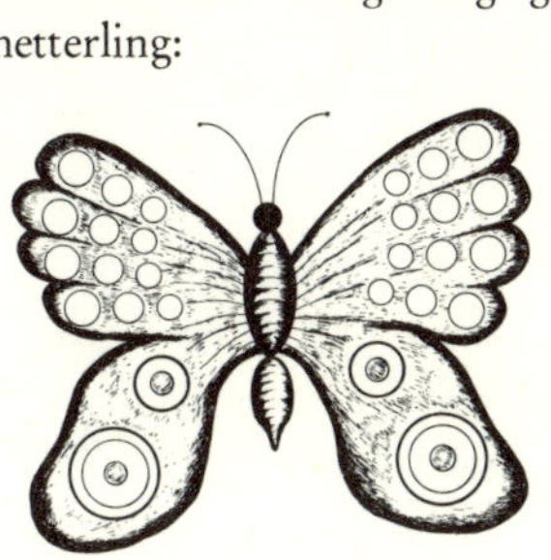

– Er braucht nicht mehr zu kriechen, er kann fliegen!
– Er braucht nicht mehr endlos zu fressen, er kann vom Honig der Blüten schlecken.
– Er ist nicht mehr haarig und häßlich, wir staunen über seine Schönheit.

Wäre uns dieser Ablauf nicht bekannt, wir würden den einen Lügner nennen, der uns so etwas erzählt!

Darum ist der Schmetterling ein Zeichen für den Auferstandenen und für die Auferstehung geworden, ein Symbol der Hoffnung für uns:

Wie oft kriechen wir schmerzgekrümmt durch den Staub der Zeit? Wie vielen Bedrohungen sind wir ausgesetzt (= Arbeitslosigkeit, Schicksalsschläge, Krankheiten, Glaubenszweifel)! Beim Sterben fahren wir dann aus der Haut: Im Tode verwandelt sich der sterbliche Leib in einen unsterblichen, der nicht mehr den Gesetzen von Raum und Zeit unterworfen ist. Paulus sagt dazu: »Gesät wird ein irdischer Leib, auferweckt ein überirdischer Leib« (1 Kor 15,44a).

Dazu gibt es ein interessantes

Evangelium: Joh 20,11–18 (Halte mich nicht fest ...).

Es ist wie beim Schmetterling: Auch den darf ich nicht anrühren und festhalten, sonst zerstöre ich seine zarten Gebilde aus farbigem Staub, durch die er atmet. Maria von Magdala darf Jesus nicht festhalten. Jeder Mensch kann das erfahren: Wer eine glückliche Stunde oder Begegnung festhalten will, zerstört sie. Aber in uns darf diese Sehnsucht auf dieses neue Leben wachsen. Ja, wir schauen nach vorne und erwarten das Wunder für uns und alle Menschen.

Wenn in Zukunft unser Blick auf einen Schmetterling in der Natur oder diesen hier fällt, dürfen wir uns an unsere große Zukunft erinnern!

32. Die Botschaft der Osterkerze

(hier mehr für Jugendliche und Erwachsene formuliert)
(die Osterkerze)

Evangelium: Von Ostern.

Durch diese Osterkerze, die wir eben entzündet haben, will Jesus zu uns sprechen. Die Botschaft dieser Kerze sagt uns, was Gott mit uns vorhat.

1. Die Kerze brennt. Sobald ich die Kerze entzünde, wird das tote, starre Wachs lebendig: Die brennende Osterkerze, geschmückt mit den Wundmalen Jesu Christi, sagt uns: Jesus lebt. Nicht der Tod hat das letzte Wort. Die Liebe des Vaters geht weiter als bis zum Tod. Er schenkt Leben ohne Grenze – ewiges Leben.

Auch die kleinen Osterkerzen in unseren Händen sagen: Jesus lebt – und auch wir werden leben.

2. Die Kerze leuchtet. Wer einen stockdunklen Weg gehen muß, hat Angst: Angst, anzustoßen; Angst, überfallen zu werden; Angst, sich zu verlaufen. Das Licht dieser Osterkerze

allein genügt jedem hier in der Kirche, sich zu orientieren, nicht anzustoßen, einen Weg zu finden. Jesus erleuchtet uns, die wir suchen, den Weg.
Auch die kleinen Osterkerzen in unseren Händen sagen: Mit Jesus finden wir den Weg. Und wer schon eine Strecke mit ihm gegangen ist, soll anderen den Weg etwas heller machen.

3. Die Kerze wärmt. Wir halten unsere Hand über die Flamme unserer kleinen Osterkerze und spüren die aufsteigende Wärme. Wir alle sehnen uns nach Wärme, nach Licht, Sonne, nach Zuneigung, Vergebung, Anerkennung ..., nach dem Frieden mit Gott. Das alles, verspricht die Osterkerze, will Jesus uns schenken, dazu seine Freundschaft, Heimat, Frieden mit uns selbst und mit Gott.
Das sagen auch die kleinen Osterkerzen in unseren Händen: Solange du Jesus mit dir nimmst, kannst du innerlich nicht erfrieren; ja, du kannst andere wärmen, zum Leben ermutigen!

4. Die Kerze verzehrt sich. Indem die Osterkerze leuchtet und wärmt, wird sie immer kleiner: Sie verzehrt sich. So war auch Jesu Leben ein einziges Dienen. Er verzehrte sich vorbehaltlos auf dem unteren Weg: Nicht Macht und Ansehen, Nehmen und Besitzen, Richten und Verurteilen. »Wer das Leben gewinnen will, wird es verlieren!« sagt Jesus.
Auch die Kerzen in unseren Händen wollen uns mit ihrem Leuchten rufen für den unteren Weg: Sich hinzugeben an andere und sein Ich zu vergessen; im Dienst am Du sich selbst zu finden.

5. Das Österliche der Kerze. Ausgehend vom Kreuz, von Alpha und Omega und den entsprechenden Texten, die in der Osternacht dazu gesprochen werden, sollte Pr hier ein persönliches Glaubensbekenntnis formulieren.
Weil Jesus uns voranging, feiern wir heute das Fest gegen den Tod, das Fest gegen die Angst, das Fest gegen die Kälte des Herzens, das Fest gegen Macht und Gewalt, also das Fest der Freude. Darum laßt uns das »Halleluja« singen ...
(Nach Michael Eschweiler verkürzt; zuerst in »KiBö« Nr. 78, S. 4, veröffentlicht.)

33. Der Stein vom Grab ist weggewälzt

(jeder erhält einen Kieselstein mittlerer Größe)

Evangelium: Lk 24,1–10 (Der Stein vom Grab ist weggewälzt).
Nicht nur der Stein vom Grab, der die Frauen vom toten Jesus trennte, ist beiseite geräumt. Auch der Stein, der ihnen auf der Seele lag, der Angst oder Traurigkeit, Verzweiflung oder Hoffnungslosigkeit hieß, war ihnen vom Herzen genommen. Der lebendige Jesus schenkt ihnen neue Hoffnung und damit neues Leben.
Auch uns bedrücken Steine: Angst vor der Schule ...; Einsamkeit, weil wir keinen richtigen Freund/Freundin finden; Traurigkeit, weil uns so vieles bedrückt; Streß und Ehrgeiz, weil wir keine Versager sein wollen; Schuld, weil wir etwas falsch gemacht haben, das kaum wiedergutzumachen ist ...

Es ist wichtig, daß wir Menschen finden, die uns helfen, unsere Steine zu tragen und Mauern zu durchbrechen. Ostern heißt: Der auferstandene Christus bietet uns an, in seiner Nähe die Steine der Sorgen und Trauer ... abzulegen, neue Hoffnung zu gewinnen und freier zu atmen.

Aktion: Nun gehen die Teilnehmer nach vorne und legen nahe der Osterkerze vor gut sichtbaren Plakaten mit den Aufschriften »Angst«, »Einsamkeit«, »Traurigkeit«, »Streß und Ehrgeiz«, »Schuld«, »Sorgen« (ein Plakat sollte ohne Aufschrift sein) ihre Steine ab, oder sie legen damit ein positives Symbol: Anker, Osterei, Kreuz mit Lichtstrahlen, Osterkerze ...

Die Fürbitten knüpfen an die Aufschriften der Plakate an, z.B.: Wir bitten dich für die Menschen, die traurig sind. Nimm ihnen den Stein der Traurigkeit vom Herzen!
Alle: Und laß uns dabei helfen!

(Stark verkürzt nach »Der Stein ist weg« in Doris Damke, Michael Schibilsky u.a., Eine Leiter zum Himmel, Familiengottesdienste im Kirchenjahr, Patmos Verlag, Düsseldorf 1984, S. 75–83; zuerst veröffentlicht in »KiBö« Nr. 78, S. 3f.)

34. Sich um Jesus scharen

(ein gebackenes Osterlämmchen mit einer Siegesfahne; vielleicht ist auch in der Kirche selbst [Fenster, Fahne] ein Lamm mit Fahne zu sehen)

Evangelium: Von Ostern.
So eine Fahne ist auf vielen Osterdarstellungen zu sehen: Jesus als Sieger über den Tod. Wenn die Fahne in einem (gebackenen, steinernen, geschnitzten) Lamm steckt, bedeutet dies: Opfer und Sieg. So wie das Blut des Lammes auf den Türpfosten die Israeliten vor der schlimmsten Plage bewahrte und den Weg in das Gelobte Land öffnete, so hat das Blut des neuen Lammes Jesus Christus auf dem Holz des Kreuzes uns den Weg ins ewige Leben geöffnet. – Oft ist der Fahnenschaft ein Speer, dessen Spitze nach unten zeigt, und ein Ungeheuer oder die Schlange (das Böse) oder den Tod besiegt.
Eine Fahne steht immer für eine Gemeinschaft oder ein Volk. Bei der Olympiade sehen wir zur Siegerehrung den Sieger auf einem Podest, und sofort wird die Fahne des Landes gezeigt, dessen Sportler geehrt wird. In Polen und Frankreich ist die Nationalflagge oft im Chorraum aufgestellt, was bedeutet: Das ganze Volk möchte sich unter den Schutz Gottes stellen oder – wie in Polen – unter den Schutz der Gottesmutter.
Wir Deutsche haben ein gestörtes Verhältnis zur Fahne: Das liegt an unserer Vergangenheit. Da wurden von den Nazis aufpeitschende Fahnengesänge angestimmt, und ganze Heere marschierten hinter einer Fahne zu Zielen, mit denen sie – nach unserem heutigen Wissen – in die Irre geführt wurden. Die nationalsozialistischen Machthaber spürten hinter den Fahnen der christlichen Gemeinschaften her; da gab es Hausdurchsuchungen, und der sie versteckt hatte, mußte mit Untersuchungshaft, Verhören und vielen Nachteilen rechnen. Gefundene Fahnen wurden verbrannt, um damit die dazugehörige Gemeinschaft tief zu treffen.

Wurde im Krieg eine Stadt (oder ein Land) erobert, hißten die Sieger auf dem höchsten bzw. maßgeblichsten Gebäude (der Hauptstadt) ihre Fahne, wie z.B. 1945 auf der Reichstagshalle in Berlin.
Eine hocherhobene, weiße Fahne bedeutet im Krieg: Ich ergebe mich. Laßt mich leben! – Auch die Fahne, die auf einem »eroberten« schwierigen Bergmassiv gehißt wird, bedeutet: Wir haben diesen Berg bezwungen. Wir haben gesiegt!
(Wir Deutsche haben – wie gesagt – ein gestörtes Verhältnis zur Fahne. Bei der Bundesliga kann aber jeder erleben, was eine Fahne bedeuten kann: Ein Bundesliga-Fan läßt sich eher halb totschlagen, als daß er sich die Fahne seines Vereins abnehmen ließe. Oder die Vereinsfahne wird verbrannt, wenn die Fans mit den Leistungen ihrer Stars nicht zufrieden sind.)
Die Siegesfahne in der Hand Jesu verstehen wir aber noch besser, wenn wir an die Zeiten denken, in denen mit dem Schwert in der Hand gekämpft wurde. Da waren die Treuesten und Stärksten um die Fahne versammelt; sie durfte nicht in die Hände des Feindes fallen. Und wer im Schlachtgetümmel abgeirrt war, der konnte mit einem Blick wieder die Richtung ausfindig machen, in die er sich zurückziehen konnte. Das meinen wahrscheinlich alle alten Darstellungen von Jesus oder des Lammes mit der Siegesfahne: Kommt doch in meine Nähe! Schart euch um mein Zeichen, wenn ihr im Kampf gegen den Satan, gegen Sünde und Tod überleben wollt! In meiner Nähe seid ihr sicher! Ich führe euch zum Sieg!
(Zuerst veröffentlicht in »KiBö« Nr. 82, S. 5.)

Weitere Gedanken

1. Fahne auf Halbmast = Trauer; hier Fahne des Sieges über alle Trauer.
2. Kleine Papierfähnchen in Kinderhand sollen Begeisterung wecken; aber auch Verführung durch Fahnen: 50 Millionen Tote kostete der Irrweg »Die Fahne hoch, die Reihen fest geschlossen«. Das Hakenkreuz auf der Fahne brachte den Tod – diese Fahne bringt ewiges Leben.
3. Flagge zeigen, Farbe bekennen = den Glauben bekennen. Meine Lebensfahne nicht in den Wind der Tagesmeinungen hängen.
4. Was steht auf meiner Lebensfahne: Liebe, Freude, Friede, Geduld, Güte, Treue ...? (Gal 5,19–26: Früchte des Geistes, aber auch negativ: Werke des Fleisches.)

5. Bei einer Bergwanderung grüßt am Ziel die Fahne des Rasthauses. Die Fahne zeigt an: Es ist geöffnet; du wirst erwartet; du bist willkommen. – Wenn wir auf dem Gipfel des Lebens ankommen, wird Christus uns um seine Fahne scharen.
(Hierzu Theodor Glaser, Im Lauf der Welt, Sinn-Bilder zum Leben, Rosenheimer Verlagshaus Alfred Förg, 1985, S. 54–57.)
6. Das Lamm mit Fahne als Wappentier, das keine Gewalt, sondern Friedensbereitschaft signalisiert. (Dazu ein Gottesdienst von Lore Kufner in »KiJu« 3/1987.)

35. Himmelwärts (mehr für Jugendliche und Erwachsene) (eine Haushaltsleiter)

Lesung: Gen 28,10–18 (die Jakobsleiter).
Evangelium: Joh 1,51 (Ihr werdet den Himmel offen sehen).

1. (Pr steigt Stufe um Stufe höher.) Wer möchte nicht gerne die Stufen der Erfolgsleiter erklettern und dabei am liebsten noch Stufen überspringen? Welcher Jugendliche hat in seinem Spezialgebiet nicht schon davon geträumt, auf dem obersten Treppchen zu stehen, umjubelt von Millionen – als der siegreiche Sportler, der umjubelte Star, als der Mächtige auf dem roten Teppich? Und alle, alle lagen zu seinen Füßen.
Wer die Karriereleiter erklettern will, muß die Ellbogen gebrauchen und manchmal über Leichen gehen; er darf sich von Gefühlen nicht aufhalten lassen. Je höher er steigt, um so einsamer wird er, und manchmal gähnt direkt vor ihm der Abgrund. Manche – die Geschichte beweist es – möchten sogar nach den Sternen greifen, wollen schließlich sein wie Gott. (Pr ist oben auf der Leiter angekommen.) Aber »Erfolg« oder »Karriere« ist keiner der Namen Gottes. »Über Leichen gehen«, um ganz oben zu stehen, das ist nicht der christliche Weg, denn:
2. (Pr steigt nun Stufe um Stufe hinunter.) In Jesus ist Gottes Sohn hinabgestiegen und Mensch geworden. Darum lehnt auf alten Bildern die Leiter am Stall von Bethlehem und am Kreuz von Golgatha.
Jesus sagte: Wer sich selbst erhöht, wird erniedrigt (Mt 23,12), und wer unter euch groß sein will, sei euer Diener (Mt 20,26f). Dieser Jesus wusch seinen Jüngern die Füße (Joh 13,4–15); das müssen wir uns klarmachen: Gott wäscht den Menschen die Füße! (Zu diesem niedrigsten Dienst konnte zur damaligen Zeit nicht einmal ein Sklave gezwungen werden!) Dann stieg er hinab in das Leid und in den Tod und wurde uns Menschen wirklich gleich. Im Glaubensbekenntnis beten wir: Hinabgestiegen in das Reich des Todes, d.h. Jesus erlöst all die Menschen, die vor ihm gestorben sind, die in die größte Einsamkeit des Todes *alleine* gehen mußten. Jetzt ist die Pforte des Todes geöffnet: Im Tod wartet Jesus auf uns, um uns an die Hand zu nehmen. Wir sind nie mehr allein gelassen. (Pr ist jetzt unten angekommen.)
3. In der Bibel ist an zwei Stellen von einer Leiter die Rede: Jakob sieht im Traum eine Leiter, auf der Engel auf- und niedersteigen (s. Lesung). Und Jesus sagt zu Natanael und den ersten Jüngern: Ihr werdet den Himmel offen sehen und die Engel Gottes auf- und niedersteigen über dem Menschensohn (s. Evangelium). Dieses Bild heißt übersetzt: Seit

Jesu Tod und Auferstehung steht der Himmel offen. Die »Leiter« mit tragfähigen Sprossen ist allen Menschen angeboten. Keine Leiter zu einem zweifelhaften, selbstgezimmerten Himmel, sondern die Leiter Gottes, die uns vorwärts, aufwärts, himmelwärts führen will. »Du bist die sichre Leiter, darauf man steigt zum Leben, das Gott will ewig geben« (GL 182, 4. Str.).

(Vgl. Theodor Glaser, Im Lauf der Welt, Sinn-Bilder zum Leben, Rosenheimer Verlagshaus Alfred Förg 1985, S. 18–21. Dazu ein sehr guter Gottesdienst in Kurt Rommel (Hg.), Familiengottesdienste im Kirchenjahr, Bd II, Quell Verlag, Stuttgart 1984, S. 111–122: Jesus ging den Weg nach unten. Hier wird die Aussage mehr dramaturgisch gezeigt. – Siehe auch ein Abitur-Entlaßgottesdienst in Matthias Schnegg, Lichtblicke, Herder, Freiburg 1981, S. 150–154.)

36. Der Vulkan unseres Herzens

(ein großes Herz ist als Vulkan gestaltet, der Gesteinsbrocken herausschleudert. Genauso viele Blumenbilder wie Felsbrocken liegen bereit.)

Evangelium: Von Ostern oder Mk 7,14–23 (Was von innen kommt, macht die Menschen unrein).

Ein Vulkan zerstört mit seiner kochenden Lava, den giftigen Gasen und der heißen Asche blühende Felder und schöne Häuser, ja vernichtet Menschen. Wenn wir manchmal explodieren, schleudern wir auch Gift und Gemeinheit, Lüge und Bosheit aus uns heraus. (Hier können Kinder noch andere Begriffe auf vorbereitete »Gesteinsbrocken« aus Papier schreiben, die zusätzlich aufgeheftet werden.)

Die gute Nachricht lautet: Jesus Christus ist in den Vulkan unserer Schuld und Bosheit hinabgestiegen und hat das Böse von innen her ausgeräumt. Durch unseren Glauben an den auferstandenen Christus, durch Geduld und Freundlichkeit, durch Vergeben und Verzeihen und durch das Bußsakrament können wir mit Jesus gegen die heiße Lava in uns ankämpfen, ja, die gefährlichen Felsbrocken umändern in fruchtbare Erde für Blumen, Brot und Wein. (Jetzt werden die Blumenbilder auf die Gesteinsbrocken geheftet.)

(Verkürzt nach Stefanie Spendel, Leben und Freude durch Gottes Wort, Gottesdienste für Familien, Lesejahr B, Verlag Pustet, Regensburg 1984, oder in »KiJu« 7/8 1985.)

Andere Ideen

1. Wir feiern Ostern

Evangelium: von Ostern.

Ein Osterkorb, nach altbayerischem Brauch gefüllt mit sieben Sachen: eine Stange Meerrettich (= zuerst das Scharfe essen = Kreuz und Leid, dann erst folgt die Auferstehung), ein heller Osterfladen (= Zeichen für die Ostersonne, die den Auferstandenen sah), bunte Ostereier (= Symbol des neuen Lebens, das die harte Schale durchbricht), ein Osterbrot (= Abbild des Auferstandenen im eucharistischen Brot), ein Osterschinken (= nach der langen Fastenzeit sind wieder Leckerbissen

erlaubt), Salz (= wie Salz den ganzen Brotteig durchdringt, so soll die Osterfreude in alle Welt getragen werden), ein Osterlamm mit Fahne (= Jesus mit der Siegesfahne).
(Ausführlicher Gottesdienst in Lore Kufner, Viele Maschen geben ein Netz, 24 Kindergottesdienste, Pfeiffer-Verlag, München 1987, S. 32–35.)

2. Das Licht soll leuchten

(5 Teelichter, 5 umgestülpte Blumentöpfe, die auf der Vorderseite negative Eigenschaften wie Neid, Faulheit, Streit, Unglaube, Resignation, Verzweiflung tragen und auf der Rückseite positive: Liebe, Fleiß, Hoffnung, Friede, Glaube ...)

Evangelium: Joh 8,12 und Mt 5,14–16 (Ich bin das Licht – ihr seid das Licht).
Vom Licht der Osterkerze her (»Ich bin das Licht«) werden die Teelichter entzündet. Dann werden die Töpfe mit den negativen Aufschriften über die Lichter gestülpt.
Stille, in der wir uns fragen, wo wir das Licht des Glaubens an den Auferstandenen verleugnen oder gar verlöschen lassen.
Dann werden die Töpfe so gedreht, daß die positiven Aufschriften sichtbar werden. Die Teelichter entzünden wir neu von der Osterkerze her und stellen sie jetzt jeweils *auf* den Blumentopf.
Stille: Wo und wie können wir den Auferstandenen bezeugen?
(Nach Gerhard Eberts, Jugendgottesdienste, Bd 5, Rex-Verlag, Luzern 1983, S. 65.)

3. Das Geschenk Jesu Christi

(drei Blumen [z.B. Gerbera] in den Farben Rot, Gelb und Weiß)

Evangelium: Joh 20,19–23 (Der Auferstandene erscheint seinen Jüngern).
Diese drei Blumen habe ich natürlich mit Absicht mitgebracht. Weshalb eine rote dabei ist, erratet ihr sicher leicht, weil etwas im Evangelium an Rot erinnern kann: die Wunden Jesu = Zeichen seiner Liebe. Auch die Farbe Weiß kam vor: die Vergebung der Sünden macht rein von Schuld.
Die Farbe Gelb erinnert an den Frieden mit Gott und den Menschen, den Christus uns durch seine Auferstehung gebracht hat; sie kündet von der Herrlichkeit, die auf uns wartet.
Und in jeder dieser drei Blumen ist innen die gelbe »Sonne« = da, wo die Liebe wohnt, wo man Vergebung schenkt, wo der Friede ist, da ist Gottes Geist lebendig.
(Verkürzt nach Arbeitskreis St. Elisabeth, 4040 Neuss-Reuschenberg, in »KiBö« 65, S. 1f.)

4. Der lebendige Stein

(ein dicker Stein)

Vorbemerkung: Der Stein dient meistens negativen Aussagen; hier wurde eine Auswahl mit positiven Deutungen getroffen.
Wenn ich an Jesus denke, dann wird dieser Stein in meinen Händen lebendig. Ihr denkt vielleicht jetzt an den riesigen Stein, den Gott vom Grab Jesu weggewälzt hat, vielleicht auch an den Stein, der von unserem Grab eines Tages weggewälzt werden muß, damit auch uns die Tür zum Leben geöffnet wird. Aber ich denke mehr an den Eckstein Jesus, der uns alle zusammenhalten will, wie der Schlußstein in einem gotischen Gewölbe. – Ich denke an Jesus als den Stein des Anstoßes und des Ärgernisses. Das spüren wir ja auch heute, wenn wir uns auf diesen Jesus einlassen: Er kann uns Ärger bringen, heilsamen Ärger. – Ich denke an den kleinen Schleuderstein des Hirten David, der damit den Riesen Goliath besiegen konnte. Mit dem »Stein« Jesu können wir im Kampf mit dem Bösen siegen. – Wer sich auf diesen Jesus einläßt, kann alle Steine fallenlassen, die sein Herz beschweren. – Und ich denke an den weißen Stein im letzten Buch der Bibel (Offb 2,17), auf dem geheimnisvoll ein neuer Name steht. Und stell dir vor: Dein und mein Name würden darauf geschrieben! Das gibt Hoffnung. Wer den Stein der Weisen sucht: Hier ist er!

Lesung: 1 Petr 2,3 – 10: Jesus, der Eckstein.
Evangelium: Mt 21,42 – 43 (Der Stein ist zum Eckstein geworden); Mt 28,1 – 8 (Ein Engel wälzte den Stein weg); Joh 8,48 – 59 (Jesus als Stein des Anstoßes).
(Stark verkürzt nach Theodor Glaser, Im Lauf der Welt, Sinn-Bilder zum Leben, Rosenheimer Verlagshaus Alfred Förg, Rosenheim 1985, S. 38 – 41.)

Kommunion/Erstkommunion/Fronleichnam

37. Jesus – das lebendige Brot
(Weizenkörner – ein Laib Brot)

Warum hat Jesus bei der Einsetzung des Altarsakramentes im Abendmahlssaal nicht kostbarere Speisen genommen, z.B. Kuchen oder einen saftigen Braten? ..., Was Jesus gewählt hat, kann man *immer* essen oder trinken. Und wie das Brot den Leib stärkt, so will Jesus die Nahrung für unsere Seele sein ... bis wir am himmlischen Mahl teilnehmen.
Dieses Brot war in seinen Körnern über Hügel und Täler auf den Feldern verstreut, wie die Körner in dieser Schale weit verstreut werden können. Aber in diesem Brot werden unter vielen Mühen (Aussaat, Dreschen, Mahlen, Backen) die vielen Körner *ein* Brot. So sollen wir, die vielen Leute, die wir wochentags so weit verstreut leben, hier Sonntag für Sonntag in Jesus zu einem Leib, zu einer großen Familie zusammenwachsen.
Wir stöhnen schon bei 30° C im Schatten, aber dieses Brot braucht 200°, um knusprigbraun zu werden. Das heißt: Wer das Lebensbrot Jesus ißt, kann nicht mehr bleiben, wie er war. Die richtige Wärme und Hitze, das ist für uns die Liebe, die uns zu »Brotmenschen« macht, in das Hungrige »hineinbeißen« dürfen. (Anmerkung: Je nach Geschmack den letzten Abschnitt »entschärfen«.)
Evangelium: Joh 6,48 – 51 (Ich bin das Brot des Lebens).
(Ausführlicher: Max Huber, Erstkommunion feiern, Gottesdienstmodelle, Herder, Freiburg 1980, S. 13 – 16, mit guten Begleittexten.)

38. Verwandlungen (mehr für Jugendliche und Erwachsene)
(eine Schnitte Brot)

1. Dieses Brot hier mußte sich immer wieder verwandeln, immer wieder »sterben«: Zuerst mußte das Weizenkorn in der Erde »sterben«, besser: sich verwandeln, um in einer Ähre aufzuerstehen.
   Dann »starben« die Körner in der Mühle, um in Mehl verwandelt zu werden.
   Dann »starb« das Mehl in der Hitze des Ofens, um sich in Brot zu verwandeln.

Dieses Brot kann sich auch im Teilen verwandeln: Wer verschenkt, erhält oft mehr zurück, als er gegeben hat. Dazu gibt es eine schöne Geschichte in der Bibel:
Evangelium: Mt 14,13–21 (wunderbare Brotvermehrung).
Schließlich die größte Verwandlung des Brotes: Wenn der Priester die Wandlungsworte, die Jesus im Abendmahlssaal gesprochen hat, über diesem Brot spricht, wird es zum Leib Christi.

2. Auch unser Leib, der oft durch so eine Schnitte Brot gebildet und gestärkt wird, muß sich oft verwandeln: Alles, was wir essen, wird in Fleisch und Blut verwandelt. Ist das nicht ein Wunder und eigentlich schwer zu glauben, wenn wir nicht alle die Erfahrung hätten?
Unser Leib verwandelt sich auch sonst immer wieder. Nach außen ist es kaum erkennbar, aber Wissenschaftler sagen es uns: Alle sieben Jahre hat der Körper alles ausgetauscht, sind wir ganz neu geworden.
Dazu kommt wie beim Brot der Glutofen der Zeit: Prüfungen, Schicksalsschläge, die wir richtig verarbeiten müssen, wenn wir nicht krank werden wollen. Und ein Arzt weiß: Eigentlich müßte er zuerst die Quelle von allem, nämlich die Seele, gesund machen und nicht nur Organe behandeln. Ob unser Leib gesund bleibt, hängt auch davon ab, ob wir Rückgrat und Glauben haben; dann läßt sich alles, was quer kommt, viel besser »umwandeln«.
Schließlich erreicht uns die größte Verwandlung im Tod, ähnlich der größten Verwandlung des Brotes in den Leib Christi: Unsere Seele bildet, vielleicht sofort, im Tod einen neuen, unsterblichen Leib; einen Leib, der nicht mehr Raum und Zeit unterworfen ist – wie Paulus sagt: »Gesät wird ein irdischer Leib, auferweckt ein überirdischer Leib« (1 Kor 15,44a).
Der Leib Christi ist ein Angebot an uns, durch den Feuerofen der Zeit unbeschadet hindurchzugehen und gesund an Leib und Seele zu bleiben. Darum heben wir den Leib Christi am Fest Fronleichnam so hoch, damit dieses Angebot Gottes alle sehen, die am Wegrand oder hinter den Fensterscheiben stehen, aber die Pilgerreise zu Gott auch noch vor sich haben.
Evangelium: Joh 6,48–58 (Das Brot des Lebens – in Auszügen).

39. Jesus liebt uns

(ein großes Herz-Jesu, auf das eventuell die gebastelten und mit Namen versehenen Herzen der Kinder geheftet werden)

Lesung: 1 Petr 1,21.22 (Liebt einander von Herzen);
oder: 1 Joh 3,15–18 (Verschließt nicht euer Herz).
Evangelium: Lk 24,28–32 (Den Emmausjüngern brannte das Herz);
oder: Joh 15,12.13 (Die größte Liebe); Joh 16,22 (Einmal wird euer Herz sich freuen); Joh 19,31–37 (Durchbohrung der Seite Jesu).

Aus einer Fülle von Möglichkeiten folgende Gedanken: Jesus hat uns ins Herz geschlossen. Darum ist er in die Welt gekommen. Darum wurde sein Herz am Kreuz sichtbar für alle geöffnet = durchstoßen.
Wir können bei der hl. Kommunion den Herzschlag Jesu, seine Liebe, spüren, wenn wir uns für ihn öffnen. (So wie jetzt eure gebastelten Herzen dem Herz Jesu ganz nahe sind.)
Einmal wird unser Herz Jesus Christus wirklich so nahe sein. Es wird sich dann freuen, weil es wieder dahin zurückgekehrt ist, woher es seinen Ursprung hat. (Augustinus: »Unruhig ist unser Herz, bis es ruht in dir.«) Die ersten Christen traten in die Fußstapfen Jesu und waren ein Herz und eine Seele (Apg 4,32): Sie teilten Freude und Schmerz miteinander.

Aktion: Wir legen unsere rechte Hand auf das Herz. (Das Herz des Menschen ruht normalerweise in einem Winkel von 23 1/3 Grad in der Brust. Zum Staunen: Das ist genau der gleiche Winkel, den die Erdachse einnimmt!) Mit dieser Hand geben wir jetzt dem Nachbarn den Friedensgruß: Der Friede soll »von Herzen« kommen.

(Einen ausformulierten Gottesdienst zur Erstkommunion zum Thema »Herz« mit einem Buchstabenspiel und entsprechenden Märchen, wie »Der Prinz und die Schwalbe«, »Die Nachtigall und die Rose« etc. finden Sie in »KiJu«, 2/1985.
Ein Kleinkindergottesdienst mit dem Thema »Der barmherzige Vater« ist in »111 Bausteine«, Nr. 73; eine ausformulierte Bußfeier mit weiteren Gesichtspunkten ist in »2 × 11 Bußfeiern«, S. 136–139: »Sein Herz an andere verlieren«.)

40. Unser Lebensbaum

(ein Lebensbaum; hinzu kommen Symbole, siehe Text, die in den Baum gehangen oder, falls er gezeichnet ist, angeheftet werden)

Der Nachteil dieses Vorschlags ist, daß die Themen »Kommunion« und »Firmung« ziemlich künstlich aufgesetzt sind.

Diesen Lebensbaum, der dich darstellen soll, haben Vater und Mutter gepflanzt. Sie haben den Boden bereitet, damit sich seine Wurzeln tief eingraben konnten. Wenn sie dir darüber hinaus Glauben geschenkt haben, der in Gott wurzelt, dann können die Stürme des Lebens dich nicht so leicht umwerfen.
In der *Taufe* (als Symbol Schale anheften, aus der Wasser fließt) kam der erste Wasserguß an dieses Bäumchen. Aber es bedarf, um wachsen zu können, ständig dieser Wassergüsse: durch eine entsprechende Atmosphäre des Vertrauens auf Gott und das tägliche Gebet (Joh 4,13–15: Wasser fürs ewige Leben).
In der *Kommunion* (Symbol für Brot und Wein anheften!) begleitet Jesus unser Wachsen. Mit dieser Nahrung können wir sogar ewig leben! (Joh 6,48–51: Vom Brot des Lebens). In ein paar Jahren werden wir im Sakrament der *Firmung* (Symbol Geisttaube mit sieben Flammen anheften!) noch einmal gestärkt, damit wir fähig werden, mit Gottes Heiligem Geist, dem belebenden Sturm, aber auch einem schlimmen Orkan (Glaubenszweifel, Schicksalsschläge) standzuhalten.

Unser Baum soll *Früchte* tragen (eine Frucht anheften!). Jeder Baum, der keine guten Früchte bringt, wird abgehauen und ins Feuer geworfen (Mt 3,10).
Wir dürfen immer auf die *Güte Gottes* vertrauen (eine Sonne anheften). Die Sonne seiner Barmherzigkeit scheint immer, auch wenn wir sie vor lauter Wolken (= Kreuz und Leid) nicht sehen können. – Und Gott hat Geduld mit uns: Im Gleichnis vom Feigenbaum bekommt der Baum noch ein Jahr Zeit. Erst wird noch einmal der Boden aufgegraben (Lk 13,6–9). Aber wer weiß, wie lange wir noch Zeit haben?
Evangelium: Je nach Akzent.

Weitere Gedanken

1. Ein junges Bäumchen braucht einen Stützpfahl (ein Zeichen dafür anheften!), damit es im Sturm nicht abknickt. So helfen jedem Menschen Freunde, die ihn stützen.
2. Besondere Stärkung Gottes, wenn eine Ehe eingegangen wird (Symbol für Ehe anheften!), denn ein zusätzlicher Baum schützt im Sturm; sie geben sich gegenseitig Halt.
3. Viele Bäume um uns herum (Symbol für Gemeinschaft) schützen und stützen noch mehr. So brauchen auch Kommunionkinder noch viele Freunde, die mit ihnen gemeinsam den Weg des Glaubens gehen.
4. Jeder Baum sorgt für Sauerstoff. Eine große Eiche zum Beispiel spendet täglich für rund sechzig Menschen Sauerstoff. Darum gehen wir mit jedem Baum verantwortungsvoll um. (Ein Zeichen für Umweltschutz anheften!). Denn wenn Bäume sterben, stirbt auch langsam der Mensch. – Wir Christen können für eine gute Atmosphäre sorgen!

(Vielleicht erhält jedes Kommunionkind einen kleinen Lebensbaum als Andenken. Ein ausformulierter Gottesdienst für die Kommunionfeier, Andacht und Dankmesse in »KiJu« 1/87: »Erstkommunionfeier mit einem Lebensbaum«; vgl. auch »144 Zeichenpredigten«, Nr. 41.)

41. Sinnbild der Hingabe

(eine aufgeblühte Tulpe – ein Meßkelch)

Betrachtet den Kelch der Blume und diesen Meßkelch: Sie gleichen einander:

1. Wie in der Blume Blütenstaub und Honig angeboten werden, so im goldenen Kelch der Wein bei der hl. Messe: Angebot Gottes zur Freude der Menschen.
2. Hier die Tulpenzwiebel mit ihren Wurzeln und hier der Fuß des Kelches: Fest mit der Erde verbunden, geöffnet sein für das, was Gott schenken will.
3. In der Blume und im Kelch erkennst du die Linie der Hyperbel, die sich ins Unendliche hinaus öffnet. Die Blume streckt sich ins unendliche Licht der Sonne. Der Kelch mit dem Blut Christi erinnert an seine dienende Hingabe, die ins Unendliche hinein geöffnet ist: in die unendliche Liebe Gottes hinein.

Blume und Kelch zeigen die Richtungen an, die auch uns im Leben glücklich machen können.

(Frei nach Wilhelm Willms, Der Weinberg steht in Blüte, Butzon & Bercker, Kevelaer 1983, S. 61.)

42. Mit Christus verbunden
(ein blühender und ein vertrockneter Zweig)

Pr zeigt den verdorrten Zweig: Wie konnte das passieren?
(im Sturm abgebrochen, kein Wasser bekommen, Baumkrebs ...)
Pr zeigt den blühenden Zweig: Wie ist das möglich?
(blieb lange genug am Stamm, hatte Wasser und Sonne, gesund ...)
Evangelium: Joh 15,1 – 8 (Weinstock – Reben; Pr zeigt an den entsprechenden Stellen den blühenden bzw. verdorrten Zweig).
Bei einer Erstkommunion: Pr zeigt den blühenden Zweig: »So sind jetzt Ihre Kinder – begeistert von Jesus. Sie blühen, und jedes Kind möchte immer blühen. Unterstützen Sie Ihr Kind dabei!«
Pr zeigt den verdorrten Zweig: »Wenn Sie Ihr Kind morgen von Jesus und der Gemeinde abschneiden, dann fallen die Blüten ab. Nur wer mit Christus verbunden bleibt, kann Leben in Fülle haben – in den Augen Gottes.«
(Der blühende Zweig wird jetzt gut sichtbar aufgestellt, der verdorrte daneben gelegt.)
(Nach Peter Schmedding, 5010 Bergheim-Glessen, in »KiBö« Nr. 78, S. 5.)

Andere Ideen

1. Einheit mit Christus
(eine Lilie)

Die Gemeinschaft ist wichtig: Wenn ich an dieser Lilie die einzelnen Blütenblätter abzupfen würde, dann hätte ich keine Blume mehr. Jeder von euch ist jetzt schön, so wie ein Blütenblatt, aber erst alle zusammen bilden den vollkommenen Blütenkelch. Das sollen wir jeden Sonntag erleben; jede Lücke in Jesu Tischgemeinschaft ist häßlich.
Wer genau hinschaut, sieht: Jedes Blütenblatt ist anders – wie wir. Eines stützt das andere und schützt vor dem Auseinanderfallen ... Alle stehen auf demselben »Boden«, um dieselbe Mitte herum, den Blütenstempel: Um Jesus sind wir alle versammelt.
Die Lilie braucht Nahrung über Wurzeln und Stengel. Nur so kann sie blühen. Das Brot zum Leben, Wohnung und Licht geben uns die Eltern. Das Brot für das andere Leben in uns wird uns von und in Jesus geschenkt. Wir sollen es genauso regelmäßig essen.
Ohne das gedüngte, aufgelockerte Erdreich würde die Lilie nicht in solcher Schönheit blühen. Mancher Boden ist ausgelaugt, mancher wie Zement ...
Liebe Eltern! Sie sind die Gärtner Ihrer Kinder. Ich wünsche Ihnen gutes Erdreich für den Glauben Ihrer Kinder, damit ihr Leben zur großen Blüte kommt!
Evangelium: Joh 17,20 – 22 (Alle sollen in uns eins sein, damit die Welt glaubt).
(Leicht geändert nach Max Huber, Erstkommunion feiern, Herder Freiburg 1980; dort ausführlicher S. 54 – 56.)

2. **Brot, das uns eint**
(ein Papierteppich im Mittelgang der Kirche, auf dem der Werdegang des Brotes gemalt und mit Fotografien aus Bäckerläden etc. dargestellt ist)

Wir sehen: Um ein großes Brot Menschen, die sich die Hände reichen. Aufschriften, die zeigen, was das Brot so wichtig macht. Brot gibt Kraft und Leben, ist schmackhaft, macht satt, schenkt Freude und Zufriedenheit, ist ganz für andere da; es entsteht aus dem Tod vieler Körner, »Frucht der Erde und der menschlichen Arbeit«, Brot verbindet uns miteinander.
Es können auch Körbe mit Brot gemalt werden = einzelne Kommunionkindergruppen; auf jedem Brot der Name eines Kommunionkindes: auch sie wollen Speise werden für die anderen, wie Jesus selbst zum Brot wurde. Auf einem Tisch liegen Brote bereit, die am Ende gebrochen und weitergereicht werden.
Brot will versöhnen: Siehe die Geschichte von H. A. Mertens, Brot in deiner Hand, Pfeiffer-Verlag, München ^{3}1975, S. 5–8: Ein Bäcker ißt gemeinsam mit denen, die ein Leid bedrückt oder die im Streit leben, ein Stück Brot. So erfahren sie: Brot ist mehr als ein Nahrungsmittel; es verbindet, beruhigt, versöhnt, schenkt Freundschaft.
Evangelium: Lk 22,14–20 (Das Mahl).
(Dazu ein ausformulierter Gottesdienst in »KiJu« 4/79 von Heriburg Laarmann: »Erstkommunionfeier am Gründonnerstag«.)

Pfingsten

43. Gelöste Fesseln (mehr für Jugendliche und Erwachsene)

(ein Stück Kordel für jeden, das an den Enden Feuerspuren zeigt = gelöste Fesseln; Osterkerze)

Drei junge Leute sind an den Handgelenken gefesselt. Die Fesseln sind so weit auseinander, daß beim späteren Durchbrennen in der Flamme der Osterkerze keine Verletzungsgefahr besteht.
Lesung (1. Teil): Dan 3,1–90 (Die drei jungen Männer gefesselt im Feuerofen) verkürzt erzählen.
Weil die drei jungen Leute den Kniefall vor dem goldenen Götzen verweigern, werden sie gefesselt und in den Feuerofen geworfen. So sind auch wir – versinnbildlicht in diesen drei jungen gefesselten Männern hier – heute oft wie gefesselt:

1. junger Mann: Ich fühle mich ohnmächtig und wie gefesselt – vor der Zukunft. Verliere ich meine Arbeitsstelle? Gehen die Energievorräte nicht erschreckend schnell zu Ende? Ersticken wir bald im (radioaktiven) Müll?

2. junger Mann: Ich fühle mich gefesselt und ausgeliefert – dem Diktat der Masse, der Mode, der öffentlichen Meinung. Es gibt die Weltmacht, die »man« heißt: »Man« hat Krach mit seinen Eltern. »Man« hat ein weites Gewissen. »Man« trägt verwaschene Jeans (hier Aktuelles einfügen!).

3. junger Mann: Ich fühle mich gefangen und gefesselt – durch Krankheit, Resignation, Depression: Die Ärzte geben mir noch sechs Monate. – Ich bin ein Versager. – Mich drückt eine Schuld, die ich nie wieder gutmachen kann.

Aber es passierte damals noch etwas mit den drei jungen Leuten:
Lesung (2. Teil): Dan 3,91–97 (Die Flammen verzehren nur die Fesseln) verkürzt erzählen.
Unser Gott ist auch heute mächtig genug, Fesseln zu verbrennen. Wir feiern am Pfingstfest, daß Gottes Geist sich wie in Zungen von Feuer auf die verängstigten Jünger niederließ (Apg 2,3). Wir erinnern uns an die Worte Jesu:
Evangelium: Joh 15,26–27; 16,1.2 (Der Geist wird Zeugnis für mich ablegen).
Dieses Feuer Gottes ist sichtbar unter uns in der Flamme der Osterkerze. Es ist das gleiche Feuer, das den brennenden Dornbusch und die drei jungen Leute nicht verzehrte, aber von den Fesseln löste.
(Jetzt halten die Gefesselten nacheinander ihre Handfesseln über die Flamme der Osterkerze, bis die Stricke gelöst sind. Zum Löschen der glimmenden Kordelreste steht am besten ein Eimerchen mit Wasser neben dem Leuchter der Osterkerze.)
Kommentar zu dieser Zeichenhandlung: Wer sich auf den Geist Gottes einläßt und ihm vertraut, kann alle Fesseln abstreifen: Die Fessel der Bedrohung durch Krankheit, die Fessel der Angst vor der Zukunft, die Fessel des Diktates der Masse, die Fessel der Zwänge und der Lasten ... Im Feuerofen der Zeit ist Gottes Geist *der* Garant, in den Ängsten nicht zu verbrennen. Und das Feuer der Leidenschaft für die Sache Gottes ist der einzige Ausweg aus unseren Verstrickungen. Das hat die drei jungen Männer damals im Feuerofen gerettet; das läßt auch uns heute überleben.

(Zuerst in einem ausformulierten Gottesdienst veröffentlicht in »PuK« 4/87, S. 477–481.)

44. Und er hauchte sie an

(eine Flötengruppe mit verschiedenartigen Flöten, die ein kleines, mehrstimmiges Osterlied eingeübt hat)

Evangelium: Joh 20,19–23 (Nach diesen Worten hauchte er sie an).
Mit dieser kleinen Instrumentalgruppe hier möchte ich versuchen, ein paar Türen zum Geheimnis des Pfingstfestes aufzuschließen.

1. (Pr nimmt die Flöte eines Mädchens und hält sie hoch.) Seht ihr alle dieses Instrument in meiner Hand? Wir sind solche Instrumente in der Hand Gottes. Solch eine Flöte kann noch so schön aussehen, was nützt es, wenn sie nur herumliegt und nicht zum Klingen gebracht wird? Als sich die Jünger Jesu bis Pfingsten praktisch eingeschlossen hatten, da konnte kein Ton, keine Wirkung von ihnen ausgehen. Und Pfingsten geschieht es – wir haben es eben gehört: Jesus trat in ihre Mitte und hauchte sie an: »Empfanget den Heiligen Geist!« Dieser Geist wird am besten übersetzt mit »heiliger Atem«, »Lebenshauch« (= pneuma, spiritus).

Ich will diese Flöte einmal anhauchen (einen Ton erklingen lassen): Der Atem Gottes hat die Jünger »zum Klingen« gebracht. Bei dir und mir ist das bereits in besonderer Weise bei der Taufe geschehen. Früher wurde das Kind angehaucht, um Platz für den Geist Gottes zu schaffen; heute zeigt mehr die Salbung mit Chrisam an: Du, Kind, wirst gestärkt, um Seite an Seite mit Christus zu kämpfen und von ihm zu sprechen. Später kommt am Tag der Firmung der Bischof in die Kirche, um diese Salbung von damals hervorzuheben und deutlich zu machen: Du bist jetzt alt genug, Farbe zu bekennen! Sprich von deinem Glauben und bezeuge ihn – in der Klasse oder am Arbeitsplatz! Sei wirklich ein bekennender Jünger Jesu. Die Jünger damals haben Wirkung gezeigt. Sie alle. Petrus stieg sogar auf das Dach des Hauses und sprach so gewaltig – wenn ich im Bilde der Flöte bleiben will, muß ich sagen: er spielte eine so schöne Melodie –, daß Tausende von Menschen angelockt wurden, die ihn alle verstanden. (Ein Musikstück ist ja auch viel »internationaler« als Worte einer Sprache!)
Ihr wißt, wie es weiterging: Dreitausend ließen sich taufen. Die wunderbare Melodie vom auferstandenen Christus klang in die ganze Welt hinein. Auch wir haben sie von Kindesbeinen an gehört.

2. Seit der Taufe und besonders seit der Firmung sollen wir diese Melodie von unserer Rettung erklingen lassen. Aber: Diese Flöte hier kann auch stumm bleiben (der Prediger bläst wieder in die Flöte, hält aber das Loch am Mundstück zu)! Ein Ton erklingt erst, wenn die Luft durch andere Löcher wieder herausfließen kann. So wie die Jünger die Türen öffneten, so müssen wir uns für den Atem Gottes öffnen. Jeden Tag neu! Wie viele der Getauften sind dazu bereit?
2. Es gibt die verschiedensten Flöten (die Instrumentalgruppe hebt einige hoch: C-, Alt-, Querflöte ...): Neue, alte, einfache, reichverzierte, lange, kurze – genauso unterschiedlich wie wir Menschen! Und wie viele andere Blasinstrumente gibt es (Trompete, Posaune, Fagott ...)! Jeder soll seine Möglichkeiten beisteuern zum Ganzen.
   So waren auch an Pfingsten die unterschiedlichsten Menschen auf das Brausen des Heiligen Geistes hin zusammengelaufen, wie auch heute in jeder Kirche sich die verschiedensten Menschen zusammenfinden.
4. Wenn nun unter so vielen Instrumenten eine Harmonie entstehen soll, müssen sie zunächst aufeinander abgestimmt werden. (Die Instrumentalgruppe stimmt die Instrumente.) Was könnte das im übertragenen Sinn heißen? (Das Glaubensbekenntnis, die Gemeinschaft in der Sonntagsmesse erleben etc.)
5. Auch der genaue Einsatz ist wichtig. (Eventuell stellen sich zwei Spieler Rücken an Rücken und beginnen ohne genauen Einsatz: Das Zusammenspiel gelingt nicht.) Da geht es nicht ohne Absprachen untereinander – z.B. daß einer zählt, also eine gewisse Vorrangstellung hat.
6. So, jetzt freue ich mich auf ein kleines Instrumentalstück der Gruppe. Jeder trägt zum Gelingen bei, und euer harmonisches Spiel könnte die ganze Welt erfreuen, wenn es überall übertragen würde. Wir Zuhörer aber in der Kirche nehmen uns vor, wie diese Instrumente hier den Atem Gottes, den Heiligen Geist, in uns einzulassen.

(Frei nach einer Idee in »Image« 4/84 und bei Lothar Zenetti; zuerst veröffentlicht in »PuK« 3/85, S. 346–348.)

45. Jesus – der Magnet Gottes

(ein Magnet – eine Handvoll Nägel – ein paar Nähnadeln)

Pr fährt mit dem Magneten über eine Handvoll kleiner Nägel: Seht ihr, er hat sie alle angezogen!
So gibt es auch Menschen, die eine große Anziehungskraft haben: Stars, Politiker, Schauspieler, Papst ...
Jesus hatte auch eine große Anziehungskraft: »Er war wie ein Magnet in der Hand Gottes, und mit diesem Magneten fuhr Gottes Hand über unsere Erde« (Alfred Salomon). Hören wir, wie er Menschen anzog:
Evangelium: Joh 1,35–50 (Die ersten Jünger schließen sich Jesus an) oder andere Berufungsberichte.
Schließlich stirbt Jesus – ist da die Kraft des Magneten erloschen?
Als Antwort hören wir:
Lesung: Apg 2 (Pfingstereignis).
Jetzt streicht Pr mit dem großen Magneten mehrmals in derselben Richtung über einen Nagel und hängt dann mehrere Nähnadeln daran: auch sie bleiben hängen. Der Nagel selbst ist magnetisch geworden! Die Kraft ist weitergegeben: Jesu Geist war auf die Jünger übergegangen; Pfingsten wurden 3000 Menschen angezogen!
Auch wir sollen nicht widerspenstig sein – wir haben ja den freien Willen – und uns in den Bannkreis Jesu begeben, d.h. selbst von ihm begeistert sein, dann magnetisieren wir auch andere. Solange wir mit dem Magnet verbunden sind, bleiben wir anziehend!

(Siehe dazu einen ausformulierten Gottesdienst von Lore Kufner in »KiJu«, 3/85. Vgl. auch »133«, Nr. 133.
Siehe auch zwei schöne Spiele mit dem Magneten bei Wilhelm Willms, Der Weinberg steht in Blüte, Butzon & Bercker, Kevelaer 1983, S. 41–43.)

46. Sich halten lassen

(ein Magnet; wenn er stark genug ist, nimmt man besser Schlüssel statt Nadeln)

Evangelium: Joh 14,15–17 (Die Welt kennt den Geist der Wahrheit nicht) oder Mt 11,28 (Kommt alle zu mir).
Meine Mutter war Schneiderin, und da kam es bei mir zu Hause oft vor, daß Tische, Stühle und auch Teppich (damals gab es vorwiegend harte Bodenbeläge) über und über mit Stoffresten bedeckt waren. Einmal fiel mir beim Spielen eine volle Dose Stecknadeln auf den Boden, die sich durchs ganze Zimmer verteilten. Mißmutig wollte ich mich an die langweilige Arbeit des Einsammels machen, als meine Mutter kurz von ihrer Arbeit aufschaute und sagte: »Nimm doch den Zauberstab!« Ich verstand nicht. Da zeigte sie mir den Magneten, wie ein Hufeisen gebogen. Ich fuhr damit dicht über die Stecknadeln auf dem Boden und – in Sekundenschnelle hatte ich alle Nadeln wieder »eingefangen«.

Eigentlich ein Bild für das, was Gott mit uns gemacht hat. Der Magnet in seiner Hand war Jesus. Mit seiner Kraft richtete er die Gebeugten wieder auf, gab den Abgeschriebenen neuen Mut und hob selbst die Verstorbenen aus dem Staub. An Pfingsten wurde diese Kraft, »die heilige Anziehungskraft«, besonders spürbar. Wer sich auf dieses Kraftfeld einläßt (ich kann in meiner Freiheit natürlich ausreichend Distanz halten), wird auch heute angezogen, aufgerichtet und festgehalten. (Religion heißt übrigens: Sich an einen binden, Halt bekommen.)

(Vgl. dazu »Stationen unseres Lebens« aus: »Und wir in seinen Händen«, Kreuz Verlag, Stuttgart – Berlin 1973. Zuerst veröffentlicht in »KiBö« Nr. 65, S. 3.)

47. Feuer und Flamme sein

(ein Tee- oder Opferlicht für jeden)

Lesung: Apg 2,1 – 4 (Es erschienen Zungen wie von Feuer).
Evangelium: Lk 12,49 – 53 (Ich will Feuer auf die Erde werfen).
(Die Kirche ist abgedunkelt; bitte aus der Fülle der Gedanken auswählen.)
Wir schauen in unser Licht, das von der Osterkerze her entzündet wurde:

1. *Die Hauptfeste* des Kirchenjahres sind untereinander verbunden: Weihnachten kam das Licht in alle Finsternis der Welt; Ostern wird das Licht Christi zum Alpha und Omega unseres Glaubens; Pfingsten denken wir an das Feuer Gottes, das alle Türen der Angst gesprengt hat.
   Immer will dieses Licht in unserer Hand uns sagen: Wir können die Angst aus unseren Herzen verbannen; die Welt ist in Jesus Christus entscheidend heller geworden.
2. *Gott* gilt immer schon *als das Urfeuer,* von dem alles Feuer ausgeht, das unsere Erde erwärmt. Wenn wir meinen, diesen Urfunken in uns auslöschen zu müssen, wird er gefährlich: Viele heutige Krankheiten rühren daher, daß wir in uns die Einheit mit diesem Licht nicht mehr suchen.
3. Aus der Flamme des *brennenden Dornbuschs* heraus verrät uns Gott seinen Namen: Ich bin der, der für euch da ist (Ex 3,14) – überall für euch da ist. Welcher Trost! Wer mit diesen Augen des Glaubens unsere Welt betrachtet, sieht alles in einem anderen Licht. Mit diesem Glauben läßt es sich leichter leben.
4. Das Feuer der *Osterkerze* wie das des *ewigen Lichtes* ist kein verzehrendes Feuer, das ein Haus in Asche legt. Es brennt ruhig und still: Das Angebot Gottes, unser Inneres hell zu machen und uns Orientierung im Leben zu geben. Dieses Feuer kann alles Gemeine und Häßliche läutern.
5. Die Glut des *Feuers reinigt* Edelmetalle von allen Schlacken. Manches »Fegefeuer« in unserem Leben beseitigt Schlacken unserer Selbstsicherheit und Falschheit.
6. Gottes Geist will uns mit *Feuer taufen* (Mt 3,11; Lk 3,16). Weil wir seine Feuerzungen oft aufs Eis der Gleichgültigkeit legen, sind wir als Christen so langweilig, so ohne Feuer, so wenig *begeistert.* Wo wir uns mehr öffnen, »kommt Gott göttlich und nicht so mittelmäßig!«

7. *Christ und Welt* müßten zueinander stehen wie Feuer und Wasser. Aber haßt die Welt uns? Sie haßt uns nicht mehr, weil wir uns ihr so angeglichen haben. Und das ging nur, indem wir seine glühende Botschaft verwässerten. Jesus will aber wie eine brennende Fackel sein, ins oft »leere Stroh dieser Welt« geworfen (vgl. Evangelium). Und es liegt an uns, ob dieses Feuer weiterbrennt.

Herr, laß uns wie Feuer und Flamme sein!

(Die Wortwahl teilweise nach Wilhelm Willms.)

48. Vom Zünden und Entzünden

(ein großes Zündholz für jeden)

Über das Zündholz in unseren Händen wollen wir nachdenken:

1. Voraussetzungen zum Zünden: Ich benötige eine Reibfläche (= Jesus, an dem wir uns reiben sollen), allerdings muß auch der Kopf des Zündholzes »bereit sein«: Wenn er mit Honig beschmiert ist oder ohne Schwefel, kann ich ihn nicht gebrauchen. Die richtige Bereitschaft:

Evangelium: Mt 20,25–28 (Nicht herrschen, sondern dienen) Joh 14,27; 15,9–17 (Liebet einander)

2. Sich entzünden lassen = sich auf Jesus einlassen. Dazu sagt uns das heutige Fest Entscheidendes: Die Türen öffnen, uns anstecken lassen, uns vom Feuer des Hl. Geistes durchglühen lassen, uns von den Schlacken der Gleichgültigkeit und des Bösen reinigen lassen; Feuer und Flamme sein für Christus ...

Evangelium: Vom Tage.

3. Den Anfang machen: Nicht warten, bis andere sich endlich bequemen ... Es ist besser, ein Licht anzuzünden, als über die Finsternis der Welt zu schimpfen.

4. Ganz nahe herangehen: Wir könnten jetzt die Probe aufs Exempel machen: Wenn wir mit unserem brennenden Streichholz das des Nachbarn entzünden wollen, müssen wir ganz nahe herangehen und in Geduld warten, bis der Funke überspringt ... Wir sind von Gott berufen, das Lauffeuer seiner Botschaft weiterzutragen.

Evangelium: Mt 5,14–16 (Ihr seid das Licht der Welt).

5. Die Welt heller machen: Beim Eishockeymatch oder bei Schlagerfestivals kannst du es erleben, wie Wunderkerzen oder Feuerzeuge das dunkle Stadion ins Licht tauchen. Schon gegen *ein* Streichholzlicht kann alle Finsternis der Welt nichts ausrichten; wir alle zusammen hier können die Welt erst recht heller machen.

(Dazu eine ausformulierte Bußfeier für Jugendliche und Erwachsene in »2 × 11 Bußfeiern«, S. 58–63.)

49. Sich von der Mitte halten lassen

(eine Baumscheibe – eventuell für jeden)

Wir betrachten unsere Baumscheibe:

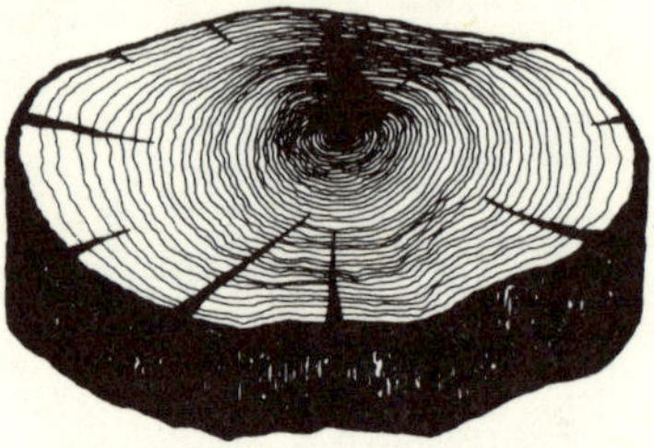

1. *Jahresringe erzählen:* Sie verraten uns durch ihre Stärke, ob ein Sommer sehr feucht war oder ob die Sonne besonders oft schien. Sie lassen Krankheiten erkennen sowie die Konkurrenz von Nachbarbäumen ... Wie bei uns Menschen! Auch wir kennen »trockene« Jahre, stehen im Schatten anderer oder haben Jahre des Überflusses vielleicht nicht richtig verarbeitet ...

2. *Die innersten Ringe* des Baumes sind abgehärtet und geben ihm das Rückgrat. – Auch bei uns sind die ersten Lebensjahre entscheidend für unsere spätere Tragfähigkeit ...

3. *Offen sein für Neues:* Unter der Rinde liegt eine hauchdünne Schicht, das sogenannte Kambium, ein zeitlebens teilungsfähig bleibendes Pflanzengewebe. Diese lebenden Zellen bilden den jeweils neuen Jahresring. – Wir müssen offenbleiben für die Probleme der Zeit; auch unseren Glauben weiterbilden, um auf Herausforderungen richtige Antworten geben zu können.

4. *Kerben und Verwundungen* mußten die Ringe verkraften. – Wie stecken wir Schicksalsschläge weg?

5. *Alle Ringe kreisen um die Mitte.* Um welche Mitte lege ich meine Jahresringe? Steht mein Ich im Mittelpunkt, oder sind es die anderen oder ist es Gott? Wir versuchen in dürren *und* fruchtbaren Jahren unsere Jahresringe um Christus zu legen. Johannes XXIII.: »Mein Leben muß ganz Liebe zu Christus sein und zugleich ganz ausstrahlende Liebe für die einzelnen Menschen und für die ganze Welt!«

Evangelium: Joh 15,1 – 5 (Weinstock – Reben)
(Im Ferienlager können Kinder mit Fingerfarbe oder Öl ein Motiv auf eine Seite der Baumscheibe malen.)

(Dazu eine ausformulierte Bußfeier für Jugendliche und Erwachsene in »2 × 11 Bußfeiern«, S. 35–39.)

50. Die Kraft des Heiligen Geistes
(das Rad eines Fahrrads)

Dieses Rad ist zusammengesetzt aus vielen Speichen, die von der Nabe gehalten werden. Außen werden sie durch die Felge verbunden.
Die Speichen sind wir. Je stärker wir sind, um so mehr hält das Rad aus. Aber nur, wenn wir von der Mitte gehalten sind (= Gott, Christus, Kirche) und von einer Gemeinschaft mit all ihren sozialen Verflechtungen.
Ihr wißt, daß ich dieses Rad nur richtig benutzen kann, wenn der Schlauch mit Luft gefüllt wird (einer pumpt ihn jetzt auf): Diese Kraft, die in den Reifen gepumpt wird, ist unsichtbar, aber wirksam. Auch der Heilige Geist ist wie die Luft, der Wind, der Atem unsichtbar, aber was bewirken sie alles (= Wind treibt Segelschiffe voran, die Luft trägt Segel- und Drachenflieger, der Atem gibt Leben)!
Am Tag der Firmung wird die Taufe nachdrücklich unterstrichen: Du bist jetzt fähiger, draußen als Christ (mit anderen) den guten Geist zu bezeugen, den Glauben be*geist*ert weiterzugeben und Belastungen zu ertragen.
(Frei nach Franz Pitzel, Die Firmung, Verlag Friedrich Pustet, Regensburg 1984, S. 85; zur Fahrradspeiche eine ausformulierte Bußfeier für Kinder mit ähnlichen und weiterführenden Gedanken in »2 × 11 Bußfeiern«, S. 149 – 152, »Gemeinsam sind wir stark«.)

Andere Ideen

1. **Den langen Atem haben** (an einem Sonntag vor Pfingsten; mehr für Jugendliche und Erwachsene)
(Holzscheit von einer frisch geschlagenen Buche)

Wenn in einem kalten Winter der Vorrat an trockenem Holz vorzeitig zu Ende gegangen ist, und ich nun dieses frische ins Feuer werfe, wißt ihr (auch vom Lagerfeuer her, wenn wir frische Äste und Blätter hineinwerfen), was zuerst geschieht? Dicker, gelblich-weißer Rauch steigt hoch und reizt die Augen. Dann wird das Holzscheit schwarz und trocken, bevor die ersten Flämmchen aufzucken und es schließlich brennt und wärmt.
Das erfahren wir eigentlich mit allem, was wir neu beginnen: Eine neue Technik beim Kugelstoßen oder Hochsprung läßt mich fast verzweifeln, die Grammatik einer neuen Sprache verwirrt mich, das neue Mitglied in einer Gruppe ... treibt manchem »Rauch in die Augen«. Aber das, was uns zuerst schlimm und unsympathisch erschien, wird zusehends einfacher und leichter, ja schließlich schön und freundlich.
So ergeht es uns auch, wenn wir uns wirklich und ehrlich auf Gott einlassen: Wir erkennen, wieviel Gemeinheit und Egoismus in uns stecken kann, wieviel sich in uns ändern muß. Aber schließlich spüren wir, es entsteht wirklicheres und wacheres Leben in uns, bis wir mit unserem Feuer sogar andere anstecken können.
(Nach Eugen Rucker, Symbolgeschichten, S. 42f.)
Die Apostel hatten vor und nach Pfingsten auch negative Anfangserlebnisse. Auch Paulus trieb als Saulus der Gemeinschaft der Urchristen ganz schön beizenden Rauch in die Augen – bis er lichterloh brannte und ganze Völker der Gemeinde zuführte.
Lesung: Apg 9,1 – 9 (Offenbarung des himmlischen Christus vor Saulus) oder sonst eine Schriftstelle vom Wirken der Apostel.

»Dein Reich komme« beten wir in jedem Vaterunser. Und wie wenig ist oft von diesem Reich sichtbar! Denken wir an dieses Holzscheit: Wenn es lange genug ins Feuer des Hl. Geistes gehalten wird, brennt es irgendwann und kann schließlich andere »anstecken«.

2. Die eine Hoffnung

(aus einem großen Holzkreuz sind unterschiedlich kleine Kreuze ausgeschnitten, auf denen die Namen verschiedener Konfessionen stehen; sie sind an einige Kinder ausgeteilt worden.)

Evangelium: Lk 23,44 – 48 (Jesus stirbt am Kreuz); Joh 17,20 – 21 (Alle sollen eins sein).
Dieses große Kreuz hier ist das unübersehbare Zeichen der Liebe Gottes für unsere Welt. Dieses Kreuz ist unsere große Hoffnung. Aber es wurde im Laufe der Geschichte aufgebrochen in viele Kreuze, in viele Hoffnungen. –
Jetzt treten die Kinder ans Mikrofon und sagen, was auf ihren kleinen Kreuzen steht: Die evangelische Hoffnung, die anglikanische, katholische, freikirchliche, orthodoxe ... Über 300mal christliche Hoffnung! Wo ist die *eine* Hoffnung Jesu geblieben? Wir brauchen kein neues Kreuz, kein neues Zeichen, sondern sollen das alte erneuern. –
Die Kinder setzen jetzt ihre kleinen Kreuze in das große ein. –
Pr.: Wir wollen versuchen, diese *eine* Hoffnung unserer Welt vorzuleben.
(Stark verkürzt nach Matthias Schnegg, Lichtblicke, Herder, Freiburg 1981, S. 127 – 130.)

3. Unterwegs zum Hafen Gottes

(ein Bastler-Segelschiff oder ein Surfbrett mit Segel)

Das Schiff war schon immer ein Symbol für die Kirche, die unterwegs ist. Der Symbolgedanke geht bis ins Lebensschiff des einzelnen Christen, in dem das Kreuz (durch Mast und Segelstange gebildet) den Wind des Hl. Geistes auffängt, der uns vorantreiben kann, und der Kiel des Gottvertrauens uns bei Böen hilft, nicht gleich umzukippen.
(Vgl. »133«, Nr. 50 und »144«, Nr. 79.)
Rund um dieses Ursymbol »Schiff« können viele Symbole angebracht werden, die je einen Teilaspekt beleuchten und Stoff für einen langen Zyklus bieten:
Kapitän = Jesus; gute Manschaft = Gemeinschaft der Christen; Proviant = Brot und Wein (Eucharistie).
Schutz vor Eisbergen und Riffen: Bojen und Leuchttürme = Gebote und heiligmäßige Menschen; viele Flaggen = viele Völker sind unterwegs; Kompaß/Radaranlage = Gewissen; Seekarte = Bibel; Anker = Hoffnung auf Gottes Hilfe; SOS-Ring = Sakramente, Freude. (Kettenglieder des Ankers sind aus G's zusammengestellt: Gottes Wort, Gebet, Gehorchen, Gemeinschaft.)
Evangelium: Mk 4,35 – 41 (Sturm auf dem Meer: ich bin bei euch!), oder Mt 14,22 – 33 (Wandel auf dem See).
Lied: Ein Schiff, das sich Gemeinde nennt ...
(Einen ausformulierten Gottesdienst für eine Erstkommunionfeier mit einem Buchstaben-Sprechspiel »Herr, bleibe bei uns« finden Sie in »KiJu«, 1/1986.)

4. Auftauen durch Berühren (eher für einen kleinen Kreis)

(Eiswürfel, in die jeweils ein Schlüsselwort wie »Liebe«, »Freude«, »Geduld« usw. wasserdicht in einer Folie eingefroren wurde)

Evangelium: Mt 17,7 – 8 (Jesus rührte sie an. Das Wort »anfassen« durch »berühren« ersetzen.), oder: Joh 20,21 – 22 (Jesus hauchte sie an).
Jedem Teilnehmer wird ein Eiswürfel in die Hand gelegt mit der Bitte, ihn durch Berühren (1. Schriftstelle) oder Anhauchen (2. Schriftstelle) zu tauen und dabei Stille zu halten. Sie entdecken nach dem Auftauen die Worte und denken darüber nach. Wir sprechen über die Eindrücke.

In jedem Christen steckt die Fähigkeit, durch Anrühren Angst, Kälte und Gleichgültigkeit zu vertreiben. Das Feuer des Hl. Geistes und die Wärme des Geistes Jesu helfen dem, der sich darauf besinnt. (Nach Franz Kohlschein, Mainz 1982, in »KiBö« Nr. 78, S. 15.)

5. Ein Licht ist aufgegangen
(eine große, gelbe Scheibe = Sonne und ca. 10 breite, gelbe Bänder, die an der Rückseite der Sonne befestigt sind. Auf der Sonne kann das Thema stehen.)

Lesung: Apg 2 (Pfingstereignis): Den Jüngern ging ein Licht auf, denn sie verstanden jetzt, was Jesus für sie bedeutet. Sie sind so begeistert, daß sie allen davon erzählen wollen. Wenn der Geist kommt, wenn uns das Licht aufgeht, geben wir diese gute Nachricht von Jesus auch weiter.
(Jetzt werden entsprechend der Anzahl der gelben Bänder Beispiele des Guten vorgelesen, dabei jeweils ein gelbes, breites Band entrollt, so daß auch optisch sichtbar wird, wie dann die Welt heller und schöner wird.)
(Dazu ein ausformulierter Gottesdienst von Horst Teufel in »KiJu«, 5/1984, »Mir ist ein Licht aufgegangen«.)

6. Treibe mich an, Heiliger Geist!
(elektrische Küchenuhr mit Batterie)

So eine Uhr benötigt eine Batterie als Antrieb, um richtig die Zeit anzuzeigen. So brauchen wir auch »Antriebe« psychischer oder geistiger Art, um sogenannte »tote Punkte« zu überwinden. Das geht oft nicht aus eigener Kraft: Uns ist »eine Kraft von oben« angeboten, die Initialzündung ist und eine gute Sache zu Ende führen kann.
Lesung: Lebenslauf eines Heiligen, z.B. P. Damian Deveuster, der die Aussätzigen auf der Insel Molokai begleitete.
Evangelium: Joh 20,19–22 (Da hauchte er sie an) oder von Pfingsten.
Lieder: GL 245 Komm, Schöpfer Geist ... oder GL 248,3 Du stille Macht, du verborgne Kraft ...
(Dazu ein ausformulierter Gottesdienst von Franz Melcher in »KiJu«, 5/1986.)

7. Die Antriebskraft des Geistes
(ein gefüllter Benzinkanister)

Ohne Benzin läuft (später) dein Moped nicht, und auch dein Auto bliebe am Straßenrand stehen. Durch den »Sprit« kommt es zur Bewegung, wenn alles andere gut eingestellt ist.
So ist auch der Heilige Geist eine Kraft, die uns antreiben und in Bewegung halten kann – wenn ich von diesem Angebot Gebrauch mache. – Interessant auch der Name: Sprit kommt vom lateinischen Wort »Spiritus« und heißt übersetzt: »Geist Gottes«.
Aus dem Gebet des hl. Augustinus: Treibe mich, du Heiliger Geist, daß ich Heiliges tue.
Lied: GL 249,3 Der Geist des Herrn treibt Gottes Sohn ...
Evangelium: Vom Fest.
(Vgl. Franz Pitzal, Die Firmung, Verlag Pustet, Regensburg 1984, S. 87.)

8. Die Strahlen der Sonne
(eine große Sonne aus Pappe mit dicken, gelben Wollfäden als Strahlen)

Evangelium: Mt 28,16–20 (Der Auftrag des Auferstandenen); Lk 10,1–9 (Die Aussendung der 72 Jünger).
Die Strahlen der Sonne sind ihre Boten, die Licht und Wärme zur Erde bringen. Sie ermöglichen, daß alles wächst und blüht.

Die »Sonne der Gerechtigkeit« (GL 644) ist für uns Jesus. Er sendet zu allen Zeiten seine Boten aus. Seine Jünger sollen sein Licht und sein Verzeihen, seine Wärme und Güte alle Menschen spüren lassen. Wer da von euch mitmachen will (seit der Taufe sind wir alle dazu berufen und seit Pfingsten/Firmung dazu ausgesandt), der nimmt sich gleich einen Wollfaden zur Erinnerung mit nach Hause. (Nach einer Idee bei Stefanie Spendel, Der Geist läßt uns leben, Gottesdienste für Familien, Lesejahr C, Verlag Friedrich Pustet, Regensburg 1985, S. 189f.)

9. Der Geist der Geduld

(zwei Schalen mit Geranien, davon eine nur mit Knospen, die andere mit Knospen und Blüten)

Geranien sind beliebte Blumen. Im Mai werden sie aus den Treibhäusern herausgeholt, weil ihnen dann kein Frost mehr etwas anhaben kann. Jeden Tag schaue ich auf die Fülle der zarten Knospen (auf die knospende Geranie deuten), um zu beobachten, wie die Sonne sie mit ihrem Licht und ihrer Wärme größer macht. Manchmal möchte ich nachhelfen und die geschlossenen Blüten schon öffnen, damit ich die Schönheit früher sehe. Aber ich muß Geduld haben.
Mit dieser Schale hat die Sonne schon das Wunder vollbracht und die Knospen zur Blüte geöffnet. Die leuchtenden Farben stimmen mich froh in der oft so farblosen Welt. Wenn wir nun die Lesung vom Pfingstfest hören, dann denkt dabei an die Knospen der Geranien, das Warten müssen, an die Sonne, an Licht und Wärme, an das Sich-Entfalten der Blüten, an die kraftvolle Wirkung der Farben.
Lesung vom Pfingstfest: Apg 2,1–15.22–24, verkürzt.
Erarbeiten: Sie warteten; sie wurden erfüllt mit der Kraft Gottes; voller Freude verkündeten sie die gute Nachricht weiter. –
Wir Jünger heute brauchen auch diese Sonne, diesen Heiligen Geist: Bereit sein und warten. In Geduld beten. Uns mit Seiner Liebe erfüllen lassen. In Worten und Taten die Liebe Gottes ausstrahlen.
(Verkürzt nach Arbeitskreis St. Elisabeth, Neuss-Reuschenberg, Pfingstsonntag 1980.)

10. Der Gottesbaum will wachsen

(ein Baum auf einer Plakatwand; vorgefertigte Blätter aus grünem Papier)

Lesung: Ez 17,22–24 (Der zarte Zweig wird zum prächtigen Baum)
Evangelium: Mt 13,31–32 (Gleichnis vom Senfkorn)
oder Joh 15,1–5 (Weinstock – Reben).
Gott ist wie ein Gärtner: Er hat Jesus, das Reis, in die Erde gesetzt (vgl. Lesung). Der wachsende Baum ist das Reich Gottes, das sich ausbreiten soll (vgl. Evangelium).
Pfingsten kamen allein dreitausend Blätter dazu; heute hat der Gottesbaum etwa 1,5 Milliarden christliche Blätter. Wer zu diesem Reich der Liebe und des Friedens gehören will, darf jetzt sein Blatt an den Baum kleben. (Die Blätter können auch noch näher bezeichnet werden: Teilen, Vertrauen, Gerechtigkeit, Güte ...)
Bei einer Erstkommunionfeier könnte in die Mitte des Baumes eine große, weiße Scheibe mit dem Christus-Zeichen geheftet werden.
(Dazu ein ausformulierter Gottesdienst von Lore Kufner in »KiJu« 10/1986.)

11. Mit dem Licht schauen

(ein starker Scheinwerfer – vom Fotografen oder Theater ausleihen)

Evangelium: Joh 14,1–27 (Jesus, der Weg zum Vater, verspricht den Heiligen Geist; evtl. kürzen).
Mit einem starken Scheinwerfer werden die Zuhörer angestrahlt: Schaut man *in* das Licht, wird man geblendet und sieht nichts. Dreht man der Lichtquelle den Rücken zu, d.h. schaut man *mit* dem Licht, werden in diesem Licht Menschen und Gegenstände heller und erfahrbarer. – Das heißt: Wer

auf das Geheimnis Dreifaltigkeit schaut, wird kaum klüger. Wer *mit* dem Licht schaut, kann erkennen: Gott ist in Glück und Leid, in Technik und Kunst, in der ganzen Schöpfung.
Jesus ist ganz bei Gott und ganz bei den Menschen. Gottes Geist wirkt in den Menschen und in der Geschichte; er ist die treibende Kraft im Leben.
(Verkürzt nach Rainer Dunke in »Puk« 4/85, S. 392–395.)

12. An was uns der Klee erinnern kann (Dreifaltigkeit)
(eine Kleepflanze, Kleesamen in Tütchen für alle)

Evangelium: Joh 16,12–15 (Der Geist wird euch in die volle Wahrheit führen) (Lesejahr C)
Das Geheimnis des dreifaltigen Gottes können wir nicht verstehen: Drei leben in der *einen* Liebe; drei sind eins in der Sorge um uns; zu dem *einen* Gott im Vater, Sohn und Hl. Geist dürfen wir beten. Das Kleeblatt ist eines der ältesten christlichen Symbole für die Dreifaltigkeit (auf vielen Malereien und Kirchenfenstern): Wie die drei Blättchen des Klees, die sich voneinander unterscheiden, doch am Stiel untrennbar miteinander zur Einheit verbunden sind, so ist Gott einer und doch sind in ihm drei: Aus der unendlichen Liebe des Vaters sind wir geschaffen; Jesus wurde unser Menschenbruder, durch den wir jetzt schon alle bei Gott sind, auch wenn wir noch auf Erden leben; der Hl. Geist macht unsere Sinne fähig, diese Liebe, mit der wir in die Herzen von Vater und Sohn geschrieben sind, zu spüren.
Wenn wir das nächste Mal Klee sehen oder der gesäte Klee in den Blumentöpfen heranwächst, wollen wir uns an den dreifaltigen Gott erinnern.
(Nach einer Idee bei Stefanie Spendel, Der Geist läßt uns leben, Gottesdienste für Familien, Lesejahr C, Pustet, Regensburg 1985, S. 16 und 162f.)

13. Es brennt eine dicke Kerze

(= Gott ist einer) mit drei Dochten (Flammen) auf dem Altar (= dreifaltiger Gott).

SONNTAGE IM JAHRESKREIS

Gemeinschaft/Kirche

51. Miteinander verbunden

(kommunizierende Röhren aus dem Physikunterricht)

Diese Röhren »kommunizieren« miteinander! Es ist gleich, in welches Röhrchen ich Wasser gieße: Überall steigt es gleichmäßig hoch. (Wasser eingießen; vielleicht sogar – je nach Beispiel – verschiedenfarbenes; eventuell sind die Röhren nur aufgezeichnet: dann mit Buntstiften arbeiten.)

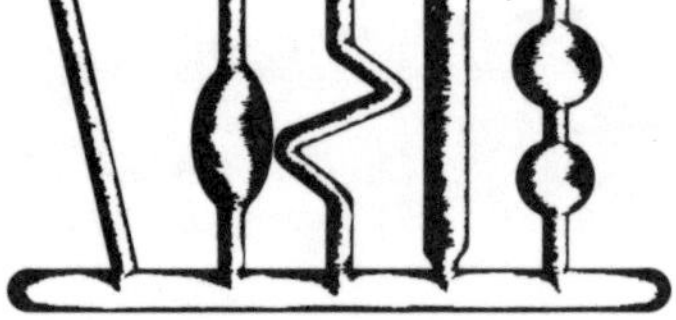

1. Die Familie ist wie eine kommunizierende Röhre: Die Mutter hat für das Wochenende alles Erdenkliche getan, um das Zuhause schön zu machen (= in eine Röhre rote Farbe gießen). Der Vater hatte Ärger im Beruf und kommt mißgelaunt nach Hause (= in eine andere Röhre blaue Farbe gießen etc.). Die Kinder bringen noch ihren Anteil an Laune, Lust oder Unlust mit: Alles zusammen ergibt die häusliche Atmosphäre an diesem Wochenende.
2. Die Klasse ist wie eine kommunizierende Röhre: Wenn einer der Klassenkameraden stiehlt, ist das nicht seine Privatangelegenheit, denn er zerstört das Vertrauen untereinander. Wenn ein Schüler dagegen durch Zwischenruf die ungerechte Behandlung eines Mitschülers verhindert, kann das mehr bewirken als drei Ermahnungen durch die Lehrerin.
3. Ein Dorf ist wie eine kommunizierende Röhre: Durch die Totenglocke aufmerksam gemacht, informieren sich die Bewohner in Sekundenschnelle, wer gestorben ist. Negativbeispiel: Einer schaut dem anderen in den »Kochtopf«. (Für die Stadt andere Beispiele, wie sehr Menschen untereinander verbunden sind.)
4. Die Welt ist wie eine kommunizierende Röhre: Wir wissen heute, daß Entwicklungshilfe Friedensdienst ist und daß wir von den Ländern der sogenannten dritten Welt eine Menge lernen können. Oder: Die internationale Verflechtung des Bankwesens etc., z.B. welch eine ungeheure Vielfalt an Folgen der Verfall des Dollars mit sich bringt.

5. Die Gemeinschaft der Christen ist wie eine kommunizierende Röhre: Über die Verbundenheit mit Christus kann ich für Christen in Südamerika beten und diese umgekehrt für mich ... Wenn wir uns zur Eucharistiefeir um den Altar versammeln, sind unsichtbar Gott, die Engel und Heiligen, ja die Verstorbenen zugegen als sog. »Gemeinschaft der Heiligen« (vgl. Credo).

Fazit: Wir sind alle miteinander verbunden. Wir sind füreinander in Gebet und Tat verantwortlich.

Lesung: Apg 2,43–47 (Das Leben der Urgemeinde); Röm 12,9–21 (Folgerungen aus der Verbundenheit mit Gott); Mt 5,38–45 (Vergeltet nicht das Böse; ähnlich Mt 18,21–22).

Evangelium: Mt 12,35–37 (Über jedes unnütze Wort müssen wir Rechenschaft ablegen); Mt 13,33 (Gleichnis vom Sauerteig).

(Vgl. Wilhelm Willms, Der Weinberg steht in Blüte, Butzon & Bercker, Kevelaer 1983, S. 35f, und »133«, Nr. 56.)

52. Lebendige Steine

(ein Ziegelstein, an dem eine Ecke fehlt)

Lesung: 1 Petr 2,5–10 (Laßt euch als lebendige Steine zu einem geistigen Haus aufbauen).
Hier habe ich solch einen Ziegelstein mitgebracht, von dem soeben in der Lesung die Rede war. Er soll stehen für jedes Glied unserer Gemeinde.
Mit einem Klumpen Lehm, aus dem ja der Ziegelstein besteht, kann ich nichts anfangen, wenn ich ein Gebäude errichten will. So ein Klumpen muß zuerst geformt werden – wie dieser Stein. Darum ist die »Kneterei« wichtig, der ich mich im Elternhaus oder in der Schule aussetzen muß – bis hin zur zeitweiligen »Tretmühle« im Beruf und Alltag.
Dann wird ein solcher Stein gebrannt – er geht durch Feuer, um genügend Festigkeit zu bekommen. Dieser Hitze bin ich in Prüfungen, bei Leid und Krankheit ausgesetzt. Vielleicht ist auch das Feuer einer schweren Krankheit nötig, um meinem Stein die Härte zu geben, die mein Schöpfer für seinen Bau von mir braucht.
Gestern habe ich an dem Stein hier diese Ecke abgehauen. Wir sagen ja manchmal von anderen: »Der hat eine Ecke ab«. Hat nicht jeder von uns irgendwo eine Ecke ab? Hat nicht jeder irgendwo eine Macke oder einen Stachel im Fleisch? Deshalb meinen viele von sich, sie wären nicht mehr zu gebrauchen. Aber der himmlische Baumeister kann jeden von uns gebrauchen: Mit dem Mörtel der Liebe kann er alle Mängel ausfüllen.
Ich erinnere mich, daß Michelangelo seinen berühmten David aus einem Steinblock herausmeißelte, den keiner mehr haben wollte, weil da eine Ecke ab war! (Siehe »Kurzgeschichten 3«, Nr. 200)
Oder was hat der himmlische Baumeister aus einem Pfarrer von Ars gemacht, der oft wie ein Trottel wirkte und mit dem seine geistlichen Mitbrüder nichts zu tun haben wollten! (Er ist übrigens der einzige Pfarrer in der katholischen Kirche, der bisher heiliggesprochen

wurde. Wenn du also einmal an einen »falschen« Pfarrer gerätst, denk dran: Erst einer wurde bisher heiliggesprochen!)
Oder denken wir an Mutter Teresa: Ihre Gestalt erscheint so zerbrechlich, aber was geht alles von dieser Frau aus!
So sollen wir das auch sehen: Jeder von uns ist wichtig im Bau des Hauses Gottes in dieser Welt, im Bau der Kirche. Wichtig, um andere zu tragen oder selbst getragen zu werden. Erinnern wir uns: Die Bauleute konnten damals den »Stein« Jesus Christus nicht gebrauchen, sie verwarfen ihn und brachten ihn ans Kreuz. Aber *dieser Stein wurde zum Eckstein!* Seitdem wissen wir: Dieser Eckstein kann uns alle halten, egal wie unser Stein aussieht. Jeder wird am Bau Gottes gebraucht. Damit wir uns in diesem Gottesdienst ab und zu daran erinnern, stelle ich diesen Stein hier auf den Altar.
(Die Idee mit »Ecke ab« entnahm ich einer Aktion von Pfr. Ernst Sieber, Zürich.)

53. Eine Gemeinschaft ist wie eine Blume

(zwei große Blumen, aus rotem Kreppapier und Blumendraht gebastelt, um sie herum grüne Blätter; auch der Drahtstiel mit den einzelnen Drähten, die jedes Blütenblatt halten, wird grün umwickelt)

So eine Blume hat einen Mittelpunkt, um den sich die Blütenblätter ordnen, die von grünen Blättern umrahmt sind.
Wir bilden eine Gemeinschaft, die mit solch einer Blume vergleichbar ist. Sie wirkt schön, wenn sich alle Einzelteile harmonisch zu einem Ganzen ordnen:
Aber es schleichen sich auch Fehler ein: Manche denken nur an sich. Dann fallen sie aus der Gemeinschaft heraus: Die Blüte wird zerstört.
(Bei jedem Negativbeispiel pflückt der Prediger die Blüte auseinander und läßt Teile auf den Boden fallen:) Da lügt einer, verpetzt den anderen, ist neidisch, sucht dauernd Streit, kommt sich besser vor, schmollt, macht beim Spiel nicht mit ...
Solch eine Blüte, solch eine Gemeinschaft kann man vergessen.
(Jetzt nimmt der Prediger die andere Blume:) Wo wir aber aufeinander zugehen, wo man sich nach einem Streit versöhnt, wo einander geholfen und Schaden wiedergutgemacht wird, da wird eine Gemeinschaft zur prachtvollen Blume, in der sich jedes Blütenblatt wohlfühlt.
Und der Mittelpunkt unserer Blume, der uns verbindet? Jesus Christus, Gott ... (je nach Motivation der Gruppe). Ich lege diese Blume auf den Altar als Ausdruck unserer Bereitschaft, aufeinander zuzugehen und uns von der Mitte halten zu lassen.
(Zu Beginn können auch Draht und Papier unter allen Teilnehmern ausgeteilt werden, die – nach der Predigt – in kleinen Gruppen Blüten fertigen und um Äste in der Nähe des Altares drehen. Länge der Drahtstücke – wie bei Tauchlackarbeiten – 50 cm; buntes Kreppapier in Bahnen geschnitten.)
Evangelium: (weiterführend) Joh 15,1–14 (Weinstock – Reben).
(Gekürzt und geändert nach Reiner Schmidt in »PuK« 2/81, S. 159ff.)

54. In der Stille dienen

(für jeden ein Gänseblümchen oder Fotokarte mit Gänseblümchen vom Kawohl-Verlag, 4230 Wesel 1, Karte Nr. 8685)

Kurzgeschichten 3, Nr. 170: Rose, Lilie, Sonnenblume ... wollen sich als Freudenstrauß für eine kranke Mutter nicht abpflücken lassen, wohl aber die freundlichen Gänseblümchen.
Evangelium: Mk 9,33 – 35 (Wer der erste sein will) oder Mt 18,1 – 5 (Wie die Kinder werden: klein, übersehbar und doch vorbildlich); oder Joh 13,3 – 15 (Fußwaschung: Jesus kam, um zu dienen).

Ein »frisches Auge« schaut uns entgegen, wenn wir in die Blüte unseres kleinen Wunders schauen! Ist es nicht erstaunlich, daß diese zarte Blume so viel Widerstandskraft hat, den kalten Winter zu überstehen? Im Herbst blühen sie noch bis in den Schnee hinein, und im Frühling blühen sie sofort wieder. So verändern sie das eintönige Grün des Rasens mit ihren tausend Sternenaugen. Sie verändern – unscheinbar und still – die Welt an einer kleinen Stelle.
Überschwenglich hat ein Dichter ausgerufen: »Gänseblümchen sind die lachende Visitenkarte unseres menschenfreundlichen Gottes. Und wenn es für die ganze Menschheit ein Wappen gäbe, dann müßte darauf ein Grashalm zu sehen sein und gleich daneben ein Gänseblümchen; denn es ist nicht anders als das gesamte Weltall in Miniaturausgabe!« (nach Ferment-Bildband 86, »Und alles war gut«, Walter-Verlag, CH-Olten)

Was wir im Evangelium gehört haben, lebt ein Gänseblümchen uns vor: Übersehbar und ohne aufzufallen dient es an einer kleinen Stelle in unserer Welt. Wir brauchen nicht nur Rosen, Lilien, Sonnenblumen ..., d.h. wichtige und einflußreiche Menschen, sondern auch die unscheinbaren, demütigen Menschen, die unsere Welt schön und beweglich halten. Vielleicht ist das Gänseblümchen deshalb im Mittelalter, als es noch nicht so weit verbreitet war, auch eine Blume der Liebenden gewesen, ja ein beliebtes Mariensymbol und ein Heilkraut gegen vielerlei Leiden.
Die Gänseblümchen wandern wie die Sonnenblumen mit ihren Köpfchen immer der Sonne nach. Auch ihr kleiner, gelber Blütenboden erinnert uns an die Sonne.
Wir stecken uns jetzt das Gänseblümchen an (oder sammeln die Gänseblümchen zu einem Strauß, der auf den Altar gestellt wird), damit es uns wenigstens heute daran erinnert: Da, wo du stehst, blühe zur Ehre Gottes und zur Freude der Menschen. Gerade der bescheidene, dienende Mensch verändert die Welt und bereichert jede Gemeinschaft. Und wir richten uns dabei nach der Sonne Gottes aus!

Andere Ideen

1. Ineinander verwoben
(für jeden ein Stück Stoff, das den Gewebecharakter – Kette und Schuß – erkennen läßt)

Wir betrachten das Stückchen Stoff in unseren Händen:

1. So ein Gewebe entsteht durch das Kreuzen der Fäden von Kette (= die Längsfäden, das von Gott geschenkte Leben) und Schuß (= die quer durchgeschossenen Fäden, unsere soziale Verwobenheit). Mit unserem freien Willen können wir eine Menge mitbestimmen: Weben wir unser Leben im riesigen Tuch der Welt grob oder fein, gemustert oder uni, haltbar, steif oder geschmeidig ...? Am Ende unserer Zeit überreichen wir dem Schöpfer das Stückchen Stoff unseres Lebens als dessen Abbild (Jes 38,10–17: Wie ein gewobenes Tuch schneidest du mich ab). (Vgl. »144«, Nr. 126)
2. Nur ein einzelner Faden spendet keine Wärme, das können erst die vielen Fäden der Gemeinschaft. »Jeder im Dorf spendet einen Faden, und der Nackte hat ein Hemd« (altrussische Weisheit). Paulus schildert uns, wie es zwischen den Fäden zugehen sollte:
   Lesung: Röm 12,10–18 (Was verbinden kann) oder 1 Kor 12,12–14.21.26–27 (viele Glieder, ein Leib).
3. Angesichts des großen Loches im Kleid der Menschheit, angesichts der Not in aller Welt, müssen wir Fäden willig sein, uns für die Beseitigung des Loches einspannen zu lassen: Wie weit teilen wir spürbar?
4. Wenn das Kleid einer Gemeinschaft nicht zu sehr kratzen soll, müssen die einzelnen Fäden versöhnungsbereit zueinanderstehen.
   Kurzgeschichte »Tausend bunte Tücher«: Ein Strafgefangener erkennt bei seiner Heimfahrt an den Tüchern im Apfelbaum: Er ist willkommen (s. Kurzgeschichten 1, Nr. 221).
   Lesung: Kol 3,12–15 (Ertragt euch und vergebt einander).

(Dazu eine ausformulierte Bußfeier für Jugendliche und Erwachsene in »2 × 11 Bußfeiern«, S. 40–46.)

2. Es darf nicht hereinregnen

(»Dachziegel« aus dickem Karton oder Schieferplatten oder richtige ausgeliehene Dachziegel, die auf Dachlatten gelegt werden)

Vorher haben einige Kinder auf die Dachziegel Begriffe aus der Lesung geschrieben: Gütig sein, barmherzig, einander vergeben, Liebe üben, Gott ähnlich werden. Weitere Begriffe: Fehler einsehen, vertrauen, teilen, helfen, lachen, ehrlich sein, Frieden schaffen, kameradschaftlich sein ...
Lesung: Eph 4,25–32; 5,1.2 (Pflichten gegen den Nächsten).
Die Kirche ist wie ein Haus, in dem sich eigentlich alle wohlfühlen sollen. Und zu einem Haus gehört vor allem ein festes, dichtes Dach, damit es nicht hineinregnen kann. Hier vorne liegt ein kleines Gerüst aus Dachlatten, das jetzt mit Dachziegeln gedeckt wird. Achtet einmal darauf, was auf den einzelnen Dachziegeln geschrieben steht (die Kinder zeigen vor dem Auflegen der Gemeinde jeweils ihre beschrifteten Dachziegel)!
Unter solch einem Dach läßt es sich leben, da fühlen sich alle wohl. Ob es nun das »Dach« einer Kirche oder das eures Zuhauses ist. Die Namen der Dachziegel haben wir (fast alle) der heutigen Lesung entnommen.
Der hl. Paulus hat uns aber auch aufgezählt, was ein Dach undicht macht, also Dachziegel fehlen. Fragt einmal eure Eltern, welche Schäden entstehen, wenn auch nur ein Ziegel auf dem Dach fehlt! Feuchtigkeit und Kälte dringen ins Haus, und der Sturm hat einen Angriffspunkt. Je später der Schaden bemerkt wird, um so größer ist er. Wißt ihr noch etwas von dem, wovor Paulus warnt? (Verbitterung, Wut, Zorn, Geschrei, Lästerung, Böses ...).
(Vielleicht wird dabei der eine oder andere Ziegel abgenommen; zum Schluß aber sollte das Dach ohne Lücke als positive Anschauung sichtbar sein.)
(Ausführlicher in »PuK« 5/85, S. 530ff.)

3. Einfluß nehmen

(ein Thermostat)

Ein Thermostat soll die Temperatur im Raum so regeln, daß sich alle wohlfühlen.
Wie ist es in unserer Gemeinde? Reagieren wir nur auf Vorgesetzte, Meinungen der Medien oder regulieren *wir* die Atmosphäre unseres Gemeinschaftslebens mit? Richten wir uns nach dem Diktat der Masse und der Mode (und da ist es nicht mehr »in«, Treue zu halten oder zur Kirche zu gehen), oder nehmen wir aktiv Einfluß auf die Gestaltung unseres Miteinanders?
Die »Kirche«, das sind auch wir. Wenn jeder durch seine Haltung dazu beiträgt, die zwischenmenschlichen Beziehungen persönlicher zu gestalten, können wir wieder etwas zum Thermostat unserer Umgebung werden.
Lesung: Apg 2,44–47 (Vom Leben der Urgemeinde).

4. Wie Kokospalmen und Bananen

(eine Kokosnuß und eine Banane)

Palmen die solche Kokosnüsse tragen, stehen meistens einzeln. Sie haben sehr starke Wurzeln und überstehen deshalb selbst orkanartige Stürme.
Die Bananenstauden haben dagegen schwache Wurzeln. Sie halten mit den Wurzeln aber einander fest, damit sie bei einem Sturm nicht umfallen.
Von beiden können wir Christen lernen, denn wir sollen wie Kokospalmen *und* wie Bananenstauden sein: einzeln unseren Glauben bekennen und zusammenhalten in der Gemeinde (nach einem Sprichwort afrikanischer Christen).
Lesung: Apg 2,43–47 (Wie die Urgemeinde zusammenhielt).
Evangelium: Mt 7,24–25 (Ein Haus auf Felsen trotzt aller Stürme).

5. Zusammenhalten
(ein Maiskolben)

An diesem Maiskolben halten viele Körner zusammen. Sie bilden gemeinsam einen Körper. Jedes Korn trägt dazu bei. Es wird von der Mitte gehalten und aus der Mitte genährt.
Dieser Maiskolben könnte ein Symbol für die Gemeinschaft aller Christen in der Kirche sein: Christus ist der Wichtigste. Er hält uns. Und wir sollen in Freude und Leid zusammenhalten.
Wenn ich diesen Maiskolben sehe, muß ich besonders an die Christen in Peru und Bolivien denken und an all die Armen und Ärmsten, die sich mit Mais einseitig ernähren müssen. Wir Christen müssen auf der ganzen Welt zusammenhalten mit allen, die guten Willens sind.
Lesung: 1 Kor 12,12–28 (Ihr bildet alle zusammen den Leib Christi).
Evangelium: Joh 15,1–5 (Ich bin der Weinstock, ihr seid die Rebzweige).

Glauben

55. Glaube trägt
(ein Drachen nach alter Bauart)

(Pr zeigt einen Drachen, auf den ein optimistisches Gesicht geklebt ist, und der mit dünnen Latten in Kreuzform verstärkt wurde sowie einen bunten Schwanz hat.)

Ich zeige euch einen optimistischen Drachen, der mit Leichtigkeit Hecken und Zäune, Abgründe und Grenzen überwinden kann. Das waren noch Zeiten, als die Väter so etwas mit ihren Kindern gebaut und ausprobiert haben!

Fünf Gedanken sollen uns beschäftigen:

1. Ohne dieses Kreuz hier aus Stäben würde der Drachen vom Wind sofort zerfetzt. Die Kordel, die den Drachen halten soll, ist an dem Längsstab (= Gottesliebe) *und* dem Querstab des Kreuzes (= Nächstenliebe) befestigt: Hieraus nimmt der Drachen die Kraft, sich auch im heftigen Wind zu halten. In Belastungen hält auch den Christen das Kreuz ...

2. Der Drachen kann nur *im Gegenwind* an Höhe gewinnen. Vielleicht möchten wir Christen zu oft Rückenwind und kommen *deshalb* nicht hoch.
3. Am Schwanz des Drachens muß Ballast hängen, sonst jagt er hin und her und kann nicht ruhig stehen. Auch wir brauchen die Belastungen, die kleinen Kreuze des Alltags, sonst werden wir überheblich und leichtsinnig. Allerdings darf der Ballast nicht zu schwer sein, damit wir vom Boden abkommen können.
4. Der wichtigste Punkt: Die Erfahrung, daß der Wind trägt (Wind = Gottes Geist, Pfingsten). Wer noch nicht erfahren hat, daß Gottes Geist ihn über alle Abgründe trägt, der soll sich noch einmal vor Augen halten, wie der Weg zum Glauben verläuft: Zuerst muß ich hören, was Gott mir sagt – auf das Gewissen oder auf die Worte des menschgewordenen Gottessohnes in der Bibel. Dann muß ich diesen Worten gehorchen, »einfach« ja dazu sagen – wie Maria es uns vorgelebt hat. Das ist keine Sache des Kopfes, sondern des Ausprobierens. Ich kann einem Fallschirmspringer oder Drachenflieger das noch sooft sagen: Er muß sich dann auch fallen lassen und *erfahren*, wie die Luft ihn trägt. Und dann erreiche ich die Endstation des Glaubens: Ich gehöre Gott an; ich lasse mich von ihm halten; ich glaube, daß Gottes Atem mich über alle Abgründe hinwegträgt.

   Wer diese Erfahrung schon gemacht hat, gibt sie weiter: Das ist Mission – nicht nur bei anderen Völkern, sondern heutzutage gleich nebenan.
5. Ihr seht das optimistische Gesicht: Wer zuletzt lacht, darf auch jetzt schon lachen, selbst wenn er um seines Glaubens willen ausgelacht wird. Wenn wir aus dem Glauben wissen, daß Gott uns auch über den letzten Abgrund des Todes tragen kann, dann dürfen wir jetzt schon erlöster aussehen. Oder?

Evangelium: Mt 21,21–22 (Einen festen Glauben haben); Mt 28,18–20 (Geht zu allen Völkern – Weltmission); Mk 5,21 ff (Auferweckung der Tochter des Jairus); Lk 1,39–55 (Maria bei Elisabeth); und viele andere Stellen, besonders bei Johannes.

Bei den *Fürbitten* kann erzählt werden, wie leicht kleine, beschriftete Papierschnitzel als »Liebesbriefe« auf die Schnur des Drachens gesetzt werden können, die der Wind dann schnell nach oben zum Drachen treibt. So richten wir jetzt »Liebesbriefe« in Form von Bitten an Gott ...

56. Mit den »Scheinwerfern« des Glaubens sehen

(ein Begrenzungspfahl von der Landstraße mit Katzenaugen)

Wer tagsüber die Landstraße befährt, nimmt kaum Notiz von den Begrenzungspfählen mit ihren leuchtenden Augen. An guten Tagen übersehen wir leicht, was Gott allem, was uns begegnet, an Signalen mitgegeben hat. Nachts aber leuchten im Scheinwerferlicht diese Katzenaugen ganz deutlich. Unübersehbar deutlich. Das heißt auf unser Leben übertragen: In manchen Dunkelheiten des Lebens können wir mit den »Scheinwerfern« des Glaubens an vielen Ereignissen deutliche Signale Gottes sehen:

1. Wir sagen manchmal: »Wieder so viele verunglückt«, oder »Das war aber Zufall!«, oder »Glück gehabt«. Aber einer, der an Jesus glaubt, sieht es anders, sieht alles in einem anderen Licht: Es gibt keinen Zufall. Und wenn noch so schlimme Dinge passieren: Gott kann auch auf krummen Zeilen gerade schreiben, d.h. auf die Dauer leuchtet auch da noch ein Sinn auf.
2. Manche sagen: »Der Mensch besteht zu 90% aus Wasser ... Er lebt und stirbt – wie Tiere auch sterben müssen.« Wer mit dem Glauben den Menschen beleuchtet, sieht mehr: Der Mensch ist ein Ebenbild Gottes, von ihm geliebt und deshalb wertvoll. Und dieses Leben ist nur Vorspiel, Anfang eines viel schöneren Daseins ganz nahe bei Gott.
3. Manche fragen: »Warum das sinnlose Leiden so vieler Menschen in dieser Welt?« Mit den Augen des Glaubens gesehen: Jedes Leiden wird wertvoll, weil es hineingenommen ist in das Leiden Jesu. Ein leuchtendes Geheimnis, das nur dem auffällt, der gelernt hat, in der Dunkelheit zu suchen.

(Nach Alois Stiefvater, Einstiege für die Predigt, Herder, Freiburg, S. 31f.)

So schreibt ein gläubiger Mann:
Menschen, die aus der Hoffnung leben, sehen weiter.
Menschen, die aus der Liebe leben, sehen tiefer.
Menschen, die aus dem Glauben leben, sehen alles in einem anderen Licht.

(Lothar Zenetti, Texte der Zuversicht, Pfeiffer Verlag, München 1972, S. 285.)

Evangelium: Mt 6,25–34 (Sorgt euch nicht ... der Glaube sieht weiter); Joh 11,20–27 (Glaube der Marta an den Messias); Joh 11,29–44 (Wenn du glaubst, wirst du die Herrlichkeit Gottes sehen).

(Vgl. W. Hoffsümmer, Wir freuen uns auf die Predigt, Matthias-Grünewald-Verlag, Mainz, S. 51: Die rechte Sicht – 6 Brillen mit verschiedenfarbigen Gläsern.)

57. Wie die Kinder werden

(ein kleines Kind – ist natürlich kein »Gegenstand« aus dem Alltag!)

Jede Zeit entwickelt ihre Idealvorstellung. Die Reklame schreit uns zu: Ideal ist der jugendliche Mensch in seiner Schönheit. Im Ostblock wird der Arbeiter, der über sein Plansoll hinaus schuftet, hochgejubelt. Die Sportzeitung verherrlicht den Sportler, der eine Traumgrenze durchbricht. Früher galt der alte Mensch mit seiner Weisheit als Vorbild. Jesus nennt uns auch *sein* Ideal:
Evangelium: Mt 18,1–5 (Wenn ihr nicht umkehrt und werdet wie die Kinder).
Was will Jesus damit sagen? Kinder sind noch offen für alles. Sie wollen alles wissen, sind voller Erwartung. Kleine Kinder nehmen alles in Hände und Mund, da engen keine »Erfahrungen« ein. Kinder kennen keine Vorurteile gegenüber Menschen anderer Hautfarbe; sie nehmen auch alte und kranke Menschen an, wie sie sind. Kinder schämen sich noch nicht, um etwas zu bitten, sich etwas schenken zu lassen. Kinder können noch staunen, im Spiel alle Sorgen vergessen, mit einfachen Dingen glücklich werden, weil ihre unerschöpfliche

Phantasie sich alles dabei ausmalen kann. Kinder können uns die Augen öffnen für eine neue Sicht der Dinge, die wir schon eingeordnet haben. Das Lachen der Kinder kann anstecken.
Wenn wir nicht wieder so einfach – frei – anspruchslos – froh – verspielt – glücklich – vertrauend wie die Kinder werden, können wir den Himmel nicht auf unsere Erde holen.
(Siehe auch in »144« Nr. 16: Das schönste und wertvollste Geschenk.)

58. Umdenken

(eine kleine getöpferte Schale für jeden)

Evangelium: Mt 18,1–4 (Wie ein Kind werden).
Die Jünger hatten große Träume, aber Jesus zeigt auf ein kleines Kind. Die kleine Schale in unseren Händen kann uns etwas über den richtigen Glauben sagen:

1. Sie ist offen und empfänglich wie ein unverdorbenes Kind, das hinhören und gehorchen kann und offen ist für alles. Wer dagegen befehlen, herrschen, der Größte sein will, nimmt sich für die Herzenstöne der anderen keine Zeit mehr.
2. Sie ist empfindlich und zerbrechlich – verletzlich wie ein Kind, das aber empfindsam genug ist, ohne Vorurteile und Mißverständnisse auf andere zuzugehen. Darum mußte Jesus seine Jünger erst aus den großen Träumen von Macht und Einfluß fallen lassen: Sie zerbrachen spätestens beim Tod Jesu. Am Pfingstfest kittet der Geist Gottes die Scherben wieder zusammen, die vom Glauben der Jünger übriggeblieben sind. Und dann lernen sie noch unter schmerzlichen Erfahrungen, die neuen Maßstäbe Jesu anzuwenden: nicht zu befehlen, sondern auf Schwache und Kranke zuzugehen.
3. Sie ist bereit, auszuteilen, was in sie hineingelegt wird — wie ein Kind ohne Berechnung schenken und helfen kann. Wer alles für sich behalten will, steht in der Gefahr, dabei zu verhärten oder – wie Judas – zu verzweifeln.

Herr, hilf uns zu einem Glauben, der empfänglich ist, empfindsam und bereit, auszuteilen!
(Verkürzt und verändert nach Stefanie Spendel, Leben und Freude durch Gottes Wort, Gottesdienste für Familien, Lesejahr B, Verlag Friedrich Pustet, Regensburg 1984, S. 245f.)

Andere Ideen

1. Der Same der Glaubens

(jeweils in einem Glas zu sehen: eine gequollene Bohne; eine mit kleinen Wurzeln und kleinem Trieb; eine mit vielen Wurzeln und einem langen Trieb und einem kleinen Stock als Stütze. Jeder erhält einen Bohnenkern)

Evangelium: Mk 4,1–9 (Gleichnis vom Sämann)
Die Bohnen hier sollen uns zeigen, wie wir unseren Glauben wachsen lassen können: In der Taufe haben wir ein solches Samenkorn, unseren Glauben, bekommen. Wenn dieser Kern nicht austrocknen soll, braucht er Wasser und Licht (= Gebet, Vorbild der Eltern ...). Dann entwickelt er sich zu

einer kleinen Pflanze (Bohnensproß zeigen). Wenn diese Bohne hier mit dem Trieb nicht bald Erde bekommt, kann sie trotz Licht und Wasser nicht weiterwachsen: Neue Nahrung (= Kommunion, Firmunterricht etc.) läßt die Pflanze weiterwachsen.
Und diese »Stangenbohne« hier mit dem langen Trieb braucht etwas zum Ranken und Festhalten (= Gemeinschaft, Gruppe, Freund mit christlichem Rückgrat). In gute Erde gepflanzt und an eine Stütze gebunden – und auch dann noch gepflegt – wird sie mit Gottes Segen blühen und Früchte bringen: neue Samenkörner. Laßt euren Bohnenkern zu Hause keimen und wachsen. Und vergeßt dabei nicht die Pflege eurer Glaubenspflanze.
(Dazu ein ausformulierter Gottesdienst vom Familienmeßkreis St. Theresia in Düsseldorf-Garath in »KiJu« 5/1985.)

2. Was unseren Glauben schützen kann ...
(ein kleiner Tannenzweig)

Folgende Stichworte sagen eigentlich Selbstverständliches aus, aber was ist heute selbstverständlich? Beim letzten Herbstspaziergang im Wald fand ich Tannenzweige über einem Ameisenhaufen. Ein ganz kleines Zweiglein habe ich abgeknickt. Die Tannenzweige deckten den Ameisenhaufen ganz ab. Was hat sich der Förster dabei gedacht? (Die Ameisenkolonie soll vor unberechenbar hartem Frost geschützt sein.) In unseren Hausgärten könnt ihr ähnliches beobachten (Rosen und Blumenstauden werden abgedeckt.)
Das kann man zeichenhaft sehen:
Zu schützen ist bei uns im religiösen Bereich: der Glaube an Gott, an die Auferstehung, an Christus, an die Zugehörigkeit zur Kirche ...
Zu harter Frost: Bequemlichkeit, Gleichgültigkeit, unchristliche Umwelt ...
Tannenzweig: Morgen- und Abendgebete lassen die Seele atmen ...; die Gemeinschaft einer Gruppe, das Gemeinschaftserlebnis im Gottesdienst (hoffentlich!) tragen den Glauben; die Sakramente und Gebote wollen Hilfe und Schutz sein (das Kirchengebot der Sonntags»pflicht« wird oft erst nach Jahren als Schutz erkannt), christliche Feste wollen unseren Glauben im Rhythmus des Jahres lebendig halten ...
Wenn dann die langen, warmen Sonnentage wiederkommen, kann ich vieles unternehmen ...
Lesung: Je nach Akzent.

3. Fürchte dich nicht! (für Jugendliche und Erwachsene)
(Schiffstau um einen Anlegepoller, der als Kreuz erkennbar ist. Vergrößerte Fotokopie der Grafik für jeden)

Auf unserer Reise durchs Leben legen wir öfters an: Liegeplatz für heute und morgen in der Ausbildung, beim Wohnungswechsel, bis zur Station im Altersheim. Woher wir kommen, wohin wir fahren: Wenn wir unser Tau um das Kreuz legen, können wir Vertrauen schöpfen, denn es hält. Hier ist

Heimat und Freiheit zugleich. So kann ich leben aus einer Geborgenheit ohne alle Furcht. Die Bibel ruft uns an über hundert Stellen zu: Fürchte dich nicht!

Lesung: u.a. Gen 15,1; Jes 43,1; Röm 8,15; 1 Joh 4,18 (Fürchte dich nicht!).

Evangelium: u.a. Mt 10,28; 14,27; 17,7; Mk 5,36; Lk 1,30; 12,32; Joh 14,27 (Fürchte(t) dich (euch) nicht!).

(Symbol des 19. Deutschen Evangelischen Kirchentages 1981 in Hamburg.)

4. In Geduld zusammenfügen (für Jugendliche und Erwachsene)
(viele kleine Teile einer Tonschale)

Heute spielen wir »Archäologe«! Nehmen wir an, diese Bruchstücke eines Götterbildes oder einer wertvollen Vase habe ich mühsam ausgegraben. Jetzt füge ich sie zusammen, ohne zu wissen, wie das Ergebnis aussieht. Oberstes Gebot ist: die Bruchflächen ›heilig‹ halten, denn dann kann ich auch noch neue Funde an die richtige Stelle einfügen.

Ähnlich müssen wir es mit unseren Erlebnissen und Erfahrungen im Glaubensbereich machen. Wer hat denn schon ganz feste Formen des Glaubens in Händen? All die kleinen Bruchstücke des Zweifels, der Fragen, des Scheiterns mit Ehrlichkeit und Geduld zusammengefügt, hätten vielleicht schon alle Scherben wieder zu einem Ganzen, zu einem festen Glauben, wachsen lassen. Aber wir lassen uns zu wenig Zeit, auszuwerten. Unsere Vorurteile, unsere Oberflächlichkeit zimmern schnell etwas zurecht, was ernsten Belastungen nicht gewachsen ist. So entstehen Zerrbilder und Schreckgespenster des Glaubens, die kaum einer ernstnehmen kann. Vielleicht nehmen Sie in dieser Woche das Angebot eines Abendseminars an, das den Glauben stärken will ...

Evangelium: Mt 11,25 (Was du den Weisen und Klugen verborgen hast).

(Nach Eugen Rucker, Symbolgeschichten, Pfeiffer-Verlag, München 1975, S. 25f.)

5. Das Licht unseres Glaubens
(ein Teelicht und ein Einmachglas; eine Kerze und eine Laterne mit Luftlöchern)

Pr zündet das kleine Teelicht an und fragt: Warum hat solch ein kleines Licht es nicht einfach? (Der Wind bläst es aus.) Wie kann man es schützen? (Pr stülpt das Einmachglas darüber und wartet, bis die Kerze den Sauerstoff verbraucht hat und erlischt.)

(Das gleiche wird dann positiv gezeigt mit Kerze und Laterne: Hier wird das Licht geschützt und erhält gleichzeitig Sauerstoff durch die Luftlöcher.)

Bei der Taufe habt ihr eine Kerze bekommen. Sie soll ein Bild sein: Das Licht des Glaubens, Jesus, das Licht der Welt, brennt jetzt in euch. Laßt es leuchten!

Wer den Glauben ganz für sich behalten will, mit niemandem darüber spricht, niemals betet, nur Freunde hat, die nicht glauben, der läuft Gefahr, daß sein Glaube erstickt und stirbt, wie es eben dem Teelicht im Einmachglas erging. Laßt euer Licht brennen, damit sich auch andere an uns orientieren können.

Evangelium: Joh 8,12 (Ich bin das Licht der Welt) verbunden mit Mt 5,14–16 (Ihr seid das Licht für die Welt).

(Stark verkürzt nach Franz Josef Hövelborn in »PuK« 2/81, S. 150f.)

6. Anzünden oder löschen?
(ein Kerzenanzünder und -löscher)

Früher, als noch Gaslaternen in den Straßen standen, fuhr ein Mann mit dem Fahrrad von Laterne zu Laterne und zog mit einer langen Stange den Gashahn auf, damit die Laterne aufstrahlte. Den ganzen Weg des Mannes konnte man verfolgen an all den Lichtern, die er angezündet hatte.

So eine Bahn mit brennenden Kerzen hinterläßt auch jedesmal unser Küster/Mesner (unsere Küsterin/Mesnerin), wenn er/sie vor dem Gottesdienst alle Kerzen entzündet. So gibt es auch in

jeder Straße Menschen, die unser Leben heller machen durch Freundlichkeit, Hilfsbereitschaft ... Ihr wißt aber auch, daß am Ende eines Gottesdienstes der Kerzenanzünder zum Kerzenlöscher wird. Sie gibt es auch in jeder Straße ...
Was gilt für mich? Zünde ich lieber an, oder nehme ich lieber anderen den Sauerstoff?
Evangelium: Mt 5,14–16 (Ihr seid das Licht der Welt).
(Aus dieser Idee ließe sich gut eine Bußfeier machen, in der das Anzünden und Löschen dramaturgisch nachgespielt wird ...)
(Nach Klemens Emmerich, Münster.)

7. Wir sind Werkzeuge in der Hand Gottes
(Schraubenzieher, Lötkolben, Pinzette, Heckenschere, Pinsel ...)

Mit dem Vorbereitungsteam noch Werkzeuge hinzusuchen. Einige finden Sie besprochen in »133«, Nr. 58; hier auch weitere Texte.
Lesung: Röm 12,9–21 in Auszügen (Tragt mit am Leid des anderen ...).
Kinder kommen nach vorne und erklären die Werkzeuge, und was man mit ihnen machen kann. Dann übertragen:
Schraubenzieher: Was locker geworden ist und herabzufallen droht, befestigen. Zerstörtes zusammenfügen – in uns, bei anderen.
Lötkolben: Miteinander verbinden und verschmelzen, was noch geteilt ist, z.B. Generationen; gesund – krank.
Pinzette: Menschen von kleinen Splittern erlösen, an Händen und Herzen etc.
Heckenschere: Überwucherndes, Dorniges in uns wegschneiden, anderen Wege bereiten.
Pinsel: Farbloses auffrischen und Häßliches übermalen.

Hauptgebot

59. Die wichtigsten Richtungen des Lebens

(zwei kleine Webrahmen: der eine ist nur senkrecht bespannt, der andere zeigt ein Stück Gewebe aus senkrechten und waagerechten Fäden)

Evangelium: Mt 22,34–40: Gottes- und Nächstenliebe.
Als du zur Taufe von deinen Eltern in die Kirche getragen wurdest, da hat dir der Priester ein kleines Kreuz auf die Stirn gemalt. Das Kreuz sollte das freudige Zeichen für die Aufnahme in die große Gemeinschaft der Kirche sein. Die Eltern und Paten haben es danach auch auf deine Stirn gezeichnet. Dieses Kreuz ist dir seitdem immer wieder begegnet ...
Das Kreuz zeigt dir die wichtigsten Richtungen an, die du im Leben beachten sollst. Wenn wir jetzt einmal ganz langsam und bewußt das Zeichen des Kreuzes über uns legen, dann achtet auf die beiden Richtungen ... Ja, es gibt die Richtung von oben nach unten und von links nach rechts an. Der senkrechte Balken des Kreuzes soll sagen: Sieh nach »oben«, suche Gott hinter allen Dingen, und öffne dich für deinen Schöpfer, der dir Sinn und Ziel

im Leben geben will! – Der waagerechte Balken des Kreuzes sagt: Schau auch zur Seite, und hab ein Herz für jeden neben dir, vor allem für den, der in Not ist!
Ein einfaches Kreuz erinnert uns immer wieder an die wichtigsten Richtungen in unserem Leben, die Jesus eben im Evangelium genannt hat: Gottes- und Nächstenliebe.
Diese beiden Webrahmen hier können uns das noch verdeutlichen: Dieser Rahmen hier ist nur mit senkrechten Fäden bespannt. Es sollen die Fäden einer »Nur«-Gottesliebe sein, oder wenn ich den Rahmen um 90° drehe, einer »Nur«-Nächstenliebe. Würde ich nun diese Fäden mit der Schere herausschneiden, hätte ich nur loses Gefransel in Händen. Ähnlich ist das mit einem Menschen, der nur Gottesliebe oder nur Nächstenliebe zeigt: Der eine wäre uns zu fromm, und der andere steht in der Gefahr, sich enttäuscht zurückzuziehen, wenn er merkt, wie undankbar Menschen sein können; oder er könnte verzweifeln, wenn er mit allzu Schwerem und Bedrückendem fertig werden muß.
Bei diesem zweiten Webrahmen hier ist es richtig. Da sind die senkrechten Fäden der Gottesliebe mit den waagerechten der Nächstenliebe verwoben. Wenn ich hier mit der Schere die Fäden vom Rahmen losschneide, hält das Gewebe zusammen. An einem solchen Menschen mit Fäden, die ihn mit Gott und dem Nächsten verbinden, können wir uns »erwärmen«; ja, so einer macht die Welt wärmer.
Wir wollen versuchen, an diese wesentlichen Richtungen in unserem Leben zu denken, wenn wir beim Betreten des Gotteshauses ein Kreuz über uns schlagen, wenn Vater oder Mutter uns segnet oder am Wegrand ein Kreuz grüßt.
(Nach einer Idee des Arbeitskreises St. Elisabeth, 4040 Neuss-Reuschenberg.)

60. Von Gott gehalten

(eine Single-Schallplatte und der Stift, der eine Platte hält)

Lesung: 1 Joh 4,16b–21 (In der Liebe bleiben).
Evangelium: Mt 22,35–40; Mk 12,28b–31; Lk 10,25–27 (Hauptgebot).
Wer oft eine Predigt hört, in der über einen Gegenstand aus dem Alltag nachgedacht wird, kommt manchmal selbst auf Ideen. So kam eines Tages eine Frau zu mir, hielt mir eine Schallplatte entgegen und sagte: »Dazu habe ich eine Predigt.« »Ja«, gab ich zur Antwort, »über eine Schallplatte habe ich auch schon oft nachgedacht, aber mir fällt nichts Treffendes dazu ein.« »Doch, sie sagt uns etwas über Gottes- und Nächstenliebe!«
»Aha – die eine Seite ist die Gottesliebe und die andere die Nächstenliebe?«
»Nein, auf der A-Seite ist immer der ›Hit‹, wie z.B. Mutter Teresa in der Kirche als Vorbild in Sachen Nächstenliebe erwähnt wird, und die andere Seite heißt ›Liebe dich selbst! Sei wirklich der, der du bist und keine (schlechte) Kopie von irgendeinem Star oder Sternchen!‹«
»Aber wo bleibt denn da die Gottesliebe, die im Hauptgebot an erster Stelle genannt wird?«

Da lachte die Frau: »Die ist der kleine Stift in der Mitte, der die Schallplatte hält, der Dreh- und Angelpunkt. Dieser kleine Stift ist leicht zu übersehen, aber wenn er nicht da ist, leiert die Platte auf beiden Seiten, ob Nächstenliebe oder Selbstliebe.«
Ich war überrascht, aber es stimmt: Religion heißt übersetzt sich binden an einen, sich halten lassen von einem ganz anderen. Gottesliebe heißt (und deshalb nennt Jesus sie an erster Stelle): Ich vertraue auf Gott, der mich wunderbar erdacht und geschaffen hat. Er hat mich schon geliebt, bevor es die Welt gab. In seinem Sohn bin ich erlöst und habe eine große Zukunft. Gottes Geist ist bei uns – alle Tage bis ans Ende der Welt.
Wer sich so gehalten fühlt, dem macht es auch sicher Freude, die beiden Seiten seiner Lebensplatte zu hören, nämlich wie er zu sich und zu anderen ja sagt.
(Idee: Renate John; als ausformulierter Gottesdienst in »KiJu« 6/87.)

61. Gott und den Nächsten lieben
(Weihwasserkessel und Kollektenkorb)

Dieser Vorschlag verbindet die Gottes- und Nächstenliebe nicht so überzeugend wie die beiden vorhergehenden Entwürfe.
Lesung: Dtn 6,2–10 (Jahwe, unser Gott, ist einzig = Gottesliebe).
Evangelium: Mk 12,28–33 (Das Hauptgebot); Mk 12,41–44 (Das Opfer der Witwe = Nächstenliebe).

Gottesliebe: Ein Jude berührt den Türpfosten, wenn er kommt und geht, manchmal küßt er ihn sogar. Wer genauer hinschaut, entdeckt ein kleines Röhrchen (die sog. »Mesusa«). Darin steckt ein Zettel, auf dem das steht, was wir in der Lesung hörten (Dtn 6,4–10). Der gläubige Jude will sich also immer wieder an Gott erinnern.
Ähnlich ein alter Brauch der Christen: Neben der Tür hängt oder hing ein Weihwasserkesselchen, und wer aus dem Hause ging oder wiederkam, wer sich schlafen legte, bekam oder machte sich ein Kreuzchen auf die Stirn. Das bedeutete: Gott begleitet dich auf deinen Wegen; Gott beschützt dich, wenn du schläfst. Auf jeden Fall findest du am Eingang jeder katholischen Kirche ein Weihwasserbecken, um dich beim Betreten des Gotteshauses zu segnen.
(Hinweis auf den Weihwasserkrug, aus dem sich jeder Weihwasser holen kann. Vorschlagen, sich zum Namenstag ein Weihwasserkesselchen zu wünschen.)

Nächstenliebe: Die Opferstöcke in der Kirche oder dieses Kollektenkörbchen deuten auf die zweite Hälfte des Hauptgebotes: Wir sollen teilen. Dabei darf die Rechte nicht wissen, was die Linke tut. Die arme Witwe zum Beispiel verliert kein einziges Wort darüber, daß sie fast ihr ganzes Vermögen opferte.
Weihwasserbecken und Opferstock, Weihwasserkesselchen und Kollektenkorb sind zwei stille Mahner, die uns sagen: Denk an Gott und denk an die Menschen, die dich brauchen! Trag Gott im Herzen, und hab ein Herz für die anderen!
(Stark verkürzt nach Martin Ebner/Stefan Mai in »PuK« 6/85, S. 697–699 u. S. 706–709.)

62. Vom Öl in den Krügen

(ein antikes Öllämpchen mit Docht und Öl, wie es heutzutage wieder im Handel angeboten wird)

Evangelium: Mt 25,1 – 13 (Fünf kluge Mädchen haben Öl dabei).
Ihr seht, wenn dieser kleine Krug mit Öl gefüllt ist, leitet dieser Docht das Öl nach oben. Entzünde ich ihn, habe ich für viele Stunden Licht. Ist aber kein Öl in diesem Krug, verbrennt der Docht sehr schnell, und das Licht verlöscht im Nu.
Das Evangelium erzählt uns vom Jüngsten Tag, an dem der Bräutigam Jesus kommt, um uns alle zu seiner »hohen Zeit«, zu seiner »Hoch-Zeit«, zu seiner Hochzeit zu holen. Aber es ist eine Botschaft mit heilsamem Schrecken. Keiner weiß, wann Jesus wiederkommt. Aber wir, die wir noch lebend diese strenge Weisung hören, haben noch Zeit, dafür zu sorgen, daß Öl in unseren Krügen ist. Mutter Teresa sagte einmal: »Was sind diese Öltropfen in unseren Lampen? Es sind die kleinen Dinge im täglichen Leben: Treue, Pünktlichkeit, kleine freundliche Worte, ein Gedanke an andere, unsere Art und Weise zu schweigen, zu schauen, zu sprechen und zu handeln. Das sind die kleinen Tropfen die Liebe, die bewirken, daß unser Glaubensleben so hell aufleuchtet.« (Mutter Teresa von Kalkutta, Geistliche Texte, Topos-Taschenbuch Nr. 58, Mainz [5]1985, S. 68.)
Ich darf ergänzen: Das Öl in den Lampen ist mein Vertrauen auf Gott und meine Aufmerksamkeit für ihn; mein langer Atem, auch Enttäuschungen hinzunehmen ... Der Docht hier könnte mein immer neues Ja sein, in manche Dunkelheit der Welt hineinzuleuchten. Ein Martin, eine Elisabeth, ein Nikolaus ... hatten Öl in ihren Krügen ... Wie ergeht es denen, die kein Öl haben?
»Die Tür wurde geschlossen«, »Ich kenne euch nicht«. An anderen Stellen im Neuen Testament werden jeweils andere Bilder gebraucht: Den Winzern, die die Früchte des Weinberges nicht abgeliefert haben, wird ein böses Ende bereitet (Mt 21,33 – 41); der Gast ohne hochzeitliches Gewand wird hinausgeworfen (Mt 22,11); dem Diener, der mit dem anvertrauten Geld nicht gearbeitet hat, wird alles abgenommen (Mt 25,24 – 30) u.a.
Wir wollen Jesus auch mit brennenden Lampen und brennenden Herzen entgegengehen. Dieses Öllicht, das ich jetzt auf den Altar stelle, soll uns während des Gottesdienstes daran erinnern.

(Vgl. auch Stefanie Spendel, Der Vater liebt uns alle, Lesejahr A, Verlag Pustet, Regensburg 1983, S. 244f.)

63. Gastfreundschaft

(ein leerer Stuhl)

Seit Beginn des Gottesdienstes steht dieser leere Stuhl im Mittelgang. Was kann er uns wohl sagen? – Es gibt Kommunionkindergruppen, die bei ihren Treffpunkten immer einen Stuhl freihalten: für Jesus, der unsichtbar in ihrer Mitte ist. – In vielen Familien

Rußlands gab (und gibt?) es den Brauch, am Weihnachtsfest einen Stuhl für Jesus Christus freizuhalten, falls er vielleicht in Gestalt eines Bettlers an die Tür klopfen sollte. – Aus Ägypten wird uns aus alter Zeit berichtet, daß ein Einsiedlermönch seine Klause verließ, um seinen Abt zu besuchen und diesem erzählte: »Ich habe so gefastet, daß auf meinem Herd Gras wächst!« Der Abt aber war darüber nicht erfreut und antwortete: »Du hast die Gastfreundschaft vernachlässigt!« – Bei den Benediktinermönchen heißt es in der Ordensregel (Kap. 53): »Gäste nehme man im Kloster auf wie Christus selbst!«
Es gibt Länder, da sind wir betroffen, wie hoch die Gastfreundschaft eingestuft wird. Laßt euch einmal von Urlaubern, die arme Länder besucht haben, erzählen ... Ein armer Nordafrikaner z.B. wird zu dir fortwährend sagen: »Mein Haus ist dein Haus!« Du mußt bei ihm Tee trinken und essen, obwohl er nicht viel hat. Am Abend läßt er dich nicht gehen, sondern wird für dich die beste Matte ausbreiten, die er besitzt. Und das alles ohne Hintergedanken!
Wie ist das bei uns? Freuen wir uns noch über einen Gast? Unterhalten wir uns mit ihm, oder lassen wir den Fernseher laufen? Könnte an unserer Türe stehen: »Ich lade Sie zu einer Tasse Tee ein. Treten Sie ruhig ein. Legen Sie Ihre Traurigkeit ab. Hier dürfen Sie etwas zur Ruhe kommen!«? (Nach Rainer Kunze) – Sollten wir nicht auf unsere Kirchentüren schreiben: »Du kommst jetzt in Sein Haus. Sei willkommen! Die Gemeinde der Christen freut sich, Dir hier eine Rast auf Deiner Reise durchs Leben anbieten zu können.«?
Stellt euch vor, Jesus ginge an unserem Haus und an unserer Kirche einfach vorbei!
Lesung: 1 Petr 4,8–9 (Seid gastfreundlich).
Evangelium: weiterführend Lk 10,38–40 (Jesus zu Gast bei Marta und Maria).
(Als ausformulierter Gottesdienst in »KiJu« 6/87.)

64. Die »kleinen« Worte

(jeder erhält ein Stückchen Pelz, einen Kürschner früh genug um Reste bitten, oder die Gemeinde vorher nach abgetragenen Pelzen fragen)

Wir betrachten unser Pelzchen und hören dazu eine Geschichte: Siehe Kurzgeschichten 2, Nr. 115: Die kleinen Leute von Swabeedo (eine Kurzfassung in »2 × 11 Bußfeiern«, S. 64f):
Die Leute schenkten sich gegenseitig solange kleine, warme, weiche Pelzchen, wie sie nicht rechneten und berechneten, und die Pelzchen gingen nie aus. Zum Geiz und Neid gesellten sich Traurigkeit, Mißtrauen und Diebstahl, bis einige Swabeedoler wieder begannen, einfach zu verschenken ...
Es gibt Pelzchen, kleine Geschenke, die nichts kosten, aber unser Miteinander schöner machen:

1. Danken – die erste Antwort aller Geschöpfe. – In der Eucharistiefeier sagen wir immer Gott danke.
2. Loben zeigt, daß ich die tägliche Hilfe aller, die mich umgeben, nicht als selbstverständlich ansehe.
3. Lachen und Anlächeln stecken an und kommen zu uns zurück.

4. Weinen wäscht die Seele sauber und gibt dem Gegenüber Mut, auch Gefühle zu zeigen.
5. Singen erleichtert, steckt an, ist doppeltes Beten.
6. Stillsein hilft, der Seele »nachzukommen«, den inneren Brunnen zu füllen, meine Mitte zu finden, damit ich anderen wirklich begegnen kann.
7. Lieben und verschenken verdoppeln den Einsatz, weil sie zum Geber zurückkommen.

Evangelium: Joh 15,9 – 12 (Liebet einander).
Steckt das Pelzchen zur Erinnerung eine Zeitlang an euren Rockaufschlag!
(Dazu eine ausformulierte Bußfeier für Jugendliche und Erwachsene in »2 × 11 Bußfeiern«, S. 64 – 69.)

65. Die Gebote – Leitplanken im Leben

(ein Stück Leitplanke – bei einer Autobahnmeisterei ausleihen)

Ihr habt sie auch schon gesehen: Lange Bremsspuren, die Leitplanke eingedrückt, aber sie hat den Wagen gestoppt – vor dem Sturz in den Abgrund, dem Aufprall am Brückenpfeiler ...

1. Leitplanken machen die Begrenzung der Straßen leichter erkennbar. Wir können uns beim Fahren sicherer und freier fühlen, weil plötzliche »Abrutscher« nicht sofort lebensgefährlich sind.
2. Leitplanken versperren nicht den Weg; obwohl es auf den ersten Blick so ausschaut, als würden sie uns einengen. Sie sind nach vorne offen; es sind Planken, die mich weiterleiten.
3. Leitplanken sind Hilfe und Schutz, wenn z.B. auf der Autobahn im Gegenverkehr jemand am Lenkrad einschläft, wenn ein Reifen platzt, der Wagen durch Eis oder Aquaplaning ins Schleudern gerät ...

Fazit: Leitplanken engen nicht ein, sondern schützen und helfen und machen die Fahrt für alle Beteiligten sicherer. Auch Gott hat uns »Leitplanken« auf der Fahrt durchs Leben mitgegeben:
Lesung: Ex 20,1 – 3.7 – 8.12 – 17 (Zehn Gebote).
Jesus drückt alles viel kürzer und einprägsamer im Hauptgebot aus:
Evangelium: Mt 22,35 – 40; Mk 12,28 – 31; Lk 10,25 – 27.

Es kann auch versucht werden, die Zehn Gebote auf Verkehrsregeln zu übertragen, z.B. 1. Gebot: Keine anderen Götter = Vorfahrtsschild: Gott hat immer Vorfahrt. Oder 6. Gebot: Nicht die Ehe brechen = Durchfahrtsverbotsschild: Nur »Anlieger« dürfen in diesen Bezirk fahren.
Weitere Versuche in Kurt Rommel (Hg.), Familiengottesdienste im Kirchenjahr, Bd. IV, Trinitatiszeit I, Quell-Verlag, Stuttgart 1984, S. 246 – 248; hier auch ein ausformulierter Gottesdienst auf S. 237 – 254.

66. Das Zeichen der Liebe

(eine Rose – eventuell für jeden –, möglich wäre auch die Postkarte Nr. 5024 aus dem Kunstverlag Maria Laach oder ein Dia)

Wir betrachten das Zeichen der Liebe:

1. Wir staunen über ihre Schönheit: so zart in den Blütenblättern, aber auch so scharfkantig in den Dornen. Ein Symbol für den Menschen, für mich: Strahle ich Frieden aus, oder füge ich Wunden zu?
2. Die Rose ist ein Symbol für Verschwiegenheit, darum findet sie sich geschnitzt in mittelalterlichen Ratsstuben und an Beichtstühlen. Was Verliebte austauschen, bleibt unter ihnen. Erzähle ich leichtfertig weiter, tratsche ich, habe ich Vertrauen mißbraucht?
3. Die Rose ist Symbol der Liebe: Ich bin für jeden verantwortlich, den ich mir vertraut gemacht habe. (Vgl. Kurzgeschichten 1, Nr. 122: Ich bin für meine Rose verantwortlich, sagte der kleine Prinz.) – Es kommt darauf an, im Leben Rosen (= Zuneigung, Anerkennung, Lob ...) zu verschenken. (Vgl. Kurzgeschichten 1, Nr. 16: Die Rose, die der Dichter Rilke einer Bettlerin schenkt, ist ihr mehr wert als Geld.)
4. Wir atmen ihren Duft ein. – Habe ich Sehnsucht nach dem Duft der ganz anderen Welt, die noch auf uns wartet? Versuche ich, auch die zu lieben, die ich nicht »riechen« kann? (Liebe sogar deine Feinde!) Arbeite ich mit daran, eine gute Welt zu schaffen, in der das Reich Gottes spürbar wird?
5. »Rosenfenster« gibt es in alten Kathedralen zum Westen hin. Die Form des Kreises dieser Fenster ist Sinnbild für das Weltall. Alles darin ist auf Christus in der Mitte hingeordnet (z.B. Notre Dame, Paris). Wir warten auf das Kommen unseres Erlösers Jesus Christus, der Rose aus der Wurzel Jesse! (GL 132: Es ist ein Ros entsprungen ...)

Lesung: 1 Kor 13,4–8a. 13 (Was die Liebe vermag ...).

(Dazu eine ausformulierte Bußfeier für Jugendliche und Erwachsene mit weiteren Gedanken in »2 × 11 Bußfeiern«, S. 76–82; siehe auch in diesem Buch: Staunen über eine Zahl Nr. 75 (2).)

67. Herr, laß mich ankommen!

(das leere Haus einer Schnecke, möglichst für jeden; sie können auch ein Dia oder ein groß gezeichnetes Schneckenhaus einsetzen. Wir erhielten leere Weinbergschneckenhäuser gegen Bezahlung bei der Firma Robert Stein, Inh. H. Panzer, 8882 Lauingen/Donau.)

Wir betrachten das Schneckenhaus:

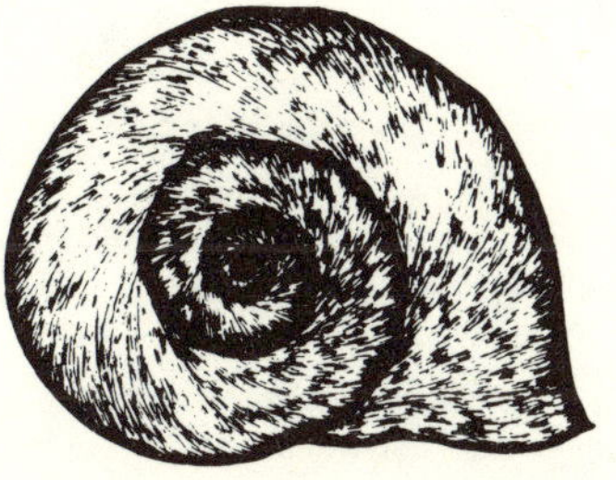

1. Staunen können wir über so ein Kunstwerk. Sehe ich noch die kleinen Wunder am Wege?
2. Wie anspruchslos die Schnecke lebt! Alles Nötige hat sie auf den Rücken gepackt. Machen mich die tausend Dinge, die mich umgeben, zufriedener? Alternativ leben!
3. Die Schnecke hetzt nicht. Ihr »Schneckentempo« geht sicher manchem auf die Nerven. Aber bei ihr kann »die Seele nachkommen.« Worüber lächelt Gott mehr: über ihr Schneckentempo oder über unsere Hektik? Mit Geduld kommt sie ans Ziel.
   Lesung: Jak 5,7 – 11 (Geduldig ausharren).
4. Sie zeigt Gefühle. Ziehe ich mich schnell eingeschnappt oder übervorsichtig oder ängstlich in mein Schneckenhaus zurück? Bin ich lange nachtragend? Umgekehrt: Habe ich Mut, Gefühle zu zeigen?
5. Die wundervolle Spirale auf dem Schneckenhaus zeigt den Weg: Reise nach innen. Finde deine Mitte! Da ist auch Gott.
   Evangelium: Mt 22,34 – 40 (Hauptgebot.)
6. Mache ich gerne andere »zur Schnecke«? Trample ich auf den Gefühlen anderer herum? Bin ich manchmal wie ein Radfahrer: Nach oben buckeln und nach unten treten?
7. Die Schnecke sieht die Welt von unten. Auch so erkenne ich Wunder. Das Herrschen-Wollen von oben läßt uns vieles übersehen. Umgekehrt: Krieche ich manchmal vor den anderen? Welche Haltung sollte ich haben?
8. Die Schnecke hinterläßt eine Spur. Welche hinterlasse ich: eine schleimige? Umkrieche ich alle Hindernisse?
   Lesung: Apg 4,8 – 10 (Petrus vor dem Hohen Rat: Die Apostel hinterließen eine Spur, die heute noch die Welt prägt.).

9. Im Frühjahr sprengt die Schnecke das feste Häutchen vor dem Eingang ihres Gehäuses. Neues Leben wartet auf sie. Darum ist die Schnecke manchmal auch auf Grabsteinen zu sehen: Gott soll den Deckel unseres Sarges für das ewige Leben sprengen.
Evangelium: Auferstehungsbericht

(Dazu eine ausformulierte Bußfeier für Jugendliche und Erwachsene in »2 × 11 Bußfeiern«, S. 52–57; vgl. auch Theodor Glaser, Im Lauf der Welt, Rosenheimer Verlagshaus, Rosenheim 1985, S. 62–65; ein ausformulierter Gottesdienst zu Schneckenhäusern in Heriburg Laarmann, Mit Zeichen und Symbolen, Herder, Freiburg 1985, S. 67–72.)

Andere Ideen

1. Eigentlich genügt ein einziges Gebot!

(Strafgesetzbuch, Bürgerliches Gesetzbuch, Kirchliches Gesetzbuch)

Wenn ich euch aus diesen beiden Gesetzbüchern (StGB, BGB) mit vielen hundert Gesetzen etwas vorlese, wirkt das auf euch sehr langweilig. Aber diese Bücher sind notwendig, um das Zusammenleben der Menschen in unserem Staat zu regeln.
Auch zur Zeit Jesu gab es 248 Gebote und 365 Verbote, die die Schriftgelehrten und Pharisäer auswendig konnten. Diesen Leuten war Jesus ein Dorn im Auge, wenn er sagte: es genügt nur *ein* Gesetz! Alle anderen Vorschriften sind darin enthalten. So steht in der Hl. Schrift:
Evangelium: Mt 22,34–40 (Hauptgebot).
Also nicht mehr *ängstlich* die vielen Ge- und Verbote beachten, es genügt *die Liebe.* Das hat Jesus auch vorgelebt.
So würde es auch bei euch zu Hause oder in der Klasse eine ziemlich unfrohe Angelegenheit, wenn ihr ein dickes Regelbuch darüber ausarbeiten würdet, wer am Tisch die Butter herüberreichen oder wer die Blumen gießen soll. Erst die Liebe zueinander läßt ein schönes Familien- und Klassenleben zu.
Auch in der Kirche gibt es eine Menge Gesetze, Gebote und Vorschriften (CIC, das kirchliche Gesetzbuch zeigen). Und oft müßte auch hier gesagt werden: Vergeßt nicht, das wichtigste Gesetz steht in der Bibel, das ist das Gebot der Liebe.
(Vgl. Helmut Heiserer in »PuK« 6/75, S. 773–776.)

2. Den richtigen Ton der Liebe finden

(eine Stimmgabel)

Wenn ich einen Kanon anstimme, summe ich vorher meist ein paar Töne vor mich hin; manchmal stimme ich zu tief oder zu hoch an; manchmal dauert es euch zu lange, und ihr fangt einfach zu singen an.
Mit dieser Stimmgabel hier kann ich den Ton sicher finden. (Jetzt erst einmal die Wirkweise der Stimmgabel vorführen: bei einem leichten Schlag geraten die beiden Gabelstäbchen in Schwingung und erzeugen auf diese Weise einen immer gleichen Ton.) Hier liegt das Entscheidende und Wichtige einer Stimmgabel: Egal, welche Atmosphäre und Stimmung – sie findet stets den richtigen Ton. Wir Menschen vermögen das nicht, weil wir lebendig sind und unendlich viele Schwingungen in uns erzeugen können. Und doch sollten wir im Miteinander der Diskussionen, Treffpunkte und Gemeinschaften den rechten Ton finden: Die richtigen Schwingungen der Liebe. Paulus spricht davon:
Lesung: 1 Kor, 1.2(4–7); 14.1a (Auszüge aus dem Lied der Liebe).
Evangelium: Hauptgebot der Liebe.
(Dazu ein ausformulierter Gottesdienst von Klemens Nodewald in »KiJu« 9/1979.)

3. Die kleinen Rädchen
(eine Uhr mit großem Zifferblatt und kleinem Uhrwerk)

Jedem, der diese Uhr oder eine Turmuhr betrachtet, fällt zuerst das große Zifferblatt ins Auge. Ähnlich wie in unserem Staat der Bundespräsident, der Bundeskanzler und die großen Politiker auffallen. Aber was wäre das Zifferblatt ohne das kleine Uhrwerk, das im Stillen arbeitet? So erwähnt in unserem Staat kaum einer die kleinen Leute, die jeden Tag im Hintergrund ihre Pflicht tun, ohne die der Staat nicht existieren könnte. So ist es überall: Wenn wir das Wort »Kirche« hören, denken wir zuerst an den Papst und die Bischöfe; aber wer erwähnt die stillen Beter oder die Christen, die täglich versuchen, die Botschaft Christi im Alltag zu leben? – Oder was wären die Familien ohne das Wirken der Mütter im Hintergrund?
Heute möchte ich euch auf eine stille Gruppe im Hintergrund unseres Landes aufmerksam machen: auf die Millionen Ausländer. Wir haben sie vor Jahren aus fast allen Ländern gerufen: Italiener, Spanier, Jugoslawen, Türken ... viele Millionen. Dann kam die Arbeitslosigkeit, und wir wollten sie einfach abschieben, die Rädchen im Uhrwerk auswechseln. Aber so geht es nicht: Wie viele haben hier geheiratet, fühlen sich wohl ... Die Ausländer haben uns einmal geholfen, jetzt dürfen wir nicht sagen: »Mohr, du hast deine Schuldigkeit getan, jetzt kannst du gehen!« Wie sieht unsere Dankbarkeit aus? Sie leben oft in schlechten Wohnungen für teures Geld. Die schäbigsten Arbeitsplätze überlassen wir ihnen. Von ihren Kindern schafft ein Großteil den Abschluß der Hauptschule nicht, und sehr viele gehen gar nicht zur Berufsschule.
In der Bibel werden uns manchmal Ausländer als Beispiel vor Augen gestellt.
Evangelium: Lk 10,30–37 (Barmherziger Samariter), Lk 17,11–19 (Der dankbare Samariter).
(Vgl. Alois Stiefvater, Einstiege für die Predigt, S. 88f.)
Erarbeiten: An dieser Nächstenliebe und Dankbarkeit können wir Maß nehmen. – Was können wir heutzutage von ausländischen Arbeitnehmern und deren Familien lernen? (Gastfreundschaft, Lebensfreude, Gemeinschaftssinn ...)

4. Wie bei den Äpfeln?
(ein schöner, ein unansehnlicher und ein fauler Apfel)

1. Dieser (schöne) Apfel hier verlockt so richtig zum Reinbeißen, und er duftet! Aber noch weiß ich nicht, ob er hart ist oder weich, sauer oder süß, saftig oder mehlig. Die äußere Schale kann täuschen: Unter einer harten Schale verbirgt sich oft ein weiches Inneres; manche sehen außen blendend aus, sind innerlich aber schon faul ...
   Merkt ihr, von wem ich auch noch spreche? – Von Menschen! (Jetzt einiges wiederholen und auf die »andere Ebene« übertragen.)
2. Wieso ist dieser Apfel so klein und unansehnlich? Er hat auf der Schattenseite des Baumes zu wenig Sonne bekommen (= es fehlte die Wärme von Vater und Mutter). Oder nahmen ihm andere Äpfel Licht und Luft weg (= er wurde immer wieder mit anderen Menschen verglichen, mit denen er nicht mithalten konnte)?
3. Bei diesem (angefaulten) Apfel müßt ihr mir helfen! Wie ist das passiert? Vielleicht wurde er von einem Insekt gestochen und erkrankte daran (= früh verführt, z.B. »Du traust dich doch nicht, das Spielzeug zu klauen!« ...)? Oder ein schlimmer Sturm hat ihn vom Ast gerissen, er fiel auf die Erde, und die Stoßstellen begannen zu faulen (= als Lehrling, weit weg von zu Hause, kam er unter die Räder). Oder wurde er falsch gelagert (= er hatte verdorbene Freunde)?
   Jetzt muß ich ihn jedenfalls schnell wegwerfen, damit er keine anderen Äpfel ansteckt. Darf ich das aber mit einem Menschen machen, ihn so endgültig verurteilen? Es ist ja meistens nicht nur seine Schuld! Wir heilen, wenn wir einem Betroffenen mit mehr Verständnis begegnen. Wenn wir ihm mehr Chancen zugestehen und ihn dabei begleiten und so langsam das Faule aus ihm herausschneiden. Vor allem wissen wir als Christen: Gott verurteilt ihn (noch) nicht. Er läßt seine

Sonne aufgehen über Gerechte und Ungerechte. Hören wir, was Jesus uns im Gleichnis vom Feigenbaum sagt:

Evangelium: Lk 13,6 – 9 (Vielleicht bringt er doch noch Frucht).

(Gekürzt und verändert nach Lydia Baßler, Kirche für Kinder, 25 Wortgottesdienste, Matthias-Grünewald-Verlag, Mainz 1984, S. 137 f.)

5. Blumen des Glücks pflanzen

(eine Blume für jeden – aus Wald, Feld oder Wiese)

Wir betrachten die Blume: Ein kleines Kunstwerk; es braucht Wärme und Licht, Erde und Wasser, um blühen zu können; letztlich ein Geschenk aus der Hand Gottes.
Eine Blume ist ein kleines Wunderwerk am Wege, das wir nicht übersehen oder zertreten dürfen. Wir nehmen Blumen als Aufmerksamkeit mit bei einem Besuch. Sie sollen erfreuen und unsere Liebe anzeigen.
Im Märchen »Die drei Schlüssel zum Himmel« sucht ein König die Schlüssel zum Himmelstor. Nach langem Suchen blühen sie jedesmal nach einer Tat der Liebe zum Menschen, zum Tier und zur Pflanze als »Himmelsschlüssel« vor ihm auf. (Ausführlicher in Kurzgeschichten 3, Nr. 115)
»Nächsten«-Liebe bezieht sich also auf *alles* Geschaffene. Wenn wir die gesamte Schöpfung achten, lieben wir auch den Schöpfer. So finden wir den Weg zu ihm.
Lesung: 1 Joh 3,11.14 – 17 (Wir sollen einander lieben).
Evangelium: Joh 15,9 – 12 (Liebet einander ...).
Zum Friedensgruß heben alle ihre Blumen über ihren Kopf = ein großer, bunter Blumenstrauß!
(Als ausformulierter Gottesdienst in »KiJu« 7/87)

6. Das Tuch des Trostes (mehr für Jugendliche und Erwachsene)

(ein Tuch — vielleicht für jeden)

Dieses Tuch soll uns an das sogenannte »Schweißtuch der Veronika« erinnern. Diese kleine mitleidsvolle Geste einer Frau hält die 6. Kreuzwegstation fest: Blut und Tränen auf dem Antlitz unseres Herrn werden getrocknet.
Wieviel Blut und Tränen gibt es heute auf den Gesichtern der Menschen, in denen unser Bruder Jesus Christus sich widerspiegelt? Welche Tränen der Sorgen und Schmerzen bedrücken uns?
Wenn wir die Hilfe, die wir manchmal erfahren, weitergeben an die Leidenden und Unterdrückten in unserer Welt, dann kann dieses Tuch des Trostes durch uns zu einem Tuch der Freude werden.
(Idee zur Eucharistiefeier der Frauen auf dem 89. Deutschen Katholikentag 1986 in Aachen.)

Sakramente

68. Aus vielen biegsamen Zweigen ein Korb

(Weidenruten zum Korbflechten liegen bereit; einige sind im Wasser eingeweicht. Ein fertiger flacher Korb)

Lesung: Röm 8,14 (Ihr habt den Geist, der euch zu Söhnen und Töchtern Gottes macht ...).
Evangelium: Joh 15,14 – 16 (Ihr sollt Frucht bringen als meine Freunde).
Einer versucht zunächst aus trockenen Weidenruten einen Korb zu flechten: Weil die Ruten hart und unbiegsam sind, brechen sie oder splittern.

Ein anderer versucht jetzt mit den eingeweichten Ruten den Anfang eines Korbes zu flechten.
Pr: Die vielen Ruten sind die Schüler und Lehrer in einer Klasse: Bleibt jeder unnachgiebig, hart und pocht nur auf sein Recht, dann ist ein Miteinander unmöglich, dann kann kein Gemeinschaftswerk entstehen.
Das Wasser, das Biegsamkeit verleiht, kann uns an das Wasser der Taufe erinnern. Hier beginnt die Freundschaft mit Jesus, hier beginnt ein Leben, wie Jesus es uns vorgelebt hat. Dann kann aus Vielen eine Gemeinschaft und eine Frucht der Biegsamkeit entstehen: ein Korb, der Lasten tragen hilft.
(Im flachen Korb kann das Hostienbrot zum Altar getragen werden. Vielleicht ist für jede Klasse ein Körbchen da, das im Klassenraum an die Predigt erinnern kann oder das Jahr über als »Kummerkasten« dient.)

(Dazu ein ausformulierter Gottesdienst von Stefanie Spendel in »KiJu« 7/8/1985: Aus vielen Zweigen ein Korb.)

69. Versiegelt mit dem Kreuz

(ein Siegel, möglichst mit einem Kreuz darauf)

Mit diesem Siegel besiegele ich alle wichtigen Schreiben und Beschlüsse. Manchmal ist ein Siegel deutlicher: Ihr habt schon bei Tieren ... ein eingebranntes Siegel entdecken können. Jeder weiß dann: Aha, dieses Tier gehört dem oder dem. Früher wurde den Sklaven oft auf der Stirn oder dem Arm ein solches Zeichen eingebrannt. (Die Leute, die unter Hitler einer besonderen Organisation angehörten, hatten sich auch ein solches Zeichen einbrennen lassen, was ihnen 1945 zum großen Hindernis wurde.)
Gleich zum Beginn der Taufe drückt der Priester dem Taufbewerber das Kreuz auf die Stirn: Eltern und Paten zeichnen es nach. Das will sagen: Der Gekreuzigte ergreift im Sakrament der Taufe Besitz von diesem Kind. Es gehört ihm jetzt für Zeit und Ewigkeit. Jeden Abend und Morgen kann jetzt die Mutter oder der Vater mit einem Kreuz auf die Stirn das Kind »versiegeln« und denken: »Du bist getauft, mein Kind. Möge der dich beschützen, dem du gehörst!« Bis das Kind selbst einmal sagen kann: »Ich bin getauft. Christus ist mein Herr. Ich gehöre ihm.«
Wenn ihr zur Kirche hereinkommt und mit geweihtem Wasser das Kreuz über den ganzen Leib macht, bleibt der Sinn derselbe. Auch die drei Kreuze vor dem Evangelium auf Stirn, Mund und Herz bedeuten: Ich bin besiegelt für Jesus Christus, der stärker ist als Not und Tod.
Warum dieses Zeichen nicht auch setzen vor Beginn einer Reise, vor einer längeren Trennung? An diesem Zeichen werden wir einmal erkannt:
Lesung: Offb 7,1–4 (144000 tragen das Siegel auf den Stirnen).

(Verkürzt und verändert nach Balthasar Fischer, Von der Schale zum Kern. Benziger/Herder 1979, S. 10f, S. 68–70; vgl. Bruno Kleinheyer, Heil erfahren in Zeichen, Don Bosco, München 1980, S. 72–76.)

70. Das Zeichen der Treue
(ein Ring)

Wer trägt nicht gerne einen Ring? Als Schmuck, als Zeichen der Freundschaft ..., als Vorübung auf die große Treue?
Ein Ring hat keinen Anfang und kein Ende und sagt aus: ewige Treue. Der Ring ist ein Abbild des Kreises, der ein Symbol für Gott ist. Drei Kreise ineinander deuten auf den dreifaltigen Gott hin. Die Treue, auf die ein Ring hinweist, deutet also bis in Gott hinein, der in Treue zu uns steht. Bei der kirchlichen Trauung wird gesagt: »Trage diesen Ring als Zeichen deiner Treue.« Und beim Segensgebet über den Ring heißt es: »Wie der Ring den Finger ganz umschließt, so umschließt das Band der Treue jene beiden, welche diese Ringe tragen. Darum bitten wir, Herr Jesus Christus, segne die Ringe und schütze diese Ehe vor allem, was sie je bedroht.«
(Mehr für Jugendliche und Erwachsene: So eine Liebe bindet und macht zugleich frei. Das klingt wie ein Widerspruch. Aber wirkliche Freiheit ist ohne Bindung nicht zu haben. Von daher ist auch die Sprachentwicklung interessant: Sich aneinander binden wollen heißt »freien«, d.h. jemanden lieben und heiraten wollen. Bei manchen Ehepaaren wird der Ring langsam viereckig und erinnert an einen Boxring; also ein kantiger Ring, der zum Kampfplatz wird. Liebe aber besiegt den Haß, befriedet den Kampf, heilt, was verletzt ist, rundet ab. Eine ständige Aufgabe!)
Auch Ordensfrauen tragen einen Ring als Zeichen dafür, daß sie sich mit Christus vermählt haben. Der Bischof trägt einen Ring als Zeichen dafür, in Treue zu Christus und seiner Kirche zu stehen. Auch der Papst trägt einen Ring, den sogenannten Fischerring, der den hl. Petrus in seinem Bemühen zeigt, das Netz ins Boot zu ziehen (Lk 5,4 – 10). Er wird ihm bei der Annahme der Wahl überreicht und nach seinem Tode zerbrochen.
In der Bibel ist auch von einem Ring die Rede:
Evangelium: Lk 15,11 – 24 (Der barmherzige Vater).
Der Vater steckt also dem verlorenen Sohn den Ring an den Finger; das bedeutet: Du bist kein Sklave mehr, sondern wieder als Sohn angenommen. Ein tröstliches Zeichen dafür, daß auch wir nach manchem Irrweg unseres Lebens von Gott gefunden, angenommen und auf ewig an Ihn gebunden sind.

Andere Ideen

1. Das unauslöschliche Merkmal
(ein Stempel)

Was kann ich alles mit einem Stempel machen? (Beglaubigen, Zeichen der Echtheit bei Urkunden und Verträgen ...).
Was wären Büros ohne Stempel? Man kann ihn auch beim Eintritt zu einer Fete auf den Handrücken drücken. Die großen Meßdiener unserer Gemeinde hatten in der Jugendherberge allen kleinen Ministranten im Schlaf den Text auf die Stirn gestempelt:
»Bitte nicht mitnehmen – Eigentum der Pfarrei«.

So sind auch die Taufe, die Firmung und die Priesterweihe unter den sieben Sakramenten wie ein Stempel Gottes auf unserer Seele oder unserer Stirn: Dieser hier hat sich unauslöschlich und unverwischbar für die Sache Jesu entschieden. Seitdem sind wir keine unbeschriebenen Blätter mehr: Wir sind in der Taufe mit der Handschrift Jesu versehen worden, gestempelt mit einer neuen Wirklichkeit. Dieses Siegel sollen wir sichtbar machen durch unser christliches Leben.
Text bei der Firmung: »N., sei besiegelt durch die Gabe Gottes, den Heiligen Geist!«
(Teilweise nach Jürgen Bärsch, Oberhausen.)

2. Gemeinsam unterwegs
(ein Bergsteigerseil – mindestens 3 m lang)

Kinder, zeigt einmal auf: Wer von euch möchte später einmal heiraten? –
Mit diesem Bergsteigerseil hier möchte ich euch ahnen lassen, was es bedeutet, im Leben *gemeinsam* unterwegs zu sein. Und Ziel unseres Lebens ist, Gott zu finden; oder im Bild ausgedrückt: den Gipfel des »Lebens-Berges« zu erklimmen. (Hier können zwei Kinder vielleicht eine Seilschaft spielen: untereinander verbunden sein, im Gleichschritt weitergehen, absichern ...)
Es ist leichter, das Ziel zu erreichen, wenn sich zwei zusammentun. Dabei können sie erfahren:

1. Der Schwächste setzt das Maß: Ich muß den anderen annehmen, wie er ist; ich muß mich einordnen und *Rücksicht* nehmen.
2. Im Fels sind die beiden bedingungslos aufeinander angewiesen. Sie sind eine richtige *Schicksalsgemeinschaft,* die alle Belastungen ertragen will. (Heute laufen viele Ehegemeinschaften auseinander, weil es ihnen so gut geht.)
3. Wenn ich am Seil hänge, lege ich mein ganzes *Vertrauen* in den anderen, der mich absichert. Ohne Vertrauen würde mich die Unsicherheit packen.
4. In *Gemeinschaft* ist es leichter, die Angst im nackten Felsen zu überwinden. Aufmunternde Worte und eine hingestreckte Hand vertiefen die Gemeinsamkeit.
5. Die *Liebe* zueinander macht fähig, Anstrengungen und Risiken auf sich zu nehmen, wenn ein Umschlagen des Wetters, Steinschlag oder Schwäche drohen. Hunger und Durst, Kälte und Müdigkeit werden leichter ertragen, und eine bescheidene Unterkunft oder einfaches Essen und Trinken werden nicht als Last empfunden. Wie weit geht diese Liebe?

Evangelium: Joh 15,12.13.17 (Es gibt keine größere Liebe als die, wenn einer sein Leben gibt für seine Freunde).
Es gibt erschütternde Berichte über Schicksale von Seilgefährten, die ihr Leben für andere hingaben. Wenn zwei Menschen damit beginnen, gemeinsam den Gipfel des Lebens zu erklettern, dann geben sie sich vor dem Traualtar die rechte Hand. Und der Priester als Vertreter der Gemeinschaft der Christen wickelt um ihre Hände seine Stola, die mit dem Zeichen Christi geschmückt ist. Das soll bedeuten: All das, was ich aufgezählt habe, nämlich Rücksicht, Schicksalsgemeinschaft, Vertrauen, Gemeinschaft und Liebe, erhält noch mehr Beständigkeit und Kraft, wenn Gott als Erster in diesem Bund erfahren wird. Er verspricht seine Nähe und seinen Schutz in guten und in bösen Stunden. Die Sehnsucht und die Freiheit, die zwei Menschen immer mehr spüren können, je näher sie dem Gipfel kommen, münden schließlich beim Höhersteigen in Ihm.
In einem Bergsegen, zu lesen in der Kirche von Neuhaus am Spitzingsee, heißt es: Schirme, Herr, durch die Fürbitte des hl. Bernhard, den du als Patron der Almen und Alpenwanderer ausgewählt hast, diese deine Diener und gewähre ihnen in deiner Huld, daß sie beim Besteigen unserer Höhen auch auf den Berg gelangen möchten, der da ist Christus, unser Herr.
Manche müssen diesen Gipfel auch alleine besteigen; in Gemeinschaft macht es aber mehr Freude. Also, haltet die Augen auf, einen guten Seilgefährten zu finden!
(Es kann bei dieser Predigt auch auf Vorbedingungen eingegangen werden wie Helm, Profilschuhe, Hammer, Haken ... Entscheidend ist aber die Festigkeit des Charakters, das gesteckte Ziel erreichen zu wollen.)

Verschiedenes

71. **Jesus ist unsere Mitte** (Aufnahme von Ministrant(inn)en) (ein großes Wagenrad)

Evangelium: Mt 18,20 (Wo zwei oder drei ..., da bin ich mitten unter ihnen); Joh 20,19–21 (Jesus trat in ihre Mitte).

Verschiedene Ministrant(inn)en, die aufgenommen werden, sprechen folgenden Text:

1.: Wie wichtig ist im Leben das Rad! Kein Auto und keine Maschine liefen, und kein Zug durchquerte das Land. Darum haben wir bei unserer Aufnahme in die Ministrantenschar das Wagenrad als Symbol gewählt.

2.: (hält ein Stück Holz hoch) Um eine Speiche in diesem Rad sein zu können, müssen die Ecken und Kanten dieses Holzes hier abgerundet werden. Ich möchte eine Speiche sein, denn ich brauche eine Form, damit ich in unsere Gruppe hineinpasse. Das kann wehtun, denn ich muß mich ja ändern und ändern lassen.

3.: Auf jede Speiche am Rad kommt es an. Wenn zu wenige Speichen mitmachen, ist das Rad nicht sehr belastbar.

4.: (mit einem Kreuz, das in eine Kirche gemalt ist) Wir Speichen an diesem Rad brauchen eine Mitte. Sie muß uns ausrichten, ordnen und halten. Diese Mitte, die Nabe des Rades, ist für jede Ministrantengruppe Jesus Christus. Heute natürlich auch die Kirche. Ich hefte darum ein Christuszeichen innerhalb einer Kirche auf die Mitte des Rades.

5.: Aus dieser einen Mitte möchten wir leben. Wer die Mitte verlagert, gerät ins Schleudern, und das Rad eiert. Unsere Mitte soll Jesus Christus sein!

6.: Je näher die Speichen der Mitte kommen, um so mehr nähern sie sich auch einander. Je näher wir in der Kirche Jesus Christus kommen, um so mehr nähern wir uns auch gegenseitig. Bei der heiligen Kommunion wird es uns oft gesagt: Jesus Christus will uns mit Gott und untereinander verbinden.

7.: Auch der äußere Kreis des Rades, die Felge, bindet und verbindet. Die Felge bedeutet die Nächstenliebe. Hier in der Nächstenliebe wirkt sich die Gottesliebe aus. Darum ist ein Schubkarren belastbar, weil die Räder eine Mitte haben und alle Speichen von der Kraft der Nächstenliebe gehalten sind.

8.: Beim Drehen des Rades werden die Speichen im Wechselspiel *be*lastet und *ent*lastet: Arbeit und Ruhe halten sich die Waage. Jede Last, die eine Gemeinschaft zu tragen hat, muß auf verschiedenen Schultern verteilt werden. Dann wird der einzelne nicht erdrückt. Das gilt für eine Familie, jeden Verein, jede Pfarrfamilie, für die Kirche, aber auch für unsere Gruppe.

9.: Ein eisener Reifen umschließt das Wagenrad und gibt ihm zusätzlich Festigkeit und Halt. Das Eisen macht das Rad unverletzlich auf seiner Fahrt über steinige Wege. Hoffentlich kommen in unserer Gruppe zur Gottes- und Nächstenliebe noch Freude, Zuverlässigkeit und Treue hinzu.

10.: In den kommenden Jahren wird das Rad oder der Karren unserer Gruppe auch schon einmal im Morast der Schwierigkeiten steckenbleiben. Dann wünschen wir unseren erwachsenen und jugendlichen Begleitern die nötigen Kräfte, immer wieder in die Speichen zu greifen, um unseren Karren flottzumachen.

11.: Mit der großen Zahl von Mädchen und Jungen als Ministranten in unserer Pfarrei ließe sich ein Karren mit vielen Rädern bauen. Gott möge uns helfen, daß es auf diesem Gefährt fröhlich zugeht und wir in der großen Gemeinschaft gut zusammenhalten!

(Zuerst in »KiBö« Nr. 83, S. 24, veröffentlicht.)

72. Frieden versuchen

(ein Stück Kordel für jeden, in das mehrere Knoten geschlungen wurden)

Wir betrachten unser Stück Kordel:

1. Die Knoten in der Kordel könnten Streit bedeuten. Es ist schwierig, die Ursache zu beseitigen. Wie soll das Problem gelöst werden? Von beiden Seiten ziehen, läßt die Knoten nur noch härter werden. Nachgeben? Dann bleibt der Knoten, und vielleicht muß ich immer den unteren Weg der falschen Kompromisse und des Stillhaltens gehen. Es gibt nur einen Weg: Beide Verursacher versuchen mit vereinten Kräften, den Knoten zu lösen! – Habe ich genug Versuche gestartet? Wann zum letzten Mal? (Vgl. »144«, Nr. 114.)
2. Alexander d. Gr. hat den berühmten, verzwickten gordischen Knoten kurzentschlossen mit dem Schwert durchgeschlagen. Ist Losschlagen das »einzig Senkrechte«? »Die Rübe ab!«? – Mit Gewalt zerhacke ich alles und unterbreche sämtliche Verbindungen.
3. Wir wollen die Knoten in unserer Schnur jetzt selber lösen und beachten dabei genau unser Verhalten. (Später oder während der Versuche kommentieren: Sind meine Fingerspitzen zu gefühllos für so kleine Knoten? Habe ich schnell aufgegeben oder gar nicht angefangen? Warum habe ich den Nachbarn nicht um Hilfe gebeten? Warum habe ich meine Hilfe nach vorn oder nach hinten nicht angeboten? – Geht es bei wirklichen Problemen ähnlich?)
4. Jetzt haben fast alle ein glattes Stück Schnur in der Hand. – Jeder von uns, so erzählt eine Geschichte, ist über einen Faden mit Gott verbunden. Wer schwere Schuld auf sich

lädt, zerreißt den Faden. Bereut der Mensch, erzählt die Geschichte weiter, so knüpft Gott den Faden wieder zusammen. Das bedeutet für den Faden ein Kürzerwerden, aber der Mensch kommt dadurch näher zu Gott. Durch Verzeihen kommen wir dem Mitmenschen näher. Das ist eine gute Nachricht, die Jesus uns oft ans Herz legt:

Evangelium: Mt 5,23 – 26 (Versöhne dich zuerst). Mt 18,21 – 22 (77 mal vergeben).

Steckt das Stück Kordel zur Erinnerung in die Jacke. Es könnte im Notfall gute Dienste leisten!

(Dazu eine ausformulierte Bußfeier in »2 × 11 Bußfeiern«, S. 90 – 94.)

73. Die vielen Möglichkeiten des Netzes

(für jeden einen längeren Bindfaden)

Wenn die Teilnehmer aufgefordert werden, *während* der Predigt ein Netz zu knüpfen, geht das eher bei Jugendlichen und Erwachsenen.

Jeder von uns spürt verschiedene Kräfte in sich, die uns zum Guten und zum Bösen hin und her ziehen. Der Mensch kann für den Menschen zum Wolf und zum Engel werden ...

Wenn mehrere Menschen ihre Kräfte, ihren Lebensfaden zusammenfügen und – zeichenhaft gesprochen – ein Netz knüpfen, dann kann dieses Netz zum Segen oder zum Fluch für uns und andere werden: Ich denke an das Netzgeflecht, das eine Familie miteinander verbindet, Nachbarn, Klassenkameraden, Vereine, Dorfgemeinschaften, Konzerne ...

Wir wollen einmal über diese vielen möglichen Netze nachdenken:

- Wird unser Netz das Fangnetz eines Jägers, in dem sich einer wie ein Tier verstrickt und zu Tode strampelt? (Ps 35,7.8; 140,6).
- Wird es ein feines Spinnennetz, raffiniert gesponnen, damit sich einer darin verfängt, den wir aussaugen können?
- Wird es ein so feinmaschiges Netz, daß ein bunter Schmetterling darin seine Freiheit verliert?
- Oder knüpfen wir ein Tarnnetz wie beim Militär, unter dem wir uns verstecken?
- Wird es ein Netz der Sicherheit, in das alle fallen können, die unter der Zirkuskuppel dieser Welt gefährliche Kunststücke zeigen (müssen)? Jeder braucht Sicherheit und Hilfestellung, und es ist gut zu wissen: Ich stürze nicht ins Leere, sondern werde aufgefangen.
- Es könnte auch ein Bild für ein Kabelnetz werden wie beim Telefon, das uns schnell miteinander verbindet oder wie ein Stromnetz sein, in dem Energie von einem zum anderen fließt.
- Oder soll es ein Fischernetz werden? Für große und/oder kleine Fische?
  Jetzt sind wir mitten in der Bibel, die erzählt:
  Das Himmelreich ist wie ein Netz, das ins Meer der Zeit geworfen wird: Die guten Fische werden in Körbe gelegt (Mt 13,47 – 50).
- Oder soll unser Netz das Fischernetz des Petrus werden, dem Jesus sagt: In Zukunft sollst du Menschen fangen! (Lk 5,4 – 10; Joh 21,8). Aufgrund dieser Worte entstanden die alten Malereien, die ein Netz mit Fischen als Symbol für die Kirche zeigen. Der Papst hat auf seinem »Fischerring« die Darstellung vom wunderbaren Fischfang ein-

graviert. Immer wenn wir gemeinsam das Glaubensbekenntnis beten, dürfte es bildlich mit dem Netz Gottes vergleichbar sein, in das alle Menschen eingefangen werden sollen; wir sind mitverantwortlich, daß keiner durch die Maschen gleitet.

– Oder knüpfen wir ein Friedensnetz mit all unseren guten Kräften, durch das wir untereinander und miteinander verbunden sind, auch wenn einige näher oder weiter entfernt den Knoten angebracht haben? Ja, ein Friedensnetz zwischen allen Völkern und Rassen, in dem sich jeder wohlfühlt! (Eph 4,2–6). Wir singen das Lied vom Friedensnetz (Willms/Janssen).

Lesung: Je nach Akzentsetzung des Textes.

(Nach einer Idee bei Hermann Josef Coenen, Ich suche einen Faden, Jugendgottesdienste, Patmos, Düsseldorf 1983, S. 18f.)

74. Die Zahl der Fülle und Vollkommenheit

(ein siebenarmiger Leuchter)

Eine solche Predigt ist nicht notwendig, hilft aber, die Sinne der Wahrnehmung zu stärken.

Wahrscheinlich kennt ihr schon einige »heilige« Zahlen (1, 3, 10, 12, 33, 40 ...) Heute will ich euch die Sieben einmal vorstellen. Dafür habe ich einen siebenarmigen Leuchter mitgebracht: in der jüdischen Religion ein religiöses Zeichen von großer Bedeutung. Fällt euch auf Anhieb etwas ein, was mit der Sieben zu tun hat?

Sieben Farben hat der Regenbogen, sieben Töne die Tonleiter: Zahl der Fülle und der Vollkommenheit. Früher glaubte man, im siebten Himmel thront Gott. Deshalb sagen wir heute noch von zwei glücklichen Menschen: »Die sind im siebten Himmel!« – Der Sieben-Tage-Rhythmus der Woche scheint uns auf die Haut geschrieben zu sein; vielleicht wegen der Mondphase, die sieben Tage dauert. Versuche, die Woche zu verlängern, um mehr Arbeitstage zu gewinnen, schlugen fehl: Die Menschen wurden krank. – Übrigens: Alle sieben Jahre erneuert sich unser Körper!

Und nun zur »Sieben« in der Bibel:

Sieben Bitten enthält das Vaterunser. Nicht nur siebenmal, sondern siebenundsiebzigmal sollen wir unseren Mitmenschen verzeihen. Sieben Posaunen rufen die Menschen zum Letzten Gericht (Offb 8,1ff). Sieben Köpfe hat der Drache, der vor der Frau auf das Kind lauert, um es zu verschlingen (Offb 12,1ff). – Es gibt sieben Sakramente, sieben Gaben des Heiligen Geistes, sieben Tugenden (vier Kardinalstugenden = Klugheit, Gerechtigkeit, Tapferkeit, Verzicht und Maß sowie drei göttliche Tugenden = Glaube, Hoffnung und Liebe), sieben Schmerzen und sieben Freuden Mariens. Mit sieben Zacken wird auch ein Komet gezeichnet, der als Stern von Bethlehem die Dunkelheit erleuchtete.

Ich könnte noch zahlreiche Bedeutungen aufzählen, aber ich nehme an, ihr seid überzeugt: Die Sieben ist die Zahl der Fülle und der Vollkommenheit – eine »heilige« Zahl.

Evangelium: Mt 6,9–13 (Die Vaterunser-Bitten), Mt 18,21–22 (Wie oft dem Bruder vergeben?).

75. Jeder ist zu etwas nütze

(ein Baumwollfaden – ein Klümpchen Wachs – ein Teelicht)

Es war einmal – ein Baumwollfaden (zeigen!), der sagte:
»Ich habe Angst, ich bin viel zu kurz geraten,
und keiner kann mich gebrauchen.
Für ein Schiffstau bin ich viel zu schwach,
für einen Pullover zu kurz.
Ich habe Hemmungen, mich an andere anzuknüpfen.
Für eine Stickerei bin ich zu blaß und zu farblos;
wenn ich leuchten würde, aus Lurex bestünde,
ja, dann könnte ich vielleicht eine Stola verzieren. Aber so?
Ich bin zu nichts nütze, ein Versager.
Niemand kann mich gebrauchen, niemand mag mich.
Und ich selbst mich am wenigsten.«

So sprach dieser kleine Baumwollfaden zu sich selbst, legte eine traurige Musik auf und fühlte sich ganz down in seinem Selbstmitleid – von Gott und der Welt verlassen.

Da klopfte dieses Klümpchen Wachs an seine Tür und sagte:
»Laß dich nicht so hängen, kleiner Baumwollfaden!
Ich habe da eine Idee: Wir beide tun uns zusammen!
Für eine lange Osterkerze bist du als Docht allerdings
zu kurz, und ich bin dafür auch nicht genug Wachs.
Aber für ein Teelicht reicht es allemal. (Das Teelicht zeigen!)
Wir beide zusammen werden eine kleine Kerze.
Die wärmt und macht ein wenig heller.
›Es ist besser, auch nur ein kleines Licht anzuzünden,
als immer nur über die Dunkelheit zu schimpfen.
Und die ganze Finsternis der Welt ist nicht imstande, unser kleines Licht zu löschen.‹
Einverstanden?«

Da war der kleine Baumwollfaden ganz glücklich und sagte:
»Dann bin ich also doch zu etwas nütze!«

Wer weiß, vielleicht gibt es auf der Welt noch mehr Baumwollfäden, die sich mit Wachs zusammentun. Gott gibt uns den Mut dazu, denn er sagt uns durch den Propheten:

Lesung: Jes 43,1–3a.4–5a (Du bist mir teuer und wertvoll).
Ps 145, 14–20a (Der Herr richtet alle Gebeugten auf ...).

Evangelium: Mt 9,10–13 (Ich bin für die Kranken gekommen).

(Pr stellt das Teelicht entzündet auf den Altar.)

(Nach Hermann Josef Coenen, Meine Jakobsleiter, Meditationen, Patmos, Düsseldorf ²1987, S. 86.)

Andere Ideen

1. Die Rufer Gottes
(eine Glocke)

Hier habe ich eine kleine Glocke. Ich kenne viel größere ... (im Glockenturm. Sollten die Kinder nicht darauf kommen, sollen alle ganz still werden und horchen: der Organist oder Küster setzt eine Glocke kurz in Bewegung.)

Wann läuten die Glocken? (Zu Meß- und Gebetszeiten, dreimal täglich als Angelus, Totenglocke, Sonntag einläuten, Freudengeläut bei Papstwahl etc.; sie schlagen die Stunden an; früher: Alarmgeläut ...)
Worauf wollen uns die Glocken noch aufmerksam machen? (Sie sind Rufer Gottes: »Kommt zum Gottesdienst!« – »Denkt an Gott, der die Zeit gibt!« – »Gott liebt euch!« – »Seid bereit, wenn der Herr kommt!«)
Christen und Glocken sollen das Lob Gottes weitertragen, jeder nach seiner Eigenart und seinem Vermögen; denn jede Glocke und jeder Christ sind anders.
Evangelium: Mk 1,14–15 (Das Reich Gottes ist nahe. Bekehrt euch und glaubt an das Evangelium!) So rufen auch die »Stimmen Gottes«, oder: Lk 12,35–44 (Haltet euch bereit).
(Vgl.: Rainer Gille, »KiJu« 9/1979. – Arbeitskreis St. Elisabeth, Neuss-Reuschenberg, in einem Gottesdienst vom 10. 8. 80. – Siehe auch: Lothar Zenetti, Kinderwelt und Gottes Wort, 100 Kinderansprachen, Pfeiffer-Verlag ²1962, S. 49/51. – Interessant auch der Heiligabend-Familiengottesdienst 1978 vom evangelischen Pfarrer Hinnenberg, Duisburg, in dem jeder eine gebastelte Glocke bekam: Materialdienst Nr. 24, Sept. 80, S. 16–18. – Ein ausformulierter Gottesdienst »Christen sind den Glocken ähnlich« von Wolfgang Longardt in »KiJu« 1/85: Hier finden Sie auch Anleitungen zum Basteln von Glocken wie Glockenlieder und auch eine Pantomime, die Glockengeläute durch Kinder darstellt.)
Ist für Kinder, die besonders gut mitgearbeitet haben, nicht eine Turmbesteigung der Pfarrkirche möglich? – Auch die Namen und biblischen Inschriften der Glocken können für die Predigt wesentliche Impulse liefern!

2. Staunen über eine Zahl
(eine Rose mit ihren fünf Kelchblättern)

Für die Zahl Fünf kann ich natürlich noch anderes mitbringen: Ein Stiefmütterchen hat fünf Blütenblätter; eine Windenblüte zeigt außen ein vollkommenes Fünfeck; ein Seestern hat fünf Arme; Apfelblüten haben immer fünf Blütenblätter: aus diesem fünfeckigen Sternmuster der Blüte wird der fünfeckige Stern des Samengehäuses, den ich erkennen kann, wenn ich einen Apfel halbiere. – Eine solche Predigt ist nicht notwendig, hilft aber, die Sinne der Wahrnehmung zu stärken.
An dieser Rose zähle ich fünf Kelchblätter. Auf die Fünf kommt es jetzt an: Sie ist die Zahl des Lebendigen, die Zahl der Hochzeit, weil sie unteilbar aus der weiblichen Zahl Zwei und der männlichen Zahl Drei zusammengesetzt ist. Ob die Rose auch wegen ihrer fünf Kelchblätter zum Liebes-

symbol geworden ist? Selbst wenn sie verblüht ist, bleiben die fünf Kelchblätter erhalten – über den ganzen Winter. Und die Liebe soll ja auch eine winterliche Zeit in der Ehe überdauern!
Wahrscheinlich wußte Jesus um die Zahl der Hochzeit, weil in seinem Gleichnis für das Himmelreich fünf kluge und fünf törichte junge Frauen auf den Bräutigam warten, der zur Hochzeit kommt. Überall begegnen wir dieser Zahl des Lebendigen. Ist es Zufall, daß wir fünf Finger an jeder Hand haben und daß der Mensch fünf Sinne hat?
Schauen wir einmal über unsere Grenzen hinaus: In China ist die Fünf eine Glückszahl (Neujahr sagen die Menschen dort: »Das fünffache Glück komme herein!«); Indien kennt fünf Elemente (wir nur vier); in manchen Kulturen gibt es sogar fünf Himmelsrichtungen (die fünfte ist das Ich, das Selbst des Betrachters; jeder Mensch ist also der Mittelpunkt seiner eigenen Welt, und es ist entscheidend, im Leben »die Reise nach innen« anzutreten, zumal auch unser Herz die Wohnung Gottes ist); der Islam kennt fünf Pfeiler des Glaubens (Glaubensbekenntnis, Pflichtgebet, Fasten, Almosen und die Pilgerfahrt nach Mekka).
Und die Bibel? Es gibt fünf Bücher Mose (und der daraus vorliest, wird bis heute der Thora-*Bräutigam* genannt!); David hob fünf Kieselsteine auf, um Goliath zu besiegen; fünf Brote besaß der Junge in der Wüste; fünf Wunden erleidet Christus, an die die fünf auf jeden Altar eingemeißelten Kreuze erinnern. (Auf dem Wappen Portugals sind fünf Schilde mit je einem Blutstropfen Jesu gemalt.) Fünfzig Tage dauert die Osterzeit.
Fünf – die Zahl des Lebendigen: Ich wollte euch staunen lassen über eine einfache Zahl und euren Blick schärfen für die Wunder in der Natur; ja, wie leicht geht die Natur mit dieser Zahl um, obwohl ein regelmäßiges Fünfeck sehr schwer zu zeichnen ist. Probiert es einmal!
Beachtet mal ein Spinnennetz: Meist hängt die Spinne es an fünf tragende Fäden auf!
(Ist es Ironie, daß das »Pentagon«, das Zentrum des amerikanischen Militärgiganten, in einem fünfeckigen Mammutgebäude untergebracht ist: Zahl des Lebendigen? Oder wird damit sein Selbstverständnis klar: Verteidigung alles Lebendigen?)
Fünf – die Zahl der Hochzeit. Zurück zum Anfang: Ob wir zu den fünf klugen Menschen gehören, die mit brennenden Lampen den Bräutigam, den Herrn des Lebendigen, erwarten?
Evangelium: Mt 25,1–13 (Gleichnis von den zehn Mädchen).
(Zum Teil vgl. »ferment« 7/85, Staunen in einem Wunder.)

3. **Von der inneren Umkehr** (mehr für Jugendliche und Erwachsene)
(ein Luftballon)

Evangelium: Mt 15,1–20; Mk 7,1–8.14–15.21–23 (Was uns unrein macht).
Vor Gott kann nur bestehen, was bis ins Innerste gut ist. Darum fragt Jesus wie auch alle Propheten mehr nach dem Herzen des Menschen als nach seinem Äußeren. Nach *unserer* Erfahrung kommt zunächst alles Böse, das in uns sitzt, aus der Umwelt.
(Nach jedem der folgenden Beispiele wird als Zeichen der innere Belastung ein Luftballon weiter aufgepustet.)
– Wenn ein Kind immer schlagen und treten muß, wissen wir, es ist zuerst zu Hause viel geschlagen und »getreten« worden. (Pusten)
– Wenn bei einem Klassenausflug nach Besuch einer Gaststätte die Hälfte der Schüler ein Bierglas, einen Ascher oder Salzsteuer etc. »mitgehen« läßt, ist die Frage, ob du nicht auch bald mitmachst, wo es doch »alle tun«. (Pusten)
– Wer sich jeden Film ansieht, in dem Personen nach fünf Minuten Bekanntschaft »die Mäntel übereinanderwerfen«, oder bei vielen in der Umgebung die Treue in der Ehe nicht mehr gefragt ist, bei dem besteht die Gefahr, angesteckt zu werden. (Pusten)
– Wenn kein gemeinsames Gebet zu Hause mehr möglich ist, in der Klasse über so etwas nur gelächelt wird und du selbst dir dafür keine Zeit mehr läßt, ist es eine Frage der Zeit, ob deine innere »Antenne« für Gott nicht auch verrostet. (Pusten)
(Weitere Beispiele, bis der Ballon zum Platzen gespannt ist.)

Seht ihr, wer immer nur den Ärger, den Frust, die Angst, Haß, Sünde, Unversöhnlichkeit in sich hat stärker werden lassen, der ist wie ein Vulkan vor dem Ausbruch! Jetzt ist es völlig gleich, ob ich schmutzige oder saubere Hände habe, eine schicke oder öde Kleidung trage, ob – wie Jesus sagt – ich die Hände wasche oder nicht –, der Feind sitzt innen: Und Bosheit, Habgier, Neid, Verleumdung haben es an sich, daß sie von innen nach außen wirken wollen.
Sollen wir auch einmal über die Gegenmaßnahmen nachdenken? Was können wir tun, daß die Sünde, die in uns sitzt und die so schlimme Auswirkungen nach außen haben kann, nicht explodiert? In den Lesungen heute haben wir schon Hinweise gehört (= 22. So i. J. Lesejahr B): Beobachtet wirklich die Gebote des Herrn, eures Gottes (Dtn 4,2.6)! Nehmt willig Gottes Wort an, das euch retten kann (Jak 1,21b)! Sorgt für Waisen und Witwen (Jak 1,27)!
(Jetzt nach jedem folgenden Beispiel wieder etwas Luft aus dem Luftballon herauslassen.) Natürliche Hilfsmittel:
- Eine Familie, die noch Zeit füreinander hat. Ehepaare, die ihre Liebe zeigen. (Luft weg)
- Seine Phantasie mit *guten* Büchern, Illustrierten und Filmen füttern. (Luft weg)
- Ein Hobby pflegen; Zeit für sich selbst nehmen. (Luft weg)
- Zeiten der Besinnung und des Gebetes einhalten. (Luft weg)
- Einander mehr loben. (Luft weg)
- Eine Gemeinschaft besuchen, in der man froh ist, in der gesungen und auch gelacht wird und in der man versucht, in Demut jeden zu tragen. So eine Gemeinschaft sollten auch wir hier am Wochenende sein. (Luft weg)

Seht ihr, jetzt steht dieser Ballon nicht mehr in der Gefahr zu platzen!
Wenn unsere Welt gerettet werden soll, helfen nicht nur Umweltprogramme, wichtiger ist die innere Umkehr des Menschen.

4. Was uns eine Taube sagen will

(Bildnis einer Taube, evtl. eine mit Ölzweig und eine mit Heiligenschein)

Im Orient galt die Taube als heiliges Tier. (In Syrien durfte sie nicht gefangen und gegessen, ja nicht einmal berührt werden.) Sie zu töten war ein Frevel gegen Heiliges. Deshalb gibt es in vielen Städten noch bis heute große Schwärme von Tauben.

Der Taube wird Reinheit, Liebe und Frieden zugeschrieben. Ihr sanftes Gurren gilt als Sehnsucht und Hilfesuche. Sie hat ein besonderes Bedürfnis nach Licht. Wenn der »Partner« stirbt, geht sie keine neue Verbindung ein. Vielleicht kommt sie wegen dieser Eigenschaften besonders im Hohenlied vor (z. B. 2,14; 4,1; 5,2).
Auch Maria wird als reine Taube dargestellt, die uns den Olivenzweig der nahen Erlösung brachte. Das Wappen Papst Pius XII. enthielt auch die Friedenstaube mit dem Ölzweig; so verbildlichte er seinen Namen »Pacelli« (= pace = Frieden).
Wenn also in der Bibel das Wort »Taube« vorkommt, brachte jeder, der es hörte, schon seine festen Vorstellungen mit: Die Taube mit Ölzweig im Schnabel (Gen 8,11) will von Versöhnung, Frieden und Rettung sprechen. Von daher kommen die zahlreichen Darstellungen in der Kunst. In den Katakomben wird die Taube auf den Gräbern zum Sinnbild der friedvollen Erlösung, in die der Verstorbene eingegangen ist.

Dann wird in der Regel die Taube sogar zum Symbol für Gottes Heiligen Geist (Gen 1,2: Gottes Geist schwebte über den Wassern; Mt 3,16 = Mk 1,10 = Lk 3,22 = Joh 1,32: ... der Geist wie eine Taube ...), so die meisten Darstellungen von Pfingsten, der Sendung des Heiligen Geistes. Dann trägt die Taube fast immer einen Heiligenschein.
(Vgl. Dorothea Forstner, Die Welt der christlichen Symbole, Innsbruck S. 347/352.)
In den Tageszeitungen, Illustrierten und Karikaturen begegnet uns in der Regel die Taube als Zeichen für den politischen Frieden.

5. Die Natur: Fingerabdruck Gottes
(jeder Teilnehmer hinterläßt seinen Fingerabdruck auf einem Zettel, der im Kirchenraum aufgehängt wird)

Die Fingerabdrücke stehen als Zeichen für die besonderen Talente, besonderen Gaben und Schönheiten des Menschen, die alle verschieden sind. Die Natur ist der herrliche Fingerabdruck Gottes; sie läßt uns ahnen, wie gewaltig und vielgestaltig der Schöpfer selbst ist. –
Vielleicht nehmen die Teilnehmer Zettel mit den Fingerabdrücken der Freunde (und »Feinde«) mit?
(Jürgen Bärsch, Oberhausen)
Lesung: Auszüge aus Gen 1 (Die Schöpfung); Ps 8 (Das Werk deiner Finger!); Ps 19 (Lob der Schöpfung); Ps 104 (Lob des Schöpfers); Ps 148 (Gott im Himmel und auf der Erde); Dan 3,51–90 (Lobgesang der drei jungen Männer); – Sonnengesang des hl. Franziskus.

Ferienzeit

76. Was uns eine Muschel sagen kann (mehr für Jugendliche und Erwachsene)
(eine Muschelhälfte für jeden)

Evangelium: Mt 6,25ff (Sorgt euch nicht ...).
Betrachten wir die Muschel in unseren Händen genau. Milliarden davon schwemmt das Meer an, und jeder Urlauber kann sich genug davon mit nach Hause nehmen. Wenn aber die Verschmutzung des Meeres weiter zunimmt, wird es morgen noch selbstverständlich sein? Und: Sehe ich noch diese Herrlichkeiten am Wege? Von dieser Muschel können wir lernen:

1. Wir sollen so offen sein wie sie und im Urlaub »unsere Seele in die Sonne halten«, auch in die Sonne Gottes!
   Das ist das Wichtigste im Leben, auch wenn es vordergründig egoistisch klingt: Es muß zunächst *mir* gutgehen; ich muß mich wohlfühlen. Ich muß mir Zeit lassen, bis sich sozusagen »zwecklos« diese Schale füllt, denn dann werde ich wieder fähiger, abzugeben und auszuteilen. Wer immer nur aus seinem inneren Brunnen schöpfen will – um in einem ähnlichen Bild zu sprechen –, der fördert schließlich Schlamm zutage. Darum darf das kleine Sätzchen im Hauptgebot nicht übersehen werden: Du sollst den Nächsen lieben *wie dich selbst.* Das hat nichts mit falscher Selbstverwirklichung zu tun, die *nur sich selbst* im Auge hat.

2. Zu einer richtigen Muschel gehört auch noch eine zweite Schale (nach Möglichkeit auch zeigen!), die sich der anderen Schale so angleicht, daß nur noch das Wasser zwischen den Zähnen der beiden Muschelschalen eindringen kann; das Wasser, aus dem die Muschel die Nahrung zieht. Beide Schalen umschließen das kostbare Innere und schenken Geborgenheit. So braucht auch jeder Mensch einen Partner oder eine Gemeinschaft. Zwei Partner sollten so miteinander harmonieren, daß das Kostbare zwischen ihnen geborgen und geschützt ist: das Vertrauen zueinander oder auch das Kind.
Die Partner verändern und entwickeln sich: »Selbstverwirklichung« ja, aber immer mit dem Blick auf den anderen, sonst umschließen irgendwann die Schalen nicht mehr sicher.
Es wäre ziemlich oberflächlich, Ihnen zu sagen: »Kommen Sie schön braun wieder!« Ich wünsche Ihnen für den Urlaub, daß Sie Ihre Schale füllen können und mit dem Blick auf den oder die anderen noch mehr zueinander wachsen.
Evangelium: Hauptgebot.

77. Versöhnung über allen Erlebnissen

(Die sieben Farben des Regenbogens sind einzeln auf dünnen Karton gemalt. – Eventuell wird auch ein Button von 5,5 cm Durchmesser, bemalt mit einem Regenbogen, mitgegeben. Dafür kann man sich bei einer Jugendorganisation eine Buttonmaschine ausleihen. Eine Gruppe müßte dann die Regenbogenstreifen mit bunten Filzstiften ausmalen.)

Jeweils ein Kind bringt eine Farbe nach vorne, spricht den Text und heftet dann seine Farbe vor den Altar, so daß langsam ein Regenbogen entsteht. Die richtige Reihenfolge der Regenbogenfarben von oben nach unten: rot, orange, gelb, grün, blau, indigo, lila.
Lesung: Gen 9,12–17 (Der Regenbogen als Zeichen des neuen Bundes mit Gott und als Symbol der Versöhnung).

Pr.: Es ist immer wieder ein beeindruckendes Erlebnis, einen Regenbogen zu sehen – so herrlich in all seinen Farben. So schön kann ihn kein Künstler in den Himmel setzen – vor allem nicht kostenlos.
Wir freuen uns schon auf das Erlebnis der Ferien. Jetzt kommt Farbe in manches Grau! Mit den Farben des Regenbogens sagen wir euch jetzt, was wir allen in den Ferien wünschen:

1. Kind: Ich bringe die rote Farbe. Sie erinnert an die Flamme des Lagerfeuers, an Gottes guten Geist, und vor allem an die Liebe. Wir werden dann zufrieden heimkommen, wenn wir Liebe empfangen und austeilen dürfen.

2. Kind: Ich bringe die Farbe Orange. Wir schauen gerne in die Strahlen der untergehenden Sonne. Dann folgt mancher gemütliche Abend. – Orange ist auch die Farbe der Vorfreude: Ich wünsche uns schon jetzt Vorfreude auf die gemeinsamen Ausflüge.

3. Kind: Ich bringe die gelbe Farbe. Sie erinnert uns an die strahlende Sonne, die uns verwöhnen darf. Und wenn einmal dicke Wolken aufziehen, wünschen wir, daß wir nicht zu lange auf sie warten müssen.

4. Kind: Ich bringe die grüne Farbe. Wiesen, Felder und Wälder beruhigen und entspannen. Grün ist auch die Farbe der Hoffnung. Wir hoffen auf schöne Erlebnisse und daß wir wieder heil zurückkommen.

5. Kind: Ich bringe die blaue Farbe. Wir freuen uns auf das herrliche Wasser und einen wolkenlosen Himmel. Wir wünschen, daß keiner ein »blaues Wunder« erlebt!

6. Kind: Ich bringe die Farbe Indigo: ein dunkleres Blau. Blau ist ja auch die Farbe für den Glauben und die Treue. Wir wollen in den Ferien auch Gott und die Gemeinschaft der Christen nicht vergessen. Manchem muß man auch auf den Weg mitgeben: Bleibe treu!

7. Kind: Ich bringe die violette Farbe. Sie spricht vom Wartenkönnen und von der Buße, das heißt vom Vergeben und Versöhnen. Wer das Verzeihen nicht in seinen Koffer packt, kann sich auch selbst den Urlaub verderben.

Pr.: Sieben Farben hat der Regenbogen. Sie sprechen wie die sieben Gaben des Heiligen Geistes und die sieben Sakramente von der Fülle der Gaben Gottes, die er uns schenken will. Darum dürfen wir im Urlaub – wie im Märchen die Maus Frederik – tüchtig Sonnenstrahlen, Farben und Worte sammeln. Sie können uns später im »Winter des Alltags« helfen. Über all unseren Erlebnissen soll der Regenbogen leuchten. Wir haben es in der Lesung gehört: Er steht als Zeichen dafür, daß wir nicht allein, sondern mit Gott verbunden sind. Vor allem aber steht der Regenbogen als Zeichen der Versöhnung. Versöhnliche Menschen garantieren eine schöne Ferienzeit, auch dann, wenn wir auf die Sonne warten müssen.

(Bei einem entsprechenden Dia kann Pr bei anderer Gelegenheit auch darauf hinweisen, daß der Regenbogen als Symbol der Herrlichkeit zum Thron des Weltenherrschers gehört (Offb 4,3).
Komplette Gottesdienste zum Thema des Regenbogens finden Sie in Damke/Schibilsky/Schildmann/Wolf, Eine Leiter zum Himmel, Familiengottesdienste im Kirchenjahr, Patmos 1984, S. 157–166, »Solange die Erde steht« zum Erntedank und bei Gerhard Eberts, Familiengottesdienste, Modelle, Rex-Verlag, Luzern 1986, S. 95–103, zum Ferienbeginn.)

78. Wie ein Tragseil

(ein Stück dickes Drahtseil)

Was wären Sessellift oder Seilbahn ohne Tragseile, an die uns dieses Stück Drahtseil erinnern soll?
Manchmal befällt mich ein unruhiges Gefühl, wenn mich ein Sessellift oder eine Seilbahn in großer Höhe über Bäume, Felsen oder einen Fluß trägt. Dann denke ich: Ob das Seil hält? Würde ich Überlebenschancen bei einem Absturz haben?

Besser ist die positive Sicht: Das Tragseil führt mich in kürzester Zeit aus dem Tal in die Höhe. Ich gewinne schnell Überblick, kann mich viel besser orientieren. Die Schönheit der Berge und Täler kann ich ohne große Mühe in mich aufnehmen.
Kann das Tragseil nicht ein Gleichnis sein für das, was Gott uns anbietet: Der Glaube an ihn will uns tragen über alle Hindernisse; er führt uns aus dem oft unübersichtlichen Talgrund in die Höhe, von der aus ich mich besser orientieren kann.
Gott erträgt und trägt alle: Glückliche, Einsame, Aufdringliche, böse und gute Menschen. Wer glaubt, daß Gott ihn trägt, hat es leichter. Er sieht alles in einem anderen Licht. Wenn wir einmal auf dem Gipfel unseres Lebens ankommen, ist alle Unsicherheit und alles Schwindelgefühl vergessen.
(Nach einer Idee von Klaus Dappe, Goslar, in der Zeitschrift »Gong«.)

Andere Ideen

1. Ein Gruß von Gott

(eine kleine Erdbeerpflanze mit Blättern und Blüten)

Früher haben sich die Leute die kleinen »Wunder am Wege« sehr genau angesehen, um mit viel frommer Phantasie Geheimnisse des Glaubens auch in der Natur zu entdecken. Ich lade euch ein, mit solchen Augen einmal diese Erdbeerpflanze zu betrachten:
Ihre dreifachen Blätter erinnern (wie der Klee) an den dreifaltigen Gott. Gerade die Walderdbeere (wie das Veilchen oder das Gänseblümchen) wirkt am Wegrand bescheiden und demütig. In den fünf Blütenblättern sahen die Menschen einen Hinweis auf die fünf Wunden des gekreuzigten Christus und besonders die kleinen, roten Früchte wurden als Blutstropfen Jesu gedeutet, die zur Erde fallen. Der Duft einer reifen Erdbeere steigt uns in die Nase und lädt zum Essen ein. Und wie sie erst schmeckt! Die Erdbeerpflanze läßt also Freude, Duft und Schönheit in unser Leben kommen. Wundert es uns jetzt noch, daß sie seit Jahrhunderten als Heilpflanze gebraucht wird? Die Wurzeln, die Blätter, die Blüten und die Früchte haben heilende Wirkung.
Wer Augen hat zu sehen, der sehe: Ein kleiner Gruß von Gott in unserem Garten und am Wege.
Evangelium: Mt 11,25 – 27 (Was du den Unmündigen geoffenbart hast).
(Vgl. Stefanie Spendel, Der Geist läßt uns leben, Gottesdienste für Familien, Lesejahr C, Verlag Pustet, Regensburg 1985, S. 15f und 150.)

2. Im Berg erahnen wir Gott

(ein Berg auf einer Postkarte; oder im Ferienlager: vor aller Augen)

So ein Berg erträgt alles: Manchmal brennt die Sonne auf ihn, manchmal streichelt sie ihn. Häufig trifft ihn Regen. Der Nebel hüllt ihn sanft ein. Aber noch nie hat er sich über Hitze oder Kälte beklagt. Noch nie hat er Gegenleistungen verlangt oder Dank für den Anblick seiner majestätischen Größe. Er schenkt sich einfach. Ganz umsonst. Er ist ganz Hingabe: Das ist viel mehr! Er schweigt. Er drängt sich nicht auf. Wer sich auf ihn einläßt, kann unendlich viel erfahren. Er ist nicht weniger majestätisch, wenn die Sonne ihn küßt an schönen Tagen und nicht weniger, wenn Sturm oder Hagel ihn geißeln an schlechten Tagen. Es ist ihm gleich, ob man ihn anschaut. Es stört ihn nicht, wenn sich einer auf ihn einläßt und ihn besteigt oder ihn links liegen läßt. Er ist unnahbar und kann doch zum Freund werden. Wer in den Bann seiner Größe und Majestät gerät, kehrt immer wieder zu ihm zurück.

Jesus kann man mit so einem Berg vergleichen: Er trug alles, er nahm alles an ... Könnten wir so sein wie ein Berg ...? (jetzt noch einmal viele Aussagen wiederholen)
Lesung: 1 Kor 13,4–7 (Hohelied der Liebe).
Evangelium: Fast alle Kapitel der Evangelien haben dazu Bezug.
(Vgl. Leonardo Boff, Kleine Sakramentenlehre, Patmos Verlag, Düsseldorf [2]1978, Einleitung. – Vgl. Hans Wallhof, Der Berg als Gleichnis, Anzeiger für die kath. Geistlichkeit 8/1980, S. 2.)

Sportereignisse

79. Spielen mit Herz
(ein Ball)

Der Ball ist das älteste Spielzeug. Auch Jesus wird wohl mit einem Ball gespielt haben. Wenn er auf Abbildungen einen Ball in der Hand hat, dann ist damit allerdings die Weltkugel gemeint.
Der Ball spielt in vielen faszinierenden Sportarten eine Rolle: Tischtennis, Federball, Golf, Tennis, Boccia, Faustball, Volleyball und natürlich Hand- und Fußball.
Vielleicht verzaubert uns der Ball deshalb, weil er Sinnbild des Ganzen, des Vollkommenen ist, ein Abbild des Globus und der Welt. Der Kreis, der im Ball zu erkennen ist, deutet auf das Symbol der Einheit, auf Gott. Von daher ist es nicht verwunderlich, daß früher auch in der Kirche Ball gespielt wurde und gleich neben dem Tempel die Ballplätze lagen. (Spiel in der Liturgie: »Wenn ihr nicht werdet wie die Kinder ...!«)
In alten Geschichten wird anschaulich erzählt: Gott schleudert den Ball der Sonne gegen die Mächte der Finsternis. Umgekehrt sollen die Seelen der Verdammten in Bälle verwandelt werden, mit denen die Teufel »herumballern«.
Die Zuschauermassen bei uns lieben zumeist den Fußball. In der Tat hat dieses Spiel viel mit unserem Leben zu tun: Ich muß am Ball bleiben, Bälle zuspielen, aufnehmen und abgeben. Und es gibt keine Wiederholung all meiner Spielzüge. (Mehr zum Thema »Unser Leben – wie auf dem Fußballfeld« in »133«, Nr. 104.)
Ein bekannter Footballtrainer, nach den Grundbegriffen des Spiels gefragt, sagte: »Wir können keine Primadonnen gebrauchen. Zunächst muß ein guter Spieler seinen Platz in der Mannschaft sehen. Dann bringe ich ihm Disziplin bei. Wenn sie groß herauskommen wollen – das macht den Unterschied zwischen Mittelmaß und Spitze aus –, müssen sie sogar einander wirklich mögen: Jeder muß an seinen Nebenmann denken und wissen, *ich* muß meine Sache gut machen, damit *er* seine Aufgabe erfüllen kann. Das geht nur, wenn Sympathie füreinander da ist!« Wenn wir so weit wären, das innerhalb einer Gruppe von Christen zu verstehen!
Zu Beginn oder Ende eines Spiels könnt ihr immer wieder den Handschlag zur Begrüßung (Spielführer beim Fußball), zum Abschied (Tischtennis, Tennis, Eishockey ...) oder zur Versöhnung sehen, manchmal lässig, manchmal wie eine lästige Verpflichtung. Aber dieser

Handschlag sagt: »Danke fürs Mitspielen; denn ohne dich gäbe es kein Spiel. Und wenn ich in der Hitze des Gefechts einmal die Grenzen überschritten habe, verzeih!« Ob unser Friedensgruß in der hl. Messe das auch ausdrückt: »Ich danke dir, daß du da bist – Friede sei mit dir!«? Wenn wir in Zukunft einen Ball sehen, dürfen wir uns daran erinnern: Wir sind nicht wie ein Spielball einfach so ins Leben geworfen, sondern Gott hält mein Leben in der Hand.
Lesung: 1 Kor 9,24.25 (Läufer in der Rennbahn).
Evangelium: Seligpreisungen für Sportler (verfremdet nach Mt 5,1 ff).

Selig, die es als Geschenk ansehen, siegen zu können.
Selig, die verlieren können, ohne den Kopf zu verlieren.
Selig, die in Spiel und Sport frei werden für andere.
Selig, die über sich hinauswachsen können.
Selig, die das Spiel des Lebens gewinnen.
Selig, die über den Leib die Seele nicht vergessen.
Selig, die über die Seele den Leib nicht vergessen.
(Seligpreisungen: verkürzt nach Arbeitskreis Kirche und Sport)

(Teilweise nach Theodor Glaser, Im Lauf der Welt, Sinn-Bilder zum Leben, Rosenheimer Verlagshaus, Rosenheim 1985, S. 22–25.)

80. Zur Ehre Gottes (Olympische Spiele)

(fünf olympische Ringe aus buntem Karton; von links: blau = Australien, gelb = Asien, schwarz = Afrika, grün = Europa, rot = Amerika. Dazu *können* die fünf »F« auf Plakatkarton geschrieben sein: Friede, Freude, Fitness, Fairneß, Freundschaft)

Pr: Jetzt läuft der Fernseher wieder heiß: Olympiade! Wir wollen erfahren, wie sie früher in Griechenland abgehalten wurde und was wir heute den Sportlern hinzuwünschen.
Lesung: 1 Kor 10,31 (Tut alles zur Verherrlichung); 1 Kor 9,24.25 (Der unvergängliche Siegeskranz); Gal 5,22–26 (Nicht ruhmsüchtig sein); Phil 2,1–4 (Nicht aus Prahlerei)
Evangelium: Joh 5,41.44 (Die Ehre Gottes suchen); auch Lk 17,11–19 (Nur *einer* kam, Gott zu ehren)
Pr: Im Altertum fanden die Olympiaden in Griechenland *zur Ehre der Götter* statt. In den Pausen wurde geopfert, Festzüge wurden veranstaltet und Lieder zum Lobe der Götter vorgetragen. Während der Spiele durfte kein Krieg geführt werden (Kind mit Wort »Friede« stellt sich zu den Ringen, die schon von Kindern gehalten werden).
Frohe Gesichter waren Bedingung in Olympia (»Freude«).
Dabeisein war alles, aber alle hatten auch trainiert (»Fitness«).
Man wünschte ehrliche, faire Wettkämpfe (»Fairneß«).
Es kam zu vielen freundschaftlichen Begegnungen (»Freundschaft«) – wie heute noch.

Bewerten wir die jetzigen Olympischen Spiele einmal nach diesen Fünf »F«. – Nach Paulus stehen wir alle in der Rennbahn, um den unvergänglichen Siegeskranz zu gewinnen. Ein Wettkampf zur Ehre Gottes – nicht, um bei den Menschen zu Ansehen zu kommen. Mit den fünf »F« läuft es sich leichter!

(Dazu ein ausformulierter Gottesdienst von St. Theresia, Düsseldorf–Garath, in »KiJu« 7/8/1984: »Zur Ehre Gottes«.)

81. Gewissensbildung

(eine gelbe und eine rote Karte)

Wenn der Schiedsrichter bei einem Fußballspiel solch eine gelbe Karte zieht, was ist dann vorgefallen ...? Und wann ist die rote Karte angebracht? (Bei einer Fußballweltmeisterschaft lebt hier die Predigt von aktuellen Beispielen.)
Ein Schiedsrichter muß meistens in Sekundenschnelle entscheiden, welche Karte er ziehen soll (er fragt selten den Linienrichter), darum ist sein Urteil nicht immer gerecht.
Jetzt sollt ihr Schiedsrichter spielen und in »Fällen«, die ich euch schildere, die richtige Entscheidung fällen: gelb oder rot?

1. Die Mutter schimpft, weil keiner hilfsbereit ist. Darüber regst du dich auf. Dann gehst du auf dein Zimmer und schlägst deinen Bruder, weil er dir den Filzstift kaputtgemacht hat.
2. Niko geht nicht in die Schulmesse, sondern schreibt während dessen im Pausenflur Hausaufgaben ab.
3. Gaby ist drei Wochen lang nicht zur Sonntagsmesse gekommen: Sportschau und Schlaf waren ihr wichtiger. Als sie wieder teilnimmt und einige Kinder nach vorne zur hl. Kommunion gehen, schließt sie sich ohne Nachdenken an.
4. Horst hat die Schulaufgaben nicht gemacht, weil ihm der Fernsehfilm wichtiger war. Dem Lehrer sagt er: »Vergessen!« Als der ihm Faulheit unterstellt, regt Horst sich furchtbar auf.
5. Vater im Auto schimpft heftig über den Trottel vor ihm, der an einer Ampel »schläft« und nicht schnell genug anfährt. Auf der Autobahn läßt er ein schnelleres Auto, das ihn überholen will, nicht vorbei.

Übrigens: Wenn einem in der Kirche die rote Karte gezeigt wird, heißt das nicht, daß er aus der Gemeinschaft der Glaubenden ausgeschlossen und endgültig »vom Platz der aktiven Jesus-Nachfolge« (G. Eberts) gestellt wird; er bekommt im Sakrament wieder die Chance, neu antreten zu dürfen.
Lesung: 1 Kor 9,24–26 (Lauft so, daß ihr den Siegespreis gewinnt).

Andere Idee

So gut wie eure Gemeinschaft – so gut der Verein (zum Vereinsjubiläum)
(blühende Blume, Besen, ein Bündel Stäbe)

(Am Eingang zum Saal bekommt jeder eine kleine Schraube in die Hand, die er vorne am übergroßen Wappen des Vereins im Laufe des Abends einschrauben kann.)
Persönliche Worte zum Jubiläum ... Dann:
Hinter den prächtigen Kulissen sieht es aber oft anders aus. So habe ich in meinem Geschenkkorb noch einige Sachen mitgebracht:
Zuerst *ein üppig blühendes Alpenveilchen* (oder eine andere üppig blühende Pflanze) für den Vorstand und die Abteilungsleiter(innen). Es soll Ihnen sagen: So wie diese Blume keine Rücksicht auf sich nimmt, sich regelrecht »kaputtblüht«, ohne Berechnung anderen Freude schenkt, so sollen Sie auch Ihre Kräfte weiterhin verschwenden. Wir wissen, wenn in den meisten Vereinen drei Leute gestrichen werden, die sich ganz für alle einsetzen, würden diese Vereine zusammenbrechen. Denn zu viele Mitglieder sehen leider nur bis vor die eigenen Füße und denken nur an Service und ihren Vorteil. Es muß aber welche geben, die einfach »Ja« sagen zum ständigen Bemühen, die Karre weiterzuziehen, und sich dabei noch nicht einmal ausgenutzt oder wie Märtyrer vorkommen. Wir brauchen weiter Ihren Idealismus! Darum als Dank und als vielsagendes Symbol diese Blume.
Ihnen allen hier im Saal habe ich *diesen Besen* mitgebracht: Je mehr Haare er hat, um so besser kehrt er. Je weniger sich beim Mithelfen angesprochen fühlen, um so weniger wird geleistet und um so frustrierender wird die Atmosphäre. Verstehen wir doch, was es heißen kann: Wir alle sind wie Besen in der Hand Gottes und sollen die Scherben wegkehren – manchmal auch den Dreck anderer? (Der Besen wird neben das Vereinswappen gestellt.)
Für die einzelnen Abteilungen habe ich auch noch etwas mitgebracht: *ein Bündel Stäbe.* So in der Luft kann ich mit den Händen die Stäbe kaum brechen: sie sind zu stark. Aber einzeln herausgezogen, bricht man sie leicht. Das heißt: Die Abteilungen im Kampf gegeneinander machen einen Verein zum Zerbrechen schwach. Nur gemeinsam seid Ihr stark! Nur Gemeinschaft überzeugt und zieht an! Alle tollen Erfolge, die neuesten Sportarten, die ausgeklügelsten Trainingsmethoden ... bringen auf die Dauer nicht viel weiter, wenn die aufgeschlossene, frohe, herzliche Atmosphäre nicht da ist. Und die müßten vor allem Menschen schaffen können, die noch aus einer anderen Mitte her leben: aus der christlichen Überzeugung. Sie sollte vor allem in schweren Tagen neuen Mut, Geduld und das nötige Engagement hervorbringen. (Die Stäbe werden ans Vereinswappen gehängt.)
Alle, die sich schon mit ihrer Schraube hier vorne abgemüht haben oder es noch tun werden, darf ich bitten, auch weiterhin mit dem nötigen Schmunzeln Hände und Füße beim Sport und zum Wohle des Vereins N. N. einzusetzen. Dann kann ich allen sagen: Herzlichen Glückwunsch!

Erntedank

82. Danken und Staunen
(für jeden einen Apfel)

Evangelium: Lk 17,11–19 (Der dankbare Samariter).

1. *Danke sagen.* (Wir riechen an unserem Apfel.) Nichts ist selbstverständlich: Diesen Apfel zu haben und riechen und staunen zu können. Unser Dank strahlt also in viele Richtungen:
   a) Danke dem, der den Apfel hat wachsen und reifen lassen. Danke für Sonne, Regen, Wind und Bienen. Danke, daß Hagel, Frost und Ungeziefer ihn nicht verderben ließen.
   b) Danke allen, die den Apfelbaum gepflanzt und behütet haben, veredelt, beschnitten, gedüngt, gespritzt und bewässert. Danke allen, die den Apfel gepflückt, verpackt, transportiert und verkauft haben ...
   c) Danke, daß wir riechen, ihn mit unseren Augen wahrnehmen, kräftig hineinbeißen können ...

2. *Der Reifeprozeß.* Ihr seht an den Druckstellen und Kratzern des Apfels, welch ein langer Weg hinter ihm liegt. Wir schließen die Augen und gehen den Weg nach ... von der Blüte bis zur Ernte ... Er mußte gegen viele Widerstände ankämpfen ... Ein Bild für uns selbst! Auch wir haben klein angefangen. Wie oft waren wir daran, aufzugeben und zu fallen. Genau wie dieser Apfel erhielt auch ich Schutz und Hilfe. Wem müßte ich danken, daß ich dahingekommen bin, wo ich jetzt stehe ...?

3. *Selber säen.* Danken kommt von denken. Wenn ich erkenne, durch wie viele ich beschenkt wurde, regt sich in mir der Wunsch, selbst zu säen und weiterzuschenken: »Wenn ich morgen sterben müßte, würde ich heute noch ein Apfelbäumchen pflanzen.« Weil wir von Bäumen ernten dürfen, die wir nicht gepflanzt haben, übernehmen wir Verantwortung für die Generation von morgen, indem wir pflanzen und mit den Vorräten sparsam umgehen ...

4. *Geheimnis des Lebens:* Wir schauen noch einmal auf unseren Apfel. In ihm steckt das Geheimnis neuen Lebens. In seinem Inneren schlummern Apfelkerne für Dutzende neuer Apfelbäume, die wiederum hunderte und tausende neuer Bäume zeugen könnten. Wir staunen und danken für die Keimkraft der Natur.

   (Vgl. Josef Grünner in Franz Sageder/Dagmar Biechele, Gemeinsam den Glauben erleben, Don Bosco-Verlag, München 1983, S. 46–48; weiterführend: Wilhelm Willms, Von Perle zu Perle, Butzon & Bercker, Kevelaer 1978, S. 60f.)

83. Wir staunen und danken
(jeder erhält eine Ähre mit Halm)

Evangelium: Lk 17,11 – 12 (Nur einer dankt Jesus); Joh 12,24.25 (Das Weizenkorn muß sterben)

Wir betrachten das »Kunstwerk« in unseren Händen: Wir haben im Verhältnis zum Grundriß das größte Bauwerk der Erde vor unseren Augen. Ganz oben auf dem Turm ein ungeheuer interessantes Wohnhaus mit 50, 60 Wohnungen! Jeder Architekt würde verklagt, wenn er so etwas bauen würde, denn der Turm würde im Sturm abknicken.

Die Ähre ist hochexplosiv! Denn fällt ein Korn heraus, wächst daraus ein neuer Riesenturm. Aus dieser einen Ähre können ca. 60 neue Riesentürme wachsen. (Stellt euch vor, dem Kölner Dom fiele ein Stein aus dem Turm und nebenan würde daraus ein neuer Dom wachsen ...!) (Nach W. Willms)
Viermal muß so ein Korn »sterben« (besser: sich verwandeln), bevor es zum ganz anderen, zum »heiligen Brot« wird: Das Korn wird zur Ähre, die Körner werden zu Mehl gemahlen, die Hitze des Ofens backt Brot daraus, das Brot auf dem Altar wird zum »Brot des Lebens«. So sollen auch wir uns immer wieder verwandeln; Stufe um Stufe höher steigen im Reifungsprozeß des Lebens, im Feuer der Prüfungen, um schließlich im Tod verwandelt zu werden in den neuen Menschen.
Wem müssen wir jetzt angesichts der Ähre und des Erntedankfestes danken?
Gott für das Wachstum durch Regen, Sonne und Wind; dem *Menschen* für die Mühen und den Schweiß beim Säen und Ernten; aber auch allen, die Maschinen gebaut haben, um die Arbeit zu erleichtern oder die Güter zuzustellen.

(Dazu ein ausformulierter Gottesdienst in »KiJu« 8/9 1986); außerdem eine ausformulierte Bußfeier mit weiteren Gedanken in »2 × 11 Bußfeiern«, S. 132 – 135.)

Maria/Rosenkranzmonat

84. Das Sinnbild der Rose

(je eine Rose in der Knospe, erblüht und verwelkt)

Möglich ist auch ein Bild, auf dem Maria mit Rosen dargestellt ist, z.B. Nr. 5633 im Kunstverlag Maria Laach (als Andachtsbild unter Nr. 7633) oder als Kunstkarte Nr. 1706 im Emil-Fink-Verlag Stuttgart.

Der Muttertag fällt jedes Jahr in den Mai, in dem Maria besonders verehrt wird. Vielleicht bekommen Mütter an diesem Tag rote Rosen geschenkt. Maria jedenfalls wird oft mit Rosen dargestellt (*Rosen*kranz, »Maria im Rosenhag«, »Muttergottes im geschlossenen Garten«, ein Kranz von Rosen auf dem Haupt der Jungfrau Maria). Am Bild der Rose wollen wir über Maria und alle, die einmal Verantwortung übernehmen, nachdenken:

1. *Rose als Knospe:* Sie darf nicht gewaltsam geöffnet werden, sonst wird sie zerstört. Jeder junge Mensch braucht die Geborgenheit und den Schutz der Familie. In Geduld warten und den »inneren Brunnen« mit Liebe füllen, ehe der Tag kommt, an dem er selbst Liebe schenken kann. Maria wuchs behütet auf, heute sind unsere Familien dem »Gift« der »geheimen Verführer« (manche Fernsehsendungen, Illustrierte, Videos) ausgesetzt, die zu einer falschen »Frühreife« führen können.

2. *Aufgeblühte Rose:* Sie verströmt jetzt ihren ganzen Duft, wie Väter und Mütter selbstlos oft große Opfer bringen – wie auch Maria und Josef ganz für ihren Sohn Jesus da waren: zuhörend, geduldig, geprüft, traurig, hoffend. Die Liebe fließt dann hin und her: Wer reich sät, darf auch reich ernten. Aber auch ja sagen können im Vertrauen auf Gott zu allem, was wir nicht ändern können. Die Dornen am Stiel der Rose können einiges über diesen anstrengenden, wenn auch letztlich schönen Prozeß aussagen ... Dafür sagen wir heute danke!

3. *Verwelkende Rose:* Bald blättert sie ab; ihre Schönheit ist vergangen – wie beim alternden Menschen. Und doch spiegeln die vielen Fältchen im Gesicht einer Großmutter Güte, Hoffnung, Erfahrung ... wider. Das ist schön anzusehen, besonders wenn ein alter Mensch lacht.
Am Ende steht aber nicht das Sterben. Hier dürfen wir wieder auf Maria schauen: Sie wurde von ihrem Sohn heimgeholt, erlöst, gekrönt. Die Rose setzt Frucht an, die weiteres Leben verspricht. Das neue Leben wartet auch auf uns.

Fürbitten: Wir wollen jetzt die Mutter Maria anrufen, die bei ihrem Sohn unsere Fürsprecherin ist. Wir wollen sie um Hilfe bitten in den Nöten der Mütter und Väter für ihre heranwachsenden Kinder ...
Evangelium: Lk 1,26–38 (Maria hat ja gesagt zum Willen Gottes).
(Ausführlicher in »PuK« 3/87. Vgl. auch »144«, Nr. 137: Von Rose zu Rose beten.)

85. Die geheimnisvolle Rose Maria
(eine Pfingstrose)

Lesung: Apg 2,1 ff (Da befanden sich alle an einem Ort, also auch Maria).
Evangelium: Lk 24,45 – 53 (Er öffnete ihnen die Augen).

Die höchsten Feste des Kirchenjahres, Ostern, Pfingsten, Weihnachten sind eng miteinander verbunden. Das möchte ich heute einmal durch das Symbol der Rose anhand der Gestalt Marias aufzeigen.
Weihnachten singen wir »Es ist ein Ros' entsprungen« und schauen auf Maria, den Rosenstrauch, der Jesus, die Rose, hervorgebracht hat. In der Lauretanischen Litanei wird Maria auch mit »Rose« bezeichnet: »Du geheimnisvolle Rose«. Wir beten auch beim Rosenkranz von Perle zu Perle, von Rose zu Rose.
Vor Ostern schauen wir mehr auf die Dornen an der Rose: Maria mußte Leid und Schmerzen ertragen. Oft ist dies dargestellt, und es gibt sogar ein eigenes Fest: Sieben Schwerter durchdringen ihr Herz (früher beging man dieses Fest am Freitag vor Palmsonntag, heute ist es am 15. September in Verbindung mit dem Fest »Kreuzerhöhung« am 14. September).
Heute, am Pfingstmontag, habe ich diese Pfingstrose mitgebracht. Sie ist eine Rose ohne Dornen: An der Maria »ohne Schmerzen« ist zu sehen, was auf die Kirche, was auf jeden von uns einmal zukommt: Erlösung und Freude, eine Gemeinschaft, in der uns »Hören und Sehen« vergeht. An Pfingsten sehen wir Maria noch unter den Jüngern. Danach empfängt sie die Früchte ihres Durchhaltens: Sie wird mit Leib und Seele in den Himmel aufgenommen. Jeder von uns, der durchhält – gerade dann, wenn wir Nachteile um unseres Glaubens willen erfahren – wird auch den Lohn der himmlischen Freude empfangen.
(Zuerst veröffentlicht in »KiBö« Nr. 72, S. 6.)

86. Heilkräuter für die kranke Welt
(ein Bündel Heilkräuter)

(Eine Woche vor diesem Gottesdienst werden die Besucher gebeten, Heilkräuter mitzubringen. Die Auswahl hängt von den örtlichen Gebräuchen ab.)

Wir ahnen langsam wieder, wieviel heilende Kräuter am Wegrand stehen, die von chemischen Produkten verdrängt wurden. In der richtigen Dosierung heilen Pflanzen den *ganzen* Körper, chemische Produkte aber oft nur *ein* Organ, und die anderen Organe müssen schädliche Nebenwirkungen einstecken. (Hier kann auf verschiedene Bräuche eingegangen werden, auch auf den Grund, warum die Kräuterweihe auf dieses Marienfest gelegt wurde: Bis ins 10. Jahrhundert gab es genügend Wissen um die Heilkraft von Kräutern, oft aber mit Zauberei und Dämonenglauben vermischt, wie in Märchen oft berichtet. Da gab die Kirche diesen unausrottbaren Gebräuchen durch dieses Fest in der Erntezeit einen christlichen Sinn: Wie unser Leib durch Kräuter geheilt werden kann, so wurde der Leib Mariens in besonderer Weise erlöst und erhoben.)

Im übertragenen Sinne gibt es auch Heilkräuter für unsere Seele: Jeder freundliche Blick, jedes ermunternde Wort, jedes wohlwollende Begleiten, Verzeihen, Vertrauen auf Gott, eine gute Gemeinschaft ... heilen uns im Innersten. Da gibt es natürlich auch Giftkräuter: Unfreundlichkeit, Zank, Mißtrauen, Angst, Krieg, Verzweiflung (Paulus spricht einmal davon: Lesung Gal 5,19–25).

Das Heil(kraut) für unser Leben ist Jesus Christus. Er ist sogar das Kraut gegen den Tod!

Evangelium: Mt 14,35.36 (Alle Kranken, die ihn berührten, wurden geheilt). Joh 6,54–57 (Jeder, der mich ißt, wird durch mich leben). Lk 1,46–53 (Gott vollbringt machtvolle Taten).

(Dazu einen ausformulierten Gottesdienst mit Bräuchen, geschichtlichem Rückblick und Segensgebet in »KiJu« 7/1986. Vgl. »144«, Nr. 112. – Siehe auch Stefanie Spendel, Der Geist läßt uns leben, Lesejahr C, Pustet, Regensburg 1985, S. 18 u. 218f.)

87. Die Schutzmantelmadonna
(ein Chormantel)

Pr legt sich einen Chormantel um. –

So ein Mantel hatte früher eine große Bedeutung: »Mantelkinder« waren vorehelich geborene Kinder, die die Mutter bei der Trauung unter den Mantel nahm und dadurch zu ehelichen Kindern machte. Wurde ein Kind adoptiert, dann legte der Vater seinen Mantel um dieses Kind.

Maria wird häufig mit solch einem Schutzmantel dargestellt, unter den die unterschiedlichsten Leute geflüchtet sind: Männer und Frauen jeglichen Standes, Ordensleute, Bischöfe, Adlige bis hin zu Kaiser und Papst. Maria zeigt sich so als Mutter aller Menschen, sie adoptiert gewissermaßen alle Kinder Evas.

Früher konnten unter dem Mantel von Herrschern auch Verfolgte Schutz und Gnade finden. So bietet auch Marias Mantel Schutz vor Gefahren verschiedenster Art. Viele Legenden zählen auf, wo und wann Maria aus der Kraft ihres Sohnes schon geholfen hat: Sie hat Brände erstickt, Hagel abgewehrt, Todbringendes von Städten und Ländern ferngehalten. Darum wählten verschiedene Länder Maria als ihre Schutzpatronin.

Die hl. Birgitta von Schweden († 1373) berichtete von einem geheimen Gesicht, in dem ihr Maria sagte: »Mein weiter Mantel bedeutet Barmherzigkeit. Wer nicht zur Barmherzigkeit flüchtet, obwohl er es könnte, ist übel dran. Komm also, meine Tochter, und birg dich unter meinem Mantel!« Ihren Sohn, den sie uns auf ihren Armen zeigt, kann die »Mutter der Barmherzigkeit« um Verzeihung all unserer Schuld bitten. Gerne singen wir daher das Lied »Maria, breit den Mantel aus ...«

(Verkürzt und leicht verändert nach Konrad Kunze, Himmel in Stein, Herder, Freiburg 1980; gefunden im Anzeiger für die Seelsorge 5/81, S. 170. Ein Wortgottesdienst für Kleinkinder, in dem die Kinder unter den Chormantel des Leiters flüchten können, in »111 Bausteine«, Nr. 60.)

Andere Idee

Der zerteilte Rosenkranz
(ein aus dicken Holzperlen geknüpfter Rosenkranz, der zerschnitten werden kann)

Pr erzählt zunächst die Kurzgeschichte Nr. 173 aus »Kurzgeschichten 2«: Bevor eine junge Frau um ihres Glaubens willen ins Gefängnis mußte, zerteilte sie ihren Rosenkranz und gab jeder Mitstudentin eine Perle. Als die Studentinnen später hörten, daß sie im Gefängnis schwach geworden war und ihren Glauben verleugnet hatte, knüpften sie den Rosenkranz wieder zusammen und schickten ihn ihrer ehemaligen Leiterin. Das beeindruckte diese so, daß sie den Weg zum Bekenntnis an Jesus Christus zurückfand.
Das Rosenkranzgebet kann uns und unser Miteinander tragen. Darum möchte ich diesen Rosenkranz gleich auch zerteilen. Alle, die eine Perle haben möchten, sollen im Oktober zu einer kleinen Gebetsgemeinschaft werden, die jeden Tag ein »Gegrüßet seist du, Maria« betet (oder mehr?). Lege die Rosenkranzperle auf deinen Nachttisch, und wenn du morgens aufstehst und das »Ave Maria« betest, denke dabei an die anderen: Sie sollen auch durch dein Gebet froher in den Tag gehen, mehr die Nähe Jesu spüren und an Jesus und Maria ablesen, wie wir leben sollen in guten und bösen Tagen. (Eventuell werden jetzt einige »Ave Maria« gebetet, dann wird der Rosenkranz gesegnet, zerschnitten und verteilt.)
(Zuerst veröffentlicht in »PuK« Nr. 6/83, S. 725ff, hier verkürzt.)

Engel/Heilige

88. Engel, der verlängerte Arm Gottes (Erzengel Michael)

(Bild, Dia, Fahne oder Kirchenfenster mit dem Erzengel Michael oder die Postkarte Nr. 6049 im Beuroner Kunstverlag, D-7792 Beuron – vielleicht für jeden Besucher?)

Wir sehen, der Erzengel Michael (Erz = Erstengel = herausragender Engel) stößt dem Drachen seine Lanze in den Rachen. Davon wird uns im letzten Buch der Bibel erzählt: *Lesung:* Offb 12,7 – 12a (Michael stürzt den Drachen ...).
Ihr habt richtig gehört: Nicht Michael und seine Heerschar besiegen den Drachen aus eigener Kraft, sondern nur durch das Blut des Lammes (= Jesus) und das Blutzeugnis der Märtyrer und Bekenner wird der Drache getötet. (Vgl. »Georg besiegt den Drachen«, Nr. 90 in diesem Buch).
Michael hat uns gezeigt, wie wir mit dem Drachen (= Versuchungen) in uns fertig werden können: Gott bietet uns seinen Schutzarm in den Engeln dar, die uns helfen und stärken können in diesem Kampf. Wer diesem Licht in sich Raum gibt, kann auch zum Engel für andere werden.
Gott schenkt jedem von uns einen Schutzengel, der uns vor den eigenen Dunkelheiten schützen will und vor allem davor bewahren möchte, daß wir uns von Gott abwenden. (Hier eventuell Evangelium: Mt 18,1 – 5.10: Ihre Engel sehen stets das Angesicht des himmlischen Vaters.)

Wir druckten auf die Rückseite der Postkarte noch folgenden Text:

Heiliger Erzengel Michael: Wir rufen dich um Hilfe an.
Denn der Drache, der Satan,
der Unruhestifter und Lügner von Anfang an,
ist unübersehbar in unserer Welt am Werk.
Er tarnt sich hinter tausend Gesichtern,
um die Menschen auf seine Seite zu ziehen:
Auf die Seite des Unfriedens und der Gewalt,
der Ungerechtigkeit und der Gleichgültigkeit;
er sät Verwirrung und Zweifel,
Haß und Ruhelosigkeit in die Herzen der Menschen.
Darum, heiliger Erzengel Michael,
du Schutzpatron des deutschen Volkes,
du Schirmherr der Kirche,
du Fürst der himmlischen Heerschar,
verlängerter Arm Gottes:
Sei unser Schutz im Kampf gegen die gefallenen Engel,
und laß uns mit der Kraft Gottes gegen alles Böse siegen.
Darum bitten wir durch Christus, unseren Herrn.

(Dazu ein ausformulierter Gottesdienst mit weiteren Gedanken zu Michael und dem Schutzengel in »KiJu« 8/9 1986, Familienmeßkreis St. Pankratius, D-5010 Bergheim.)

89. **Der hl. Sebastian, ein Mann mit Rückgrat** (hier mehr für Jugendliche und Erwachsene)

(in die lebensgroße Figur aus Styropor, auf Spanplatte geklebt, werden Sportpfeile gedrückt; entsprechend viele Klebebänder werden als »Pflaster« gebraucht)

Lesung: 2 Tim 2,1–5, 8–13 (Du, mein Sohn, sei stark ...).
Evangelium: Joh 15,18–20 (Wie sie mich verfolgt haben, verfolgen sie auch euch).

1. Teil: Sebastian steht für den Christen heute. Die Pfeile stellen die lebensgefährlichen Bedrohungen des Glaubens dar. (Zu den folgenden Aussagen wird jedesmal ein Pfeil eingedrückt):
- Wir sind reich und versichert, darum brauchen wir Gott nicht mehr.
- Die Massenmedien suggerieren uns ein: Wer glaubt, ist rückständig und Außenseiter.
- Was die Mehrheit macht, ist richtig.
- Widerspruch innerhalb der Kirche schadet.
- Erlaubt ist, was Nutzen und Profit verspricht.
- Zwang und Laschheit der Erziehenden wirken sich negativ aus.
- Mangelnde Geborgenheit innerhalb einer kirchlichen Gruppe oder Gemeinde.
- Aufzählen, wo heute die Kirche in der Verfolgung leidet ...

2. Teil: Der hl. Sebastian starb nicht an den Pfeilen. Deshalb werden sie jetzt wieder herausgezogen, und Pflaster werden auf die Wunden geklebt. Die Pflaster sind wieder Symbole dafür, was Kirche und Christen heute vor dem Verbluten retten kann:
- Gegenüber dem »Wachstumsgott« alternativer, d.h. einfacher leben.
- Das katholische Bildungsdefizit sehen und ändern.
- Christen mit Rückgrat und Ausdauer gesucht – wie Sebastian.
- Innerhalb der Kirche weniger Verteufelungen und mehr Toleranz bei unterschiedlichen Standpunkten, wie auch Weiterbildung.
- Statt Zwang überzeugende Vorbilder gesucht.
- In Gemeinschaften helfen, in denen Versöhnung versucht wird.
- Für die leidende Kirche heute streiten mit Gebet, Unterschriften, Briefen ...

(Einen ausformulierten Gottesdienst dazu in »KiJu« 1/1984, der zum Teil auf G. Eberts, Jugendgottesdienste Bd. 4, Rex-Verlag, Luzern 1981, S. 25–31, zurückgeht.)

90. **Georg besiegt den Drachen**

(Das Bild eines Drachen und eines vom hl. Georg, der den Drachen besiegt, sind auf die Vorder- bzw. Rückseite von Kartons geklebt. – Zu empfehlen sind auch Postkarten vom hl. Georg, z.B. aus dem Kunstverlag Maria Laach: Nr. 5519 oder Nr. 5741, oder aus dem Aries-Verlag München: Nr. 629 und 725)

Der Drache hier ist das Symbol der gottfeindlichen Macht. Es sind die Schwierigkeiten, die in jedem von uns schlummern. Diese muß ich besiegen, wenn ich ein hohes Ziel erreichen will. Die Kinder schreiben »ihren« Drachen (= Schwäche, Ängste, Nöte) auf Zettel und heften sie auf das Bild des Drachen. Paulus weiß darum:

Lesung: 1 Tim 6,11b–14 (Kämpfe den guten Kampf ...), oder Eph 6,10–18 (Legt im Kampf gegen Satan die Waffen Gottes an), oder 1 Petr 5,8–9 (Widersteht dem Teufel ...).

Jetzt wird das Drachenbild umgestoßen. Gott bietet uns dafür seine Hilfe an:

Evangelium: Mt 5,43–48 (Liebet eure *Feinde* = zähmt den Drachen in euch) oder Lk 8, 22–25 (Jesus *drohte* dem Wind und den Wellen).

Jetzt wird das Georgsbild gezeigt. Er hat den Drachen getötet (Drachenlegende erzählen). Wir schreiben wieder auf, wie wir den Drachen in uns zähmen können und heften die Antworten auf die Lanze des hl. Georg.

Dazu können Kinder die Buchstaben G–E–O–R–G vorzeigen und so deuten:

G = **G**eduld in unserem Bemühen gegen uns selbst und unsere Mitmenschen.

E = **E**infühlung in alle, die uns begleiten.

O = **Ö**ffnet den Blick für unser Ziel und für alle Nöte, die uns begegnen!

R = **R**uhe, in der wir uns selber finden und aus der heraus wir anderen besser zuhören können.

G = **G**nade schenke uns dabei der Herr. Sie macht uns stark.

(Dazu ein ausformulierter Gottesdienst von Peter Frowein in »KiJu« 3/86.)

91. Peter und Paul: Schlüssel und Schwert

(großer Schlüssel und Spielzeugschwert)

Bitte aus der Fülle der Gedanken auswählen!

In alten Kirchen mit Apostelfiguren können wir Petrus und Paulus schnell herausfinden. Petrus hält (– – –) zwei Schlüssel in der Hand und Paulus (– – –) ein Schwert (oft auch zwei). Beide Apostel haben in der anderen Hand die Heilige Schrift, aber das sieht man auch bei anderen Aposteln.

1. Schlüssel: Wenn ein Pfarrer sein Amt antritt, wird ihm am Portal der Kirche ein übergroßer Schlüssel überreicht. In Filmen über die Vergangenheit seht ihr manchmal: Nach der Eroberung einer Stadt wurde dem Sieger als Zeichen seiner Macht der Schlüssel des Stadttores überreicht. – Wenn Jesus also Petrus »die Schlüssel des Himmelreiches« gibt, dann sagt er ihm damit: Jetzt sorge für meine Kirche! Weide meine Schafe!

Der Schlüssel hat noch tiefere Bedeutungen: In den letzten Tagen vor Weihnachten wird Jesus mit sieben Namen angerufen. Der vierte davon heißt: »Schlüssel Davids«. Es heißt darüber im Alten Testament: Der Sohn Davids schließt die Kerker auf, in denen Menschen durch ihre Schuld gefangen sind. Er öffnet die Tür zum Himmelreich und verschließt die Pforten der Hölle. (Vgl. die O-Antiphonen GL 772,4 oder Jes 22,22–23; 49, 8–9 oder das Lied GL 105 »Reiß ab vom Himmel Tür und Tor ...«.) Das hat sich in Jesus, dem Sohn

Davids, erfüllt. So heißt es im letzten Buch der Bibel: Jesus sagt: »*Ich* habe die Schlüssel des Todes und der Unterwelt« (Offb 1,18; 3,7). Die Schriftgelehrten und Gesetzeslehrer haben diese Schlüssel verlegt (Lk 11,52).

Darum gibt Jesus diese seine Schlüssel dem Petrus und seinen Nachfolgern, den Päpsten: Sie sollen jetzt öffnen *und* schließen, binden *und* lösen – deshalb die Doppelschlüssel. Die Päpste halten das für so wichtig, daß in ihrem Wappen (wer kann es beschreiben?) zwei gekreuzte Schlüssel mit der Tiara abgebildet sind. So steht auch Petrus an Kathedralen oft mit dem Doppelschlüssel am Kirchenportal, das die Tür zum Himmel bedeuten soll. Wir wissen natürlich, daß der richtige Himmel keine Tür hat und Petrus nicht mit dem Schlüssel davorsteht!

Wieso hat Jesus eigentlich dem Petrus diese Schlüssel gegeben, der bis dahin ja auch nicht gerade sehr zuverlässig war? Vielleicht, weil Petrus um das Wichtigste in der Kirche weiß: »Jesus, du bist der Sohn des lebendigen Gottes!« (Mt 16,16). Darum wird Petrus zum Hüter und Verwalter des Evangeliums, das er in Händen hält. Er hat darüber zu wachen, daß es unverfälscht weitergegeben wird.

Etwas von dieser Schlüsselgewalt bekommen auch Priester, Religionslehrer, Firmhelfer, Erwachsene bei der Vorbereitung der Kommunionkinder ... übertragen.

2. Schwert: Könnt ihr euch denken, was das Schwert in der Hand des Apostels Paulus bedeutet? (Er wurde als römischer Bürger enthauptet.) Ein Schwert haben wir aber auch schon in den Händen anderer Personen gesehen. Es besagt ganz Unterschiedliches: Beim hl. Martin deutet es auf das Teilen seines Mantels, beim Erzengel Michael auf sein Kämpfen für Gott, bei Maria (sieben Schwerter im Herzen) auf den siebenfachen Schmerz; beim wiederkommenden Christus als zweischneidiges Schwert im Mund (Offb 1,16; 2,12) bedeutet es das richtende Wort Gottes, das das Gute und Böse trennen wird. (Vgl. hier »144«, Nr. 139, ab 2. Auflage!)

Manchmal wird Paulus mit zwei Schwertern dargestellt. Das zweite Schwert sagt dann aus, wie eindringlich Paulus dieses oft scharfe Wort Gottes als Missionar gepredigt hat. Mit der Schärfe seines Geistes (»Schwert des Geistes«) ist er mutig in jede Gefahr gegangen. Wie oft hat er sein Leben gewagt! (2 Kor 11,23–33) Paulus hat gezeigt, daß das Wort Gottes schärfer als jedes zweischneidige Schwert (Hebr 4,12) sein kann. Das war auch die Absicht Jesu, als er sagte: »Ich bin nicht gekommen, Frieden zu bringen, sondern das Schwert« (Mt 10,34). Mit »Schwert« meint Jesus nicht »Krieg«, sondern: Bringt mein Wort, das Wort Gottes, in seiner Schärfe und Klarheit zu allen Menschen!

So wie wir als Getaufte alle ein wenig Schlüsselgewalt in Händen haben, so sollen wir auch draußen Streiter für das Wort Gottes sein. Darum wollen wir jetzt einen Augenblick still werden. Wir stellen uns vor, daß wir alle einen Schlüssel und ein Schwert in unseren Händen haben und jeden Tag ein wenig Petrus und Paulus sein dürfen ... (kurze Stille).

Lesung: Siehe eine der angegebenen Stellen.

Evangelium: Siehe eine der angegebenen Stellen oder Joh 21,15ff (Weide meine Schafe).

(Zuerst veröffentlicht in »PuK« 4/85, S. 434–436.)

92. Woran wir St. Martin erkennen

(Spielzeug-Schwert, Bischofsmütze, Gans-Laterne, Weckmann mit eingebackener Pfeife, Bischofsstab)

Evangelium: Mt 25,31 – 40 verkürzt (Was ihr für einen meiner geringsten Brüder getan ...). Anhand der Gegenstände wird mit den Kindern das Leben des hl. Martin erarbeitet:

Schwert: Es gehörte zur Ausrüstung eines Soldaten. Martin sollte damit kämpfen (und töten). Er benutzte es, um seinen Mantel zu teilen. (Das Schwert in der Hand sonstiger Heiligenstatuen kann bedeuten: Enthauptung oder die Schärfe der Predigt des Heiligen. Beim wiederkommenden Christus ist das flammende Schwert in seinem Munde: das Wort Gottes, mit dem er die Menschen in gute und böse scheiden wird.)

Bischofsmütze: (ruhig einmal aufsetzen): Martin hatte das Schwert dem Kaiser zurückgegeben und sich taufen lassen, um ganz für die Notleidenden dazusein. Darum wollten ihn die Leute schließlich zum Bischof machen. Aber er versteckte sich.

Gans – Laterne: Die Gänse verrieten sein Versteck. Er wurde zum Bischof geweiht. (Martinsgansessen als Erinnerung an diese Legende.)

Bischofsstab und Weckmann mit Pfeife: Der Weckmann soll Martin sein. Früher wurde ein Bischofsstab eingebacken, der später, als man dieses Symbol nicht mehr verstand, herumgedreht schließlich zur Pfeife wurde.

Wir verehren jetzt Martin, der so überzeugend Jesus nachfolgte, mit einem Fackelzug durch die Kirche und singen dazu unsere bekannten Martinslieder.

(Zuerst veröffentlicht in »KiBö« Nr. 79, S. 27.)

Andere Ideen

1. Heilige sind wie Spiegel Gottes

(ein großer Spiegel)

Der heilige N. N. (= Elisabeth, Martin, Pfarrpatron ...) spiegelte Gottes Güte (Treue, Wahrheitsliebe, Geduld, Opferbereitschaft) wider, als er ... (Beispiele aus dem Leben des betreffenden Heiligen erzählen). So kann ich in N. N. erkennen, wie Gott mit seinem Geist und seiner Gnade am Werk war. Als sich N. N. an der Sonne Gottes ausrichtete, wurde er von dessen Strahlen getroffen und konnte etwas von ihm widerstrahlen. Halte ich meinem Spiegel (auch ich bin »Abbild« Gottes) nicht in seine Sonne? Ist mein Spiegel »beschlagen« etc.?

(Nach Franz Melcher, Sundern)

2. Heilige sind wie Verstärker Gottes
(ein Verstärker)

Zunächst wird der Gegenstand erfragt und herausgefunden, wozu er dient. N. N. (= Vinzenz, Don Bosco, Pfarrpatron ...) war ein Verstärker Gottes, dessen Botschaft oft leise ist und deshalb von der lauten Umwelt und in der Hektik leicht überhört wird. N. N. verstärkte die Botschaft Gottes. Wo kann ich mehr »Verstärker« für Gottes Botschaft werden?
(Nach Franz Melcher)

November: Allerheiligen/Allerseelen/Tod/Gericht

93. Tränen der Trauer
(ein Päckchen Papiertaschentücher für jeden – ein Tränenkrüglein)

Gegen Spendenquittung sind Apotheken bereit, Papiertaschentücher zu überlassen. Eine Pfarre bzw. Körperschaft oder ein Verein kann ein Original Tränenkrüglein in einem entsprechenden Museum ausleihen. Wir erhielten eins aus einem Römergrab vom Römisch-Germanischen Museum in Köln.

Bei einer Klosterbesichtigung sagte ein Mönch: »Gott will unsere Tränen trocknen, aber wir Christen sollten dafür die Taschentücher bereithalten.« Das umschreibt treffend, was wir Gott überlassen und was wir selbst tun können. Solch ein Tränenkrüglein hier wurde früher dem Verstorbenen ins Grab gelegt, damit er darin die Tränen der Angehörigen sammeln konnte und sie nicht sein Totenhemd benetzen und ihn damit belasten sollten.
Es gibt dazu das Märchen vom Tränenkrüglein: Eine Mutter ist vom Tod ihres einzigen Kindes so betroffen, daß sie Tag und Nacht weint – bis ihr das Kind mit einem Krüglein erscheint, das übervoll von Tränen ist, und ihr sagt: »Wenn du nur noch *eine* Träne um mich weinst und das Krüglein überfließt, habe ich keine Ruhe mehr ...!« (Ausführlicher in der Märchensammlung von Ludwig Bechstein, oder in Rost/Machalke, Gottesdienste mit Kindern, Lahn-Verlag 1972, S. 145).
Mit den Tränen beweinen wir uns oft selbst, weil wir mit einem Schmerz nicht fertig werden. Hier dürfen wir an die Aussagen der Heiligen Schrift glauben: Der Verstorbene hat es bei Gott besser.
Lesung: Offb 21,1–5a (Er wird jede Träne aus ihren Augen waschen). Ähnlich: Offb 7,17; Jes 25,8.
Doch wir treffen immer wieder auf Menschen, die lange brauchen, um dieses Licht in all ihrer Trauer zu sehen. Hierfür müssen wir die Taschentücher bereithalten, d.h. mitfühlende Worte, zärtliche Gesten, begleitende Stunden finden. Angesichts der hoffnungslos Trauernden sagt auch Jesus oft: Weine (weint) nicht!
Evangelium: Lk 7,11–17 (in Naim); Lk 8,49–56 (dem Jairus); auch: Lk 6,20–21.24–25 (Wohl euch, die ihr jetzt weint ...).

Weitere Gesichtspunkte zum Thema »Tränen«: Augen, die geweint haben, sehen besser. – Tränen waschen den Staub von der Seele. – Es gibt eine falsche Erziehung: sich seiner Tränen schämen. – Tränen können Mauern des Schweigens durchbrechen. Allerdings auch hart bleiben bei Tränen, die erpressen wollen! – Krank ist, wer nicht mehr weinen kann. Darum, Herr: Schenk uns die Gabe der Tränen!

94. **Sag »Ja« zum Leben!** (mehr für Jugendliche)
(eine Hasel- oder Walnuß für jeden; eine Kokosnuß für Pr)

Gott gibt uns eine Menge Nüsse zu knacken: Liebe sogar deinen Feind! Nimm dich an, wie du bist! Liebe den unsichtbaren Gott, der viel Schlimmes zuläßt! Finde einen Arbeitsplatz! Liebe die Kirche, und stör dich nicht so sehr an der Schale, sieh auf den Kern = Christus! ... Die größte Nuß, die Gott uns zu knacken gibt (jetzt nimmt Pr die Kokosnuß, die eigentlich ja nur eine Steinfrucht ist), ist – der Tod. In Büchern steht: die Kokosnuß war die härteste Frucht, welche die alte Menschheit kannte. Aus dieser Nuß wächst eine Palme. Und wir finden den Palmzweig schon auf alten Grabmälern (nicht erst auf den frühchristlichen!) in den Händen der Verstorbenen als Zeichen für ewiges Leben: »Du hast gesiegt! Du erhältst den Siegespreis, den du nach gutem Lebenskampf verdient hast!« Auch die Märtyrer halten auf alten Bildern den Palmzweig (vgl. Offb 7,9). Darin liegt ein Glaubensbekenntnis: Christus hat uns die harte Schale des Todes aufgebrochen. Von daher gewinnt auch der Einzug Jesu in Jerusalem am Palmsonntag im nachhinein eine tiefere Bedeutung: Die Menschen jubeln dem König der sichtbaren und unsichtbaren Welt zu.
Darum sag »Ja« zum Leben! Denn wer die Hoffnung auf das ewige Leben im Herzen trägt, kann aus einer ganz anderen Haltung heraus die Nüsse des Lebens knacken.
Evangelium: Joh 11,25–27 (Wer an mich glaubt, wird leben, auch wenn er stirbt).
Pflanzt eure Nuß zur Erinnerung an diese Predigt in einen Blumentopf oder den Garten.
(Dazu ein ausformulierter Jugendgottesdienst mit weiteren Gedanken in »KiJu« 10/1986.)

95. **Die Zeit verrinnt** (Meditation für Jugendliche und Erwachsene)
(ein großes Stundenglas/Sanduhr)

Pr nimmt das große Stundenglas in die Hand und spricht mit längeren Pausen: Schauen Sie, wie die Zeit verrinnt. Im wahrsten Sinne des Wortes: Die Zeit verrinnt.
In dem Roman »Momo« von Michael Ende sagt Meister Hora: »So wie wir Augen haben, um das Licht zu sehen und Ohren, um Klänge zu hören, so haben wir ein Herz, um damit die Zeit wahrzunehmen. Und alle Zeit, die nicht mit dem Herzen wahrgenommen wird, ist so verloren wie die Farben des Regenbogens für einen Blinden oder das Lied eines Vogels für einen Tauben. Aber es gibt leider blinde und taube Herzen, die nichts wahrnehmen, obwohl sie schlagen. Denn Zeit ist Leben, und das Leben wohnt im Herzen.« –
Bei Klausen/Südtirol gibt es in Verdings einen Sensenmann, der dreht das Lebensrad: Der Tod als Bote Gottes bewegt die Zeit, die uns noch bleibt, das Gute zu tun. –

Es gibt die Trösterin Zeit: Zeit heilt Wunden. –
»Wir sind nur Gast auf Erden und wandern ohne Ruh' mit mancherlei Beschwerden der ewigen Heimat zu.« –
»Unruhig ist unser Herz (es schlägt wie der Sekundenzeiger einer Uhr), bis es ruht in dir« (Augustinus). –
Was nützen dir Liebe, Glück, Bildung und Reichtum, wenn du dir nicht die Zeit nimmst, sie in Muße zu genießen? –
Heute ist der erste Tag vom Rest deines Lebens. –
»Kauft die Zeit aus!« sagt Paulus. –
Eine östliche Weisheit: Freu dich deines Lebens! Es ist schon später, als du denkst. –
Die Zeit verrinnt ... manchmal sind Jahre wie ein Tag. Leute, die einen Unfall hatten, behaupten: In Sekundenschnelle zog das ganze Leben an mir vorbei. –
Ein 80jähriger sagte mir: »Wenn ich so zurückdenke ..., als wenn das alles vorgestern gewesen wäre!« –
Der Psalmist: »Tausend Jahre sind vor dir wie ein Tag, der gestern vergangen ist und wie eine Nachtwache!« –
Für die Freunde des »Gerstensaftes«: Ein lettisches Sprichwort sagt: Zeit macht aus einem Gerstenkorn eine Kanne Bier. –
Versuchen Sie, zehn Sekunden die Luft anzuhalten! ... In diesen zehn Sekunden ist viel geschehen: Geburt und Tod (drei Kinder verhungert!), Liebe und Haß, Angst und Hoffnung, Freude und Trauer, Schreie und Stille. – Herr, hab Erbarmen!
Wenn du das Ende kennst, setz alles auf eine Karte, *wenn* du das Ende kennst. –
Nur mit dem Geld, das wir in der Zeit verschenken, können wir in der Ewigkeit einkaufen (vgl. »Kurzgeschichten 1«, Nr. 250). »Hilf, Herr meines Lebens, daß ich nicht vergebens hier auf Erden bin.« –
Wenn Sie erfahren würden, daß Sie in einem halben Jahr sterben müßten, würden Sie so weiterleben wie bisher? Wenn nicht: warum leben sie jetzt nicht schon so?

– Meditationsmusik –

(Zuerst veröffentlicht in »KiJu« 12/1985, »Zeit und Ewigkeit«; dazu ein Kindergottesdienst in Lore Kufner/ Thomas Zehetmaier, Keine Angst – Du kannst nicht fallen, Pfeiffer Verlag, München 1981, S. 89/92.)

96. Im Feuer verwandelt werden (mehr für Jugendliche und Erwachsene)
(eine Schale mit Sand, ein Stück Glas)

Hier habe ich ein kleines Wunder: Wenn dieser Sand hier – Wüstensand – im Feuer glühend und flüssig gemacht wird, entsteht Glas. Ist das nicht toll? Sand kann sich also verwandeln – die Wüste kann sich verwandeln. Das sind zwei Gedanken: Die Wüste kann sich verwandeln, und sie kann sich in Glas verwandeln:

1. Sich verwandeln: Schon der Prophet Jesaja hat davon geträumt, daß sich die Wüste in einen blühenden Garten verwandeln wird. Wir hören die Stelle:
   Lesung: Jes 35,1 – 10 (Die Wüste wird blühen; ähnlich 53,3 – 5).
   Wir glauben, daß sich auch die Wüste unseres Lebens – wir spüren oft so viel »Sand im Getriebe« – verwandeln kann zu einem blühenden Garten. Am Festtag Allerseelen denken wir an alle, die im Staub der Erde ruhen. Gerade an diesem Fest erinnern wir uns gerne daran, daß auch unser Staub so unvorstellbar verwandelt werden kann.
2. Sich in Glas verwandeln: Vom Glas steht auch etwas im letzten Buch der Bibel. Da heißt es:
   Lesung: Offb 15,2 – 4 (Sie singen ein Lied auf dem gläsernen Meer).
   Alle, die das Tier mit seiner falschen Macht und seinen gotteslästerlichen Reden besiegt haben (Offb 13,1 ff), singen zu Ehren des Lammes. Und vor Gottes Thron ist am Ende die ganze Welt wie ein gläsernes Meer: durchsichtig; einmal wird alles »durchsichtig«, auch wir.

Aber zuerst muß dieser Sand hier durch die Glut des Feuers (weit über 1000° Celsius), ehe er flüssig und durchsichtig wird. So muß auch unser Leben, unser Leib aus Staub *wie* durch Feuer, durch die ungeheure geistige Glut der Liebe Gottes, durch sein reinigendes Feuer, durch das »Fegfeuer«, um darin geläutert und verwandelt zu werden. Manches Fegfeuer trifft uns auch schon zu Lebzeiten (= Leid, Schmerz, Krankheit), aus dem wir gereinigt und verwandelt hervorgehen: Ein Vorgeschmack darauf, was uns im Tode »blüht«. Im großen »Feuer« des Todes erglühen und erblühen wir zur bunten Lichtherrlichkeit Gottes. Ist das nicht eine großartige frohe Botschaft von der Auferstehung?: Die neue Geburt aus dem Feuer!

(Achtung: Bitte nicht das problematische Bild vom Fegfeuer verstärken, das mit Feuer zu tun hat. Wir gehen *wie* durch Feuer!)

Mancher Mensch wird wie Glas noch besonders geschliffen, damit sich die Herrlichkeit des Lichtes Gottes deutlicher widerspiegelt. Sie werden zu Kristallglas. Wir nennen diese Menschen, die im besonderen Maße von Gott »geschliffen« wurden, »Heilige«.

(Nach einem Meditationstext zur Leuchtboxfolie F 3/3 von MISSIO, Aachen.)

Zu Allerheiligen: Siehe »Versiegelt mit dem Kreuz«, in diesem Buch Nr. 69: Die Lesung.

97. Der Pfiff des »himmlischen Schiedsrichters«

(Schiedsrichterpfeife)

(Die unterschiedlichen Schiedsrichterpfiffe werden u.U. als Hinführung herausgearbeitet: kurzer Pfiff = Freistoß, Aus, Ecke ...; langer auf- und abschwellender Pfiff: Tor, Halbzeit, Schluß. *Ein* Pfiff sollte live gewagt werden: zumindest werden alle noch wacher zuhören.)

Nach dem Abpfiff des »himmlischen Schiedsrichters« im Spiel unseres Lebens (= Tod) ist alles zu spät. Wenn wir die Halbzeiten verbummelt, die Konterchancen nicht genutzt haben, können wir nichts mehr ändern.

(Vgl. »133«, Nr. 127: »Jeder Augenblick ist wichtig«) Aber ich möchte noch drei andere Punkte herausgreifen:

1. Wenn ein Schiedsrichter durch einen kurzen Pfiff das Spiel unterbricht, muß ich seine Entscheidung akzeptieren, auch wenn ich meine, das sei höchst ungerecht. So ein Pfiff kann in unserem Leben eine Krankheit sein, der Tod eines lieben Menschen, die Wiederholung einer Schulklasse ... Jetzt auf dem Spielfeld zu lamentieren oder Amok zu laufen, bringt nichts oder ergibt noch mehr Nachteile. Tatsachenentscheide des Schiedsrichters muß ich annehmen und möglichst schnell zur Tagesordnung übergehen.
2. Manchmal brüllen die Zuschauer so laut, daß der Pfiff des Schiedsrichters kaum zu hören ist, oder Zuschauer bedienen sich einer solchen Pfeife, die dann die Spieler irritieren kann.
   Im Laufe der Geschichte war unsere Welt so laut geworden, daß die Pfiffe des »himmlischen Schiedsrichters« überhört wurden. Darum hat er unübersehbar Propheten und beeindruckende Persönlichkeiten wie Jeremia und Mose ... auf das Spielfeld geschickt, die inmitten des Lebensspiels im Angesichte von Königen und Mitstreitern auf Foulspiele hingewiesen haben. Schließlich sandte Gott sogar seinen eigenen Sohn, der das Spiel der Welt unterbrach und die Mannschaft mit ihren »Kapitänen« zusammenrief. Eindringlich ermahnte er sie, daß nur über Gottes- und Nächstenliebe Tore zu erzielen sind, die in den Augen Gottes zählen. Aber werden nicht auch heute seine Hinweise und Angebote durch die Heiligen in der lauten Welt zu leicht überhört?
3. Manchmal warten wir lange auf den Pfiff des Schiedsrichters: Ein Foul im Strafraum – das hätte geahndet werden müssen! Aber »Weiterspielen« zeigt der Schiedsrichter an. Und manchmal pfeift er »Freistoß« oder »Elfmeter«, wo wir uns an die Stirn schlagen wegen dieser Entscheidung: Ungerechtigkeit!
   Aber auf lange Sicht gesehen, gibt es Gerechtigkeit auch schon in dieser Welt. Wir sehen manchmal nur bis vor unsere Füße. Gott schreibt auch auf krummen Zeilen gerade, oft erst nach Jahren, z.B. das Problem »Dritte Welt«. In der Bibel steht ganz klar: »Wer zwei Röcke hat, der geben dem einen, der keinen hat!« und »Wenn ein Glied in der Menschheitsfamilie leidet, dann leiden alle mit.« Wir überhören gerne geflissentlich diese Pfiffe Gottes. Und jetzt sehen wir die Gerechtigkeit langsam deutlicher: Wir sind bezüglich Lebensfreude, Zufriedenheit und Lebensbejahung meist ärmer als die Armen der Welt. Ein Großteil der Jugend ist lustlos und von einer Sinnentleerung und Traurigkeit befallen, die Angst machen kann. Der Wohlstand hat uns krank gemacht.

Oder: In der Bibel steht ganz klar, daß wir Verwalter dieser Erde sind, nicht Eigentümer. Aber weil die Menschen wie die Herren der Welt daran gegangen sind, diesen Planeten auszuplündern, finden unsere Enkel ein verwühltes Spielfeld vor, auf dem kaum regulär gespielt werden kann.

Zurück zum Anfang: Noch hat der »himmlische Schiedsrichter« das Spiel unseres Lebens nicht abgepfiffen. Wir haben noch Stunden und Tage, aber wie viele? Darum: Beeilen wir uns, Gutes zu tun!

Lesung: Werdet nicht müde, Gutes zu tun: Gal 4,9f; 1 Thess 5,15; 2 Thess 3,13; Tit 3,1.8.14; Hebr 10,24; 1 Petr 2,20; 3.11.

Evangelium: Mt 3,10.12 (Jeder Baum ohne gute Frucht wird abgehauen); Mt 13,24–30 (Unkraut im Weizen); Lk 12,16 –20 (Der reiche Kornbauer).

(Unter Mitarbeit von Dieter Schmitz, Bergheim.)

Andere Ideen

1. Sterben zum Leben

(für jeden ein Weizenkorn)

Es kann die Folie »Samenkorn«, F 4 der MISSIO-Leuchtbox zur Vertiefung aufgestellt werden.

Evangelium: Joh 12,20–24.26 (Wenn das Weizenkorn nicht stirbt).

Jesus deutet mit seinen Worten an: Wer mich verstehen will, muß ein sterbendes Weizenkorn betrachten. Wir wollen es tun und mit dem Leben vergleichen:

– Das Weizenkorn bricht seine Schale auf, wenn es sich verändern will. Auch Jesus brach auf – und wurde Mensch. – So müssen auch wir unsere Schalen der Gleichgültigkeit, des Neides, der Lüge ... aufbrechen, wenn neues Leben wachsen soll.

– Das Weizenkorn kann aus sich keinen Trieb hervorbringen. Alles wird ihm geschenkt von der Wärme, dem Licht und Wasser und der Erde. Auch Jesus fühlte sich angewiesen auf den Vater und lebte aus seiner Liebe. – Wir sind letztlich Bettler und erhalten alles von Gott und durch Menschen geschenkt. Es ist unser Lebenssinn, diese Liebe weiterzugeben.

– Das Weizenkorn folgt dem Auftrag, der zutiefst in ihm liegt. Jesus folgt auch seiner Berufung, für uns in den Tod zu gehen. – Seit wir in der Taufe mit Jesus verbunden sind, sollen auch wir tun, wozu wir auf Erden sind: Gott und den Menschen dienen. Zunächst sträuben wir uns gegen alles, was wir hergeben sollen – wie auch Jesus am Ölberg »Blut schwitzte«. Doch wenn unser Ich immer mehr stirbt, können wir wirklich leben oder anderen Leben schenken. Wie oft passen Vater oder Mutter nächtelang auf ihr krankes Kind auf. Viele Menschen helfen über ihre Kräfte hinaus, damit andere essen, lernen und leben können.

Jesus verspricht: Wer zu geben versucht, den wird der Vater ehren.

(Alle Weizenkörner werden in eine Schale gesät, damit sie uns als wachsende Saat Ostern an das neue Leben erinnern.)

(Verkürzt und verändert nach Stefanie Spendel, Leben und Freude durch Gottes Wort, Gottesdienste für Familien, Lesejahr B, Verlag Friedr. Pustet, Regensburg 1984, S 120. Ähnlich Benedikta Hintersberger, Mit Jugendlichen meditieren, Don Bosco Verlag, München 1981, S. 66f.)

2. Nach dem Tod das neue Leben

(Der Prediger hält in Augenhöhe einen Kastanienzweig vor sich, an dem noch zwei Blätter hängen und bereits Knospen zu sehen sind, und sagt:)
Diese Predigt soll zum Nachdenken anregen, daß das Leben mit dem Tod nicht zu Ende ist. Wenn ihr ganz leise werdet, könnt ihr hören, was diese beiden Blätter miteinander sprechen. (Die Stille einen Moment aushalten. Die beiden »Stimmen« der Blätter durch unterschiedliche Tonlagen beim Flüstern oder Sprechen kennzeichnen.)

1. Es ist nicht mehr so wie früher.
2. Nein, heute sind wieder so viele von uns davongeschwebt.
   Wir sind noch die beiden letzten Blätter am Ast.
1. Man weiß nie, wen es trifft und wann es einem widerfährt: im Sommer der Sturm, dann der Wolkenbruch – damals wurden schon viele weggerissen, obwohl sie noch so jung waren ... Man weiß nie, wen es trifft.
2. Wir müßten neue Kräfte spüren, aber die Sonne scheint nur noch so schwach. Von irgendwoher müßten wir mehr Wärme, mehr Schutz, mehr Sonne erhalten!
1. Ob es wahr ist, daß an unsere Stelle andere treten, wenn wir fort sind – und dann immer wieder andere?
2. Das kann man sich gar nicht ausdenken. Es geht über unser Begreifen.
1. Was geschieht mit uns, wenn wir abfallen? Was ist da unten?
2. Niemand weiß es. Der eine sagt dies, der andere das. Es ist noch keiner zurückgekommen, um davon zu erzählen.
1. Du zitterst ja ...
2. Ich fühle, wie sich mein Stiel am Ast lockert.
1. Könnte es nicht sein, daß der Regen aus uns, wenn wir am Boden liegen, die letzten Kräfte herausspült und die Wurzeln der Bäume das Beste von uns (unsere Seele) wieder aufsaugen, um Kraft zu haben, neue Blätter zu treiben? Stell dir vor: Kastanienblätter würden der Buche Nahrung geben, Buchenblätter der Eiche, Eichenblätter dem Haselnußstrauch ... wir würden eins untereinander und einer den anderen nähren!
2. Du kannst noch so weit denken, ich kann nicht mehr! Hilfe! Es ist so kalt. Ich bin so allein. Ach, jetzt ... (Pr drückt mit einem Finger das eine Blatt nach unten.)
   Hilft mir denn keiner? Was geschieht mit mir? Wo gehe ich hin? Ist jetzt alles aus? (Das Blatt fällt zu Boden.)
   (Bis hier zum Teil nach »Zwei Blätter am Ast« von Felix Salten in »Exodus« Bd. 4, S. 117)
1. Jetzt bin ich ganz allein. – Ist das kalt! – Ach, da ist ja eine Knospe! Sie ist ganz verklebt. Kannst du mich hören? (lauter:) He! Kannst du mich hören? Kannst du mit mir sprechen?
3. Ja. Du hast mich wachgerufen. Ich darf doch noch den ganzen Winter schlafen. Der Mund ist mir verklebt. Das Sprechen fällt mir schwer.
2. Wie jung du bist und schon so kräftig!
3. Ich warte darauf, daß die Sonne wieder stärker scheint. Dann werde ich langsam aufplatzen und zu einem großen, schönen Blatt.
2. Dann stimmt es ja, daß an unsere Stelle wieder andere treten. Dann geht das Leben doch weiter! – Weißt du, ob das Leben auch für mich weitergeht?
3. Ich weiß es nicht. Aber warum soll es unmöglich sein? Ich sehe es deinem Gesicht an: Du konntest es dir bisher ja auch nicht vorstellen, daß nach dir neue Blätter wachsen.
2. Du hast recht. Weil ich es noch nie gesehen habe, deshalb habe ich daran gezweifelt.
   (Der Prediger läßt den Ast sinken)

So fragen auch immer wieder die Menschen: Geht es nach dem Tode weiter? Viele zweifeln daran, weil wir noch nie einen Blick in diese andere Welt werfen konnten. Aber einer ist schon aus dieser unsichtbaren Welt gekommen, und der hat uns gesagt: »Was ihr manchmal vermutet, das ist richtig:

Es geht weiter. Es gibt keine Toten. Es gibt nur Lebende. Lebende hier und in der anderen Welt, im ›Jenseits‹.« Dieser Mensch ist Jesus. Ganz besonders ist uns Gottes Macht im Tode Jesu gezeigt worden. Dazu steht im Heiligen Buch geschrieben:

Evangelium: Jetzt einen der Auferstehungsberichte vorlesen, z.B. Mk 16,1–7. – Denkt daran, wenn ihr an den Gräbern steht: Jesus ist stärker als der Tod. Er ruft uns zu: »Ich lebe – und auch ihr werdet leben!« (Joh 14,19).

(Vgl. Willi Hoffsümmer, Wir freuen uns auf die Predigt, S. 51: Ein Kastanienzweig.)

Christkönig

98. An Jesus, dem Christus-König, Maß nehmen (bitte auswählen)

(ein Zentimetermaß von 1,50m; eventuell für jeden ein Stückchen Maßband; einige Gegenstände: siehe Text)

Lesung und Evangelium: Mt 25,31–46; Lk 23,35–43; Joh 18,33b–37 (alle: König im Reiche Gottes).

(Pr zeigt das Maßband.) Ohne das Metermaß käme unser Leben ganz schön durcheinander. Das Urmeter wird in Paris aufbewahrt; an ihm orientieren sich alle Längenmaße. Ginge es verloren, stimmten alle Meter und Kilometer nicht mehr. Die Läufer in der Rennbahn würden sich streiten, ob sie nun in Köln oder München, London oder Tokio Weltrekord gelaufen sind – weil jeder die Strecken anders ausmessen würde. – Es gibt noch weitere Maße, die ungeheuer wichtig sind: Das Kilogramm, die Uhr, der Tachometer ... Wenn es sie nicht gäbe, wären in der Welt noch mehr Zank und Streit. Wir bekämen in den Geschäften zu wenig oder zu viel (Kilogramm); ohne Uhr ginge alles durcheinander; wir wären auch jetzt nicht alle versammelt ... Und Autofahrer könnten ihre Schnelligkeit nicht kontrollieren und würden z.B. in einer geschlossenen Ortschaft noch mehr Fußgänger gefährden.

Also: wir brauchen solche Meßinstrumente im praktischen Leben!

Wir brauchen auch noch andere Maßstäbe und Regeln (Gesetze) für das Zusammenleben der Menschen. Für uns, die wir auf den Namen Jesu getauft sind, ist das »Urmaß« Jesus Christus (vgl. W. Willms, nur ein Schlüssel, neu und älter als gedacht, Butzon & Bercker, Kevelaer 1984, S. 46–51). An ihm wollen wir uns jetzt messen:

1. (Pr windet das Maßband um die Osterkerze.) In der Lesung haben wir eben gehört: Jesus spricht: Ich bin das Alpha und das Omega, ich bin, ich war, und ich werde kommen. – Jesus ist der Herr aller Mächte, der Herrscher über die Könige der Erde. Darum werden einmal alle Völker der Erde mit Zittern und Zagen vor ihn treten, um sich für alles zu verantworten. Auch wir werden gemessen in all unseren Gedanken, Worten und Taten.
2. (Pr legt das Maßband über ein Kind, das eine Ikone mit dem wiederkommenden Christus zeigt.) Wir haben es im Evangelium gehört: Jesus sagt: Meine Königsherrschaft ist

nicht von dieser Welt. Aber jeder, der aus der Wahrheit ist, hört meine Stimme. – Jesus ist das Licht der Welt und will, daß jetzt schon alles Dunkle aus dieser Welt vertrieben wird. Jetzt schon soll sein Reich, die Wahrheit Gottes, sichtbar werden. Wir tragen seit der Taufe das Licht in uns. Dieses Licht Jesus Christus in uns muß uns unruhig machen. Diese Wahrheit muß ans Licht kommen.

3. (Pr legt das Maßband über eine leere Krippe, die ein Kind hält.) Unser »Urmaß« Jesus Christus kam nicht in einem Palast zur Welt, sondern lag in der harten Krippe. Vielleicht stellen wir nächste Woche in den Adventskranz die leere Krippe. Und wenn wir in der Adventszeit die Kerzen entzünden und unser Blick auf die Krippe fällt, dann fragen wir uns: Schrauben wir unsere Erwartungen an Geschenken so zurück, daß die harte Krippe paßt? Wird unser Blick durch die Hetze und das Gerenne so eng, daß wir das Wichtigste von Weihnachten nicht mehr sehen? Haben wir Zeit füreinander, um uns wirklich zu begegnen? Teilen wir mit denen, die heute auf das Heu und Stroh dieser Welt abgeschoben sind?
4. (Pr ruft ein Kind herbei und legt das Maßband darüber.) Die Jünger fragten Jesus: »Wer wird der Größte in deinem Reich sein?« Und Jesus rief ein Kind herbei und sagte: »Wenn ihr nicht umkehrt und wie die Kinder werdet, könnt ihr nicht in das Himmelreich kommen. Wer so klein wie dieses Kind sein kann, der ist im Himmelreich der Größte!« (Mt 18,3.4). Darum fragen wir uns: Bin ich noch so froh wie ein kleines Kind – so unverdorben – so unbefangen – so untergeordnet – so phantasievoll – so glücklich – so vertrauend – so anspruchslos – fühle ich mich so angewiesen?
5. (Pr legt das Maßband über ein Kind, das in der einen Hand einen kleinen Haushalts-Meßbecher und in der anderen einen großen hält.) Jesus, unser König, unser »Urmaß«, sagt in der Bergpredigt: »Seid barmherzig, weil auch euer Vater barmherzig ist ... Nach dem Maß, mit dem ihr meßt und zuteilt, wird auch euch zugeteilt werden!« (Lk 6,36.38b). Gebe ich die Barmherzigkeit Gottes weiter, die ich täglich in tausend Dingen erfahren kann? Wie ist mein Maß, mit dem ich andere messe: Hart – herzlos – gedankenlos – kurzsichtig – voreilig – einseitig – äußerlich – voller Vorurteile? Mit demselben Maß wird Gott mich einmal messen! – Herr, erbarme dich!
6. (Pr legt das Maßband über ein Kind, das eine Sonne (= Gott) und ein Herz in Händen hält.) Unser König fragt uns nicht, wenn wir ihm im Tode begegnen: Was hast du verdient? Wie klug bist du? Wie erfolgreich? ... Nein, er fragt uns: Wieviel Platz ist in dir für mich und deine Mitmenschen? Hattest du ein Herz für Gott und für alle Menschen, besonders für die in Not?

Hier seht ihr einige Maßstäbe. Wir haben an Jesus, unserem König, Maß genommen. Wer an ihm Maß nimmt, braucht keine Angst zu haben, wenn Christus wiederkommt.

(Zuerst veröffentlicht in »Puk« 6/85, S. 724–26; eine ausformulierte Bußfeier dazu finden Sie in »KiJu« 12/1984.)

99. Königs- oder Dornenkrone?
(gebastelte Königs- und Dornenkrone)

Evangelium: Joh 18,33b–37 (Der König mit der Dornenkrone).

Angesichts dieses Königs mit der Dornenkrone wird uns klar: Wir würden zur Königskrone greifen, wenn wir zu wählen hätten! Denn sie ist kostbar und schön, verheißt Glanz, Reichtum und Bewunderung. Die Dornenkrone dagegen ist schmerzhaft und erniedrigend. (Der hl. Katharina von Siena wurden beide Kronen zur Wahl angeboten.)
Von der hl. Elisabeth von Thüringen wird folgendes berichtet (vgl. Rüdiger Müller, Die hl. Elisabeth, Christophorus Verlag 1979, S. 10): Sie pflegte beim Eintritt in die Kirche ihre Krone vom Kopf zu nehmen; sie legte sie neben sich und setzte sie erst wieder auf, wenn der Gottesdienst zu Ende war. Von ihrer Pflegemutter zur Rede gestellt – dieses Verhalten widersprach der Sitte damaliger fürstlicher Familien –, gab sie zur Antwort: »Im Angesichte Gottes und des Königs Jesus Christus, der mit Dornen gekrönt ist, bin ich als sterblicher Mensch viel zu gering, um gekrönt zu erscheinen.«
Was die Jünger um Jesus wohl gerne gehabt hätten?
Evangelium: Mt 16,21–24 (Petrus: So darfst du nicht reden, Herr!) Jesus nahm die Dornenkrone, um uns zu erlösen. Wer Menschen helfen will, versucht Jesus nachzufolgen. Denn Jesus sagt weiter:
Evangelium: Mt 16,25–26 (Was nützt es dem Menschen, eine weltliche Krone zu gewinnen, die Seele aber dabei Schaden erleidet).
Wer Jesus nachfolgt, wird die Krone des ewigen Lebens erhalten.
(Dazu ein ausformulierter Gottesdienst von Bouwmans/Pfeil, Neuss, in »KiJu« 4/1979.)

Andere Ideen

1. Nach unten, nicht nach oben!
(eine ausgeschnittene, nicht zusammengeklebte Zackenkrone: auf der einen Seite golden, auf der anderen rot)

Pr zeigt die goldene Seite mit den Zacken nach oben: Die Kinder sagen, an was sie die Farbe erinnert (= Gold, Geld, Schmuck, Reichtum, Ansehen ...) und wohin die Zacken zeigen (= hoch hinaus; »Aufstieg« als Weg des weltlichen Königs, dem es meistens ziemlich gleichgültig war, ob dabei andere »unter die Räder« kamen).

Pr zeigt die rote Seite mit den Zacken nach unten: Jesus ist der König mit der »umgekehrten« Krone (= er ritt auf einem Esel in Jerusalem ein, wusch den Jüngern die Füße, starb zwischen Verbrechern); rot wie Liebe und Blut (= Dornenkrone).
Evangelium: Vom Tag, oder Mt 20,25–28 (Vom Herrschen und Dienen), auch Verse 20–24.
Jesus braucht keine Duckmäuser. Wer richtig nach unten dienen will, braucht anfangs sicher mehr Mut als diejenigen, die nach unten treten. (Genauso wie es meist schwieriger ist, nicht zurückzuschlagen.)
(Udo Casel, Bergheim-Büsdorf)

2. Wir gehören zum Christuskönig
(eine Fahne mit einem Kreuz)

Jeder Verein, jede Bruderschaft, jede größere Gemeinschaft schafft sich mit der Zeit eine Fahne an. Und bei besonderen Gelegenheiten scharen sich alle Mitglieder um diese Fahne oder gehen hinter ihr her. Jeder Zuschauer soll auf diese Weise erfahren: Hier ist eine Gruppe, die zusammenhält und der es um eine ganz bestimmte Sache geht.
Früher wurde um eine Fahne heiß gekämpft; jeder Landstrich, jeder König hatte seine eigene Fahne (vgl. Zeichenpredigt Nr. 34 in diesem Buch: Sich um Jesus scharen). Unsere Fahne hier zeigt ein weißes Kreuz auf rotem Grund (rot = Königtum Jesu; weiß = Herrlichkeit Gottes beim ewigen Fest, das auf uns wartet). Das Kreuz zeigt an, daß wir nicht zu irgendeinem König gehören: Dieser König hat sein Blut für uns vergossen.
Evangelium: Lk 23,35–43 (Der König der Juden; Lesejahr C).
Weil dieser König nicht geherrscht, sondern gedient hat, müssen alle, die hinter seiner Fahne hergehen, ebenso bereit sein zu dienen. Dann dürfen auch wir wie der Verbrecher sagen: »Denk an mich, Jesus, wenn du in deiner Macht als König wiederkommst!« (Lk 23,42).
Je nach Phantasie kann das Vorbereitungsteam noch andere Symbole auf der Fahne anbringen und erklären. Vielleicht bekommt auch jeder Teilnehmer ein kleines Fähnchen zur Erinnerung mit.
(Verkürzt nach einer Idee bei Stefanie Spendel, Der Geist läßt uns leben, Lesejahr C, Pustet-Verlag, Regensburg 1985, S. 288–290.)

3. Ein gefesselter König
(ein Stück Wurzel aus einer Mauerritze)

Evangelium: Joh 18,33b–37 (Bist du ein König?).
Dieses Stück Wurzel habe ich aus einer alten Mauer gerissen. Dabei staunte ich, wie tief sich die kleinen Wurzeln schon in den Mörtel zwischen den Steinen eingegraben hatten: Eine ganze Reihe Steine konnte ich mit der bloßen Hand herausnehmen. Wenn sich nicht bald einer um diese Mauer kümmert, stürzt sie stellenweise ein.
Die Mauer könnte ein Bild für das sein, was wir bisher vom Reich Gottes erblicken. Wir schauen es oft nur wie hinter einer Mauer verborgen, die uns den Blick verstellt: Wie wenig ist manchmal vom Reiche Gottes sichtbar!
Es ist wie im Evangelium heute: Da steht ein gefesselter König vor Pilatus. Scheinbar machtlos: »Mein Reich ist nicht von dieser Welt.«
Doch diese Wurzel kann uns mehr verraten: Sie war einmal ein ganz kleines Pflänzchen, vielleicht nur ein Wort aus dem Munde Gottes, das ein Mensch in die Tat umgesetzt hat. Und jetzt bröckelt diese Mauer der Unversöhnlichkeit, der Vorurteile oder des Kleinkrieges.
(Hier kann gut die Geschichte vom Senfkörnlein aus Eykman/Bouman, Die Bibel erzählt, S. 312–314, vorgelesen werden: Ein Same, der sich in einer Mauer verfängt, bringt sie schließlich zum Einsturz.)

In der Botschaft unseres Königs Jesus Christus liegt genug Kraft, jetzt schon alle Mauern in dieser Welt einstürzen zu lassen. Wie es in einem Lied heißt:

Sie sagen: Er ist ja nur ein Schimmer Licht.
Wir sagen: Aber in dunkler Nacht. –
Sie sagen: Er ist ja nur ein Funke Feuer.
Wir sagen: Aber im Pulverfaß. –
Sie sagen: Er ist ja nur ein Winziges.
Wir sagen: Aber der springende Punkt.

(Wilhelm Willms, vertont durch P. Janssens)

Schauen wir am heutigen Fest auf den gefesselten König in scheinbarer Ohnmacht, der das letzte Wort haben wird.

4. **Gottes Wort nahm seinen Lauf**
(ein Wagenrad vor dem Altar mit der Aufschrift »Wort Gottes« auf der Nabe. Am Altar ist das Schild »Jerusalem« befestigt. Fünf Sitzblocks in der Kirche sind mit den fünf Erdteilen beschriftet.)

Zum *Evangelium* stellen sich zwölf Kinder um den Ambo: Mt 28,16–20 (Geht zu allen Völkern). Danach rollen sie das Rad = die frohe Botschaft von einem Bankblock (= Erdteil) zum anderen. Jedesmal sagen sie ein Wort Jesu, z.B. »Gott liebt euch!« – »Ihr seid durch Jesus Christus gerettet« etc. Zwei »Apostel« bleiben jeweils in einem Kontinent und sorgen dafür, daß die Botschaft zu allen geht, die in diesen Bänken sitzen.
Die letzten beiden »Apostel« rollen das Rad zum Pr zurück: Jetzt haben wir symbolisch nachvollzogen, was Jesus uns allen aufgetragen hat. (Es wäre schön, wenn Kinder aus der Türkei, Indien, Afrika etc. die Botschaft am Bankanfang in Empfang nähmen.)
(Nach einem ausformulierten Vorschlag von Klaus Bußmann, Köln-Neubrück, in »KiBö« Nr. 79, S. 22f.)

Zeichenregister

Die Zahlen beziehen sich auf die *Nummern* der Zeichenpredigten. Steht ein Zeichen im Abschnitt »Andere Ideen«, ist die Nummer der vorangehenden Zeichenpredigt und in Klammern die Nummer der zugehörigen Idee angegeben.

Stichwortverzeichnis

Die Zahlen beziehen sich auf die *Nummern* der Zeichenpredigten. Die eingeklammerte Zahl bedeutet, daß die Predigt unter »Andere Ideen« zu finden ist, und zwar im Anschluß an die vorangehende Zahl der Zeichenpredigt.

Schriftstellenregister

1. Die Verweise beziehen sich auf die *Nummern* der Zeichenpredigten. Steht eine Schriftstelle im Abschnitt »Andere Ideen«, ist die Nummer der vorangehenden Zeichenpredigt und in Klammern die Nummer der zugehörigen Idee angegeben.
2. Die Parallelstellen der Synoptiker sind nicht berücksichtigt, weil das Register sonst zu umfangreich würde.

Apostelgeschichte

Römer

1 Korinther

2 Korinther

Galater

Epheser

Philipper

Kolosser

1 Thessalonicher

2 Thessalonicher

1 Timotheus

2 Timotheus

Titus

Weitere Predigthilfen mit Gegenständen aus dem Alltag

Willi Hoffsümmer
133 Kinderpredigten

Mit Gegenständen aus dem Alltag
Mit Zeichnungen von A. Wittig
6. Auflage. 144 Seiten. Kartoniert

Da Hoffsümmer in seinen Predigten den gesamtgottesdienstlichen Kontext berücksichtigt, bilden seine Predigtanregungen wertvolle Hilfen für die Gottesdienstgestaltung, darüber hinaus jedoch auch für die lebendige Glaubensvermittlung im Bereich der Gemeindekatechese und im schulischen Religionsunterricht. *Die Zeit im Buch*

Willi Hoffsümmer
144 Zeichenpredigten durch das Kirchenjahr

Mit Gegenständen aus dem Alltag
3. Auflage. 160 Seiten. Kartoniert

In einer Zeichenpredigt werden Gegenstände aus dem Alltag zu Symbolen, die dazu dienen, die Verkündigung lebendig, anschaulich und einprägsam zu gestalten. Wie solche Zeichen der Verkündigung dienen können, ist jeweils kurz ausgeführt, jedoch so, daß der schöpferische und ausgestaltende Einfallsreichtum des Predigers weiter gefordert ist.
Amtsblatt für das Erzbistum München

Willi Hoffsümmer
Anschauliche Predigten

für Kinder-, Jugend- und Familiengottesdienste
3. Auflage. 144 Seiten mit 19 Zeichnungen von A. Wittig. Kartoniert

Der Autor bietet in diesem Arbeitsbuch eine bunte und reichhaltige Palette von Anregungen und Modellen, wie man Kindern das Evangelium verkünden kann. Neben guten Gedanken für den Inhalt der Predigt selbst findet man hier zahlreiche Vorschläge, wie man die Kinder zum Mittun motivieren oder verschiedene Medien einsetzen kann. Jedem, der auf der Suche nach Ideen und Anregungen ist, kann man dieses originelle Buch bestens empfehlen. *Theologisch-praktische Quartalschrift*

Matthias-Grünewald-Verlag · Mainz